SHEQU JUJIA YANGLAO
FUWU SHOUCE

社区居家养老服务手册

韩振秋　　郭小迅　　主编

化学工业出版社
·北京·

内容提要

《社区居家养老服务手册》是一本易学、易懂、好用的实用手册型图书。全书共分三篇，十章内容加附录部分。第一篇为基础篇，包括社区居家养老服务概述、社区居家养老服务驿站建设与运营、社区居家养老服务需求评估；第二篇为实务篇，包括社区居家养老服务方案及流程、社区居家养老服务咨询与接待、社区居家养老服务具体项目及开展要求、社区居家养老服务安全预防、社区居家养老服务质量监督和改进；第三篇为创新篇，包括社区居家养老服务创新实践、社区居家养老志愿服务创新实践；附录列出了近年典型的相关重要政策、法规和规范。

本书可供基层社区居家养老服务单位、养老服务机构人员作为培训用书，也可作为高职高专类院校老年服务及相关专业师生的教学用书。

图书在版编目（CIP）数据

社区居家养老服务手册/韩振秋，郭小迅主编． —北京：化学工业出版社，2020.8（2025.2重印）
ISBN 978-7-122-37002-0

Ⅰ．①社… Ⅱ．①韩…②郭… Ⅲ．①养老－社区服务－中国－手册 Ⅳ．①D669.6-62

中国版本图书馆 CIP 数据核字（2020）第 085386 号

责任编辑：章梦婕　刘　哲　李植峰　　文字编辑：贾全胜　陈小滔
责任校对：边　涛　　　　　　　　　　　装帧设计：张　辉

出版发行：化学工业出版社（北京市东城区青年湖南街 13 号　邮政编码 100011）
印　　装：大厂回族自治县聚鑫印刷有限责任公司
787mm×1092mm　1/16　印张 12¼　字数 296 千字　2025 年 2 月北京第 1 版第 8 次印刷

购书咨询：010-64518888　　　　　　　　　　售后服务：010-64518899
网　　址：http://www.cip.com.cn
凡购买本书，如有缺损质量问题，本社销售中心负责调换。

定　价：68.00 元　　　　　　　　　　　　　　　　　版权所有　违者必究

《社区居家养老服务手册》编写人员

主　编　韩振秋　郭小迅

副主编　肖　玺　向钇樾　张　晖

编　委（按照姓名汉语拼音排列）

　　安兰茹（河北普爱养老服务有限公司）

　　郭小迅［江苏南京迅捷（连锁）老年人服务中心］

　　韩振秋［北京社会管理职业学院（民政部培训中心）］

　　姜　娜（岳阳职业技术学院）

　　李　莉（重庆城市管理职业学院）

　　刘　芳（重庆城市管理职业学院）

　　孙云帆（山东商业职业技术学院）

　　肖　玺（山东商业职业技术学院）

　　向　雪（重庆城市管理职业学院）

　　向钇樾（重庆城市管理职业学院）

　　杨小红（重庆城市管理职业学院）

　　张　晖（泰康人寿保险股份有限公司北京分公司）

前言

根据国家统计局最新数据，截至2019年末，我国60岁及以上老人已经达到2亿5388万，占总人口的18.1%。近年来，我国老年人口增速较快。与此同时，国家围绕积极应对人口老龄化、社会养老服务体系建设方面出台了一系列的措施和办法。

我国"十三五"规划强调构建并完善以"居家为基础、社区为依托、机构为补充、医养相结合"的养老服务体系。《国务院办公厅关于推进养老服务发展的意见》（国办发〔2019〕5号）第十九指出："推动居家、社区和机构养老融合发展。支持养老机构运营社区养老服务设施，上门为居家老年人提供服务。"十九届四中全会提出，积极应对人口老龄化，加快建设居家社区机构相协调、医养康养相结合的养老服务体系。《国家积极应对人口老龄化中长期规划》特别提出："健全以居家为基础、社区为依托、机构充分发展、医养有机结合的多层次养老服务体系。"按照《民政部 财政部关于中央财政支持开展居家和社区养老服务改革试点工作的通知》（民函〔2016〕200号），民政部、财政部先后遴选公布了五批共200多个地级市居家社区养老服务改革试点。

北京出台了《北京市居家养老服务条例》（2015年5月1日起施行）；上海2010年发布了《社区居家养老服务规范》，2015年又发布了《社区居家养老服务规范实施细则（试行）》；2018年，山东出台了《关于支持社区居家养老服务的若干意见》；2018年，重庆出台了《重庆市社区养老服务"千百工程"实施方案》；等等。

由此可见，社区居家养老已成为国家和各级政府乃至全社会都非常重视的养老方式，是非常符合时代要求和老年人需求的典型养老方式。然而，社区居家养老具体是怎样一种养老，它的服务对象、内容又是什么，具体怎样开展这种养老服务，怎样做好社区居家养老服务站点的运营与管理、评价，等等。这些内容对于老年人及其家属、从事社区居家养老服务的工作人员乃至全社会来说，都有必要加以厘清和明确。

就目前来看，国内关于机构养老服务、养老机构运营与管理等方面的著作或教材较多，而关于社区居家养老方面的则极少，特别缺乏一本易学、易懂、好用的实用手册型图书。正基于此，笔者结合多年来教学、培训及相关调研的实际，组织了一批在社区居家养老服务方面拥有丰富经验的院校教师、一线工作者编写了这部《社区居家养老服务手册》，以供老年服务与管理、养老护理等相关专业的高校师生，从事社区居家养老服务的工作者、培训者和研究者，以及政府相关部门、社区老年人及家庭成员学习和借鉴。

本手册共分三篇，十章内容加附录部分。第一篇为基础篇，包括三章内容，分别是社区居家养老服务概述、社区居家养老服务驿站建设与运营、社区居家养老服务需求评估；第二篇为实务篇，包括五章内容，分别是社区居家养老服务方案及流程、社区居家养老服务咨询与接待、社区居家养老服务具体项目及开展要求、社区居家养老服务安全预防、社区居家养老服务质量监督和改进；第三篇为创新篇，包括两章内容，分别是社区居家养老服务创新实践、社区居家养老志愿服务创新实践；附录部分列出了近年来的一些典型的相关重要政策、法规和规范。

本书的编者分别来自北京社会管理职业学院（民政部培训中心）、江苏南京迅捷（连锁）老年人服务中心、山东商业职业技术学院、重庆城市管理职业学院、泰康人寿保险股份有限公司北京分公司、岳阳职业技术学院、河北普爱养老服务有限公司。在编写过程中，参考了一些学者的研究成果，在此一并表示感谢！

由于时间仓促，加之编者水平所限，书中不足之处在所难免，敬请各位读者批评指正！

北京社会管理职业学院（民政部培训中心） 韩振秋

2020年3月

目录

第一篇 基础篇

第一章　社区居家养老服务概述 ... 2
　第一节　社区居家养老基本内涵、发展现状 ... 3
　第二节　社区居家养老服务对象、服务内容、资源挖掘 ... 6
　第三节　社区居家养老服务主体及政府购买服务 ... 10

第二章　社区居家养老服务驿站建设与运营 ... 16
　第一节　社区居家养老服务驿站建设与配置要求 ... 17
　第二节　社区居家养老服务驿站的功能与运营 ... 20
　第三节　社区居家养老服务驿站盈利模式
　　　　　及对服务商的管理 ... 28

第三章　社区居家养老服务需求评估 ... 38
　第一节　社区居家养老服务需求类型及识别 ... 38
　第二节　社区居家养老服务需求评估及运用 ... 42

第二篇 实务篇

第四章　社区居家养老服务方案及流程　58
第一节　社区居家养老服务方案及协议　58
第二节　社区居家养老服务的一般流程　63

第五章　社区居家养老服务咨询与接待　72
第一节　社区居家养老服务咨询与申请　73
第二节　社区居家养老服务接待工作及要求　79

第六章　社区居家养老服务具体项目及开展要求　86
第一节　日常生活照料内容及操作基本要求　86
第二节　精神慰藉内容及操作基本要求　91
第三节　康复护理与医疗保健服务及基本要求　97
第四节　老年活动策划与实施及基本要求　100

第七章　社区居家养老服务安全预防　106
第一节　社区居家养老服务安全必备知识和技能　106
第二节　社区居家养老服务安全预防措施与应急预案　114

第八章　社区居家养老服务质量监督和改进　122
第一节　社区居家养老服务质量评估　123
第二节　社区居家养老服务验收及质量监管措施　127
第三节　社区居家养老服务改进措施　131

第三篇 创新篇

第九章　社区居家养老服务创新实践　138
第一节　医养结合社区居家养老服务实践　138
第二节　"互联网＋社区居家养老服务"设计　143
第三节　农村社区居家养老服务实践探索与创新　149

第十章　社区居家养老志愿服务创新实践　157
第一节　志愿服务组织与活动创新安排　157
第二节　"时间银行"志愿服务社会实践　164

附录　相关重要政策、法规和规范　　171

附录一　国务院办公厅关于推进养老服务发展的意见　　171

附录二　关于中央财政支持开展居家和社区养老服务
　　　　改革试点工作的通知　　171

附录三　关于贯彻落实《北京市居家养老服务条例》
　　　　的实施意见　　171

附录四　关于印发《社区居家养老服务规范实施细则（试行）》
　　　　的通知　　172

参考文献　　184

第一篇

基础篇

第一章　社区居家养老服务概述

中共中央、国务院印发《国家积极应对人口老龄化中长期规划》，五大任务之一就是"打造高质量的为老服务和产品供给体系"：积极推进健康中国建设，建立和完善包括健康教育、预防保健、疾病诊治、康复护理、长期照护、安宁疗护的综合、连续的老年健康服务体系。健全以居家为基础、社区为依托、机构充分发展、医养有机结合的多层次养老服务体系，多渠道、多领域扩大适老产品和服务供给，提升产品和服务质量。十九届四中全会提出，积极应对人口老龄化，加快建设居家社区机构相协调、医养康养相结合的养老服务体系。党的十九大报告指出："积极应对人口老龄化，构建养老、孝老、敬老政策体系和社会环境，推进医养结合，加快老龄事业和产业发展。"我国"十三五"规划强调进一步构建并完善"居家为基础、社区为依托、机构为补充、医养相结合"的养老服务体系。积极应对人口老龄化，重要的方面就在于需要大力发展养老，大力发展最贴切民众身边的养老。让老年人有获得感、幸福感，有选择养老方式的条件和自由。《国务院办公厅关于推进养老服务发展的意见》（国办发〔2019〕5号）第十九指出："推动居家、社区和机构养老融合发展。支持养老机构运营社区养老服务设施，上门为居家老年人提供服务。"推动社区居家养老是非常符合时代要求和老年人需求的典型养老方式。这种养老方式是怎样一种养老方式，它的服务对象、内容是什么，具体怎样开展这种养老服务，怎样做好运营与管理，等等，这些内容对于老年人及其家属、从事社区居家养老服务的工作人员乃至全社会来说，都有必要加以学习和了解。

第一节 社区居家养老基本内涵、发展现状

什么是社区居家养老？这种养老在我国发展的状况如何呢？这是做好社区居家养老服务需要明确的内容，也是开展社区养老服务的前提和基础。

一、社区居家养老基本内涵和要素

1. 社区居家养老基本内涵

社区居家养老是怎样的一种养老？这是需要明确和界定的。简单地讲，它与传统的家庭养老以及通常熟知的机构养老不同，它是介于传统家庭养老和机构养老之间的一种新颖的养老方式。"社区居家养老"又可称之为"社区嵌入式养老"，这种养老方式是以社区为载体，通过政府购买服务引导或支持，以社会化方式的第三方服务提供商嵌入社区之中，为本社区或周边附近社区有需求的老年人提供日常生活照料、家庭病床、康复训练、心理治疗等多方面的服务。张孟强将社区居家养老概括为以家庭为核心，社区为依托，信息化为手段，专业化服务为支撑，以支持和满足老年人就地就近养老需求的服务体系。陈元刚对其概括为"社区居家养老"模式，即社区作为一个大平台，可以为老年人提供良好并且熟悉的生活环境和各种优质的服务。尽管对"社区居家养老"的看法不一，但总体来看，均普遍认为社区居家养老是以社区为载体，通过服务商为社区老年人提供多种服务的养老模式。也就是说，它是老年人住在自己家中或长期生活的社区里，在继续得到家人照顾的同时，由社区的养老机构或相关站点提供服务的一种养老方式。它以社区为平台，整合社区内各种服务资源，为有需要的老人提供助餐、助洁、助浴、助医、精神慰藉、社会参与等多方面就近而又便利的服务，使他们能在熟悉的环境中维持自己的生活，老有所养。这种养老方式既解决了在养老院养老亲情淡薄的问题，又解决了传统家庭养老服务不足的难题，是一种介于家庭养老和机构养老之间的新型养老方式。

2. 社区居家养老几个基本要素

需要进一步指出的是，社区居家养老有几个要素。其一是接受服务的老年人没有离开自己的家庭或社区，居家资源和社区资源得到充分利用，这种养老方式依然是以家庭为基础的、家庭成员参与其中的；其二，社区居家养老不是传统的家庭养老，也不是一般意义的机构养老，它是镶嵌在社区，主要为周边老年人提供上门服务或到服务商运营的场所接受服务，从形式上看有两种，一种是走进去，另一种是请出来，它是一种新型的社会化养老；其三，社区居家养老，政府是发挥主导作用的，可以是政府购买服务，可以是为服务商提供必要的资金、场所和政策支持，引导并有责任监管或约束、规范服务商的服务；其四，服务商开展社区养老服务必须有符合相关要求的场所、功能室、人员及其他基础配置和资质要求，其开展服务的场所可以有社区居家养老服务中心、日间照料中心、托老所、服务站（驿站）、

服务社、社区老年人助餐服务点等不同称谓。

二、社区居家养老发展现状

1．社区居家养老的由来

20世纪80年代，我国提出"发展社区服务"，当时的侧重点在于为社区提供便利及相关支持，不是以为老服务为主的。21世纪以来，全国很多地方陆续开展依托社区对居家老人养老服务的试点，非常典型且比较早的地方有辽宁省大连市沙河口区和浙江省宁波市海曙区。2002年9月，在美丽的海滨城市大连出现了一个崭新的社区养老模式——居家养老院，老百姓形象地称之为"没有围墙的养老院"，着重解决"遗属孤老"和"退休孤老"老有所养的问题，这一崭新的养老模式是由大连市沙河口区民权街道（现为中山公园街道）首创的。浙江省宁波市海曙区也是较早试验和推行社区养老的地方。2005年3月，海曙区决定在全区65个社区中全面推广"政府购买居家养老服务"这一新型养老服务模式，由海曙区政府出资，向非营利组织——海曙区星光敬老协会购买居家养老服务，社区落实居家养老服务员，每天上门为辖区内600余名高龄、独居的困难老人服务。为应对农村日益严峻的老龄化现实，宁波市又率先将居家养老模式从城市社区推向农村，在镇海、北仑两区的农村进行试点。当地政府聘请专职人员为居家老人服务，招募志愿者，培植农村老年协会，以政府主导的模式构建农村居家养老的服务网络。

大连、宁波等城市的做法，得到了有关领导的批示及国家政府部门的高度认可，认为这是一条应对我国老龄化、构建老年人养老服务体系的有效途径。以上做法在随后的相关会议上得到了相关领导的充分肯定。2008年2月，全国老龄办联合多个部委下发了《关于全面推进居家养老服务工作的意见》，标志着发展居家养老服务已经成为我国解决养老服务难题的一个重要途径和手段。

2．社区居家养老政策支持逐步加强

近年来，社区居家养老得到持续推进，从中央到地方都出台了大量的政策或法规，支持社区居家养老服务工作的开展。例如，2011年《中国老龄事业发展"十二五"规划》第一次将老龄事业发展写入国家发展规划，提出建立以居家为基础、社区为依托、机构为支撑的养老服务体系。国务院办公厅颁发《社会养老服务体系建设规划（2011—2015年）》，指出"居家养老服务涵盖生活照料、家政服务、康复护理、医疗保健、精神慰藉等，以上门服务为主要形式"。《"十三五"国家老龄事业发展和养老体系建设规划》中提出以"居家为基础、社区为依托、机构为补充、医养相结合"。《关于加快发展养老服务业的若干意见》（国发〔2013〕35号）提出"到2020年，全面建成以居家为基础、社区为依托、机构为支撑的，功能完善、规模适度、覆盖城乡的养老服务体系"的目标。2017年1月，民政部、发展改革委等13部委联合下发《关于加快推进养老服务业放管服改革的通知》，关于居家和社区养老的要求与2013年《关于加快发展养老服务业的若干意见》基本一致，增加了有关政府购买社区居家养老服务，将其列入政府购买服务指导性目录，培育和扶持合格供应商进入的内容。国务院办公厅印发了《关于推进养老服务发展的意见》（国办发〔2019〕5号），要求推动居家、社区和机构养老融合发展。支持养老机构运营社区养老服务设施，上门为居家老

年人提供服务。将失能老年人家庭成员照护培训纳入政府购买养老服务目录，组织养老机构、社会组织、社工机构、红十字会等开展养老照护、应急救护知识和技能培训。大力发展政府扶得起、村里办得起、农民用得上、服务可持续的农村幸福院等互助养老设施。探索"物业服务＋养老服务"模式，支持物业服务企业开展老年供餐、定期巡访等形式多样的养老服务。打造"三社联动"机制，以社区为平台、养老服务类社会组织为载体、社会工作者为支撑，大力支持志愿养老服务，积极探索互助养老服务。

《2018年民政事业发展统计公报》数据显示，截至2018年底，全国各类养老机构和设施16.8万个，养老床位合计达到727.1万张，比上年增长3.3%，每千名老年人拥有养老床位29.1张。其中：全国共有注册登记的养老机构2.9万个，比上年增长10.0%，床位379.4万张，比上年增长3.9%；社区养老照料机构和设施4.5万个，社区互助型养老设施9.1万个，社区留宿和日间照料床位达到347.8万张。近几年，按照《民政部 财政部关于中央财政支持开展居家和社区养老服务改革试点工作的通知》（民函〔2016〕200号），民政部、财政部先后遴选公布了五批共200多个地级市社区居家养老服务改革试点。

就地方来看，围绕社区居家养老也相继出台了很多政策、法规。例如，北京出台了《北京市居家养老服务条例》（2015年5月1日起施行）；上海2010年发布了《社区居家养老服务规范》，2015年又发布了《社区居家养老服务规范实施细则（试行）》；2018年，山东出台了《关于支持社区居家养老服务的若干意见》；2018年，重庆出台了《重庆市社区养老服务"千百工程"实施方案》；江苏省为了实现居家养老服务的规范化，政府在将工作重心由"办"居家养老转向"管"居家养老的同时，出台了《居家养老服务规范》（江苏地方标准）和《社区居家养老服务中心（站）评估指标体系（试行）》；等等。

当前，从社区居家养老模式主办主体及运营来看，大致可以分为四种，即政府主办、层级联动；政府主导、中介运作；政府资助、机构主办；政府购买、市场运营。

3．社区居家养老的优缺点

总的来看，社区居家养老自由度较高，可以根据需要购买必要的服务，其花费通常不会太高；独居老年人的在家安全性也能够得到一定程度的保障，一般疾病可得到及时发现和协助治疗，无论是护理人员走进家门上门服务，还是将老年人请出家门到就近网点接受服务，都十分便利。

具体来说，其优点主要有如下几方面。①从节约资源和成本的角度来看，能有效节约社会资源，不需要进行专门的基建大型投资，通常只需把社区现有空余、闲置的房屋略加改造，即可设立社区养老服务中心（站）。而且老年人家庭的原有资源也可以得到充分利用，从而节约了社会和个人成本。②从服务内容及方式来看，老年人可以根据自己的经济承受能力、身体状况、时间安排，自由灵活地选择服务的内容、方式和时间。③从老年人的亲情、心理需要及专业照顾的实现来看，社区居家养老使老年人在不离开自己熟悉的住所与社区的前提下，能得到专业细致的养老照护服务，从而不会产生陌生感、失落感和压抑感，也不会由此减少来自家庭的亲情关怀与精神慰藉。④从对第三产业的贡献来看，社区居家养老需要大量的专业养老护理职员、社会工作者、志愿者等，可以对第三产业的就业和产值增长作出较大贡献。

社区居家养老的不足在于：从专业护理的水平来看，由于我国社区居家养老目前尚处于起步阶段，社区内专门负责居家养老服务的人员比较少，一般是几个人（通常不超过10人）

要面对几十名甚至更多的老年人,服务精细化、个性化难以保证;从服务人员的稳定性来看,目前主要是通过专职人员和义工、志愿者为老年人提供服务,服务人员相对来说还不够专业化,也缺乏稳定性;从服务设施来说,目前这方面通常较为简陋,难以为老年人提供丰富多彩的文体娱乐服务。

第二节 社区居家养老服务对象、服务内容、资源挖掘

社区居家养老作为一种新型的养老方式,十分受广大居家、社区老年人欢迎,它与老年人有着天然的联系,较好地满足了老年人就近、就便养老,满足老年人落叶归根、金窝银窝不如自己的草窝的情感诉求。那么,这种与传统家庭养老和机构养老不同的养老方式,其服务对象是哪些?社区居家养老服务的内容主要包括哪些呢?如何挖掘社区、家庭等相关资源,为开展社区居家养老服务呢?这是需要明确的一些问题。

一、社区居家养老服务对象

如前所述,社区居家养老是以社区为载体,通过服务商为社区老年人提供多种就近就便服务的养老模式。由此可见,社区居家养老服务对象总体来看是居家、社区的老年人。换句话说,是以社区居家养老服务站(中心、驿站)为载体或平台,为本社区或附近社区、居家老年人提供"请出来""走进去"的两种形式的服务(所谓"走进去"是指服务人员经专业培训后,上门给社区需要帮助的老年人提供生活照料、精神慰藉等方面服务;所谓"请出来"是指以社区居家养老服务站为基地,为到站老年人提供各方面服务)。也就是说,社区居家养老服务对象包括所有有意愿参与社区居家养老的老年人,当然也包括成为政府购买服务对象的老年人。

就目前各地实践来看,社区居家养老服务对象可简单分为两大类,一类是政府购买服务的老年人,一类是自愿参与并自费的老年人。其中,政府购买服务的老年人主要包括:"三无"老年人,低收入特困家庭、重点优抚对象家庭不能自理的老年人,获得过劳动模范荣誉称号且生活不能自理的老年人,高龄独居老年人,重度残疾老年人,失独家庭老人,社会孤老,重度失能老人,空巢、留守老年人等。

二、社区居家养老服务内容

社区居家养老服务内容十分丰富,具体服务内容或服务项目需要根据老年人身体、经济、需求等多方面情况,由服务商和老年人及其家人或亲属、监护人共同确定。总的来看,社区居家养老服务的内容主要包括:生活照料、助餐服务、助浴服务、助洁服务、洗涤服务、助行服务、代办服务、康复辅助、精神慰藉、助医服务、应急服务等。

也可以把上述服务项目分为三大类,即生活照料类(含家政服务)、精神慰藉类、社会

参与类。生活照料类包括托管、日间托养、送餐、助浴、巡诊护理、康复锻炼、陪送看病、打扫卫生、洗衣、紧急呼叫、家庭保洁、代购代缴、理发等；精神慰藉类包括谈心聊天、心理疏导、情感倾诉、读书读报、陪伴、法律咨询等；社会参与方面包括志愿服务、老年旅游、公益讲座、老年大学、文化体育活动、一起做游戏等。

三、社区的作用、社区资源及挖掘

从以上可以看出，社区居家养老服务中社区作为开展服务的场所显得十分重要，那么社区有哪些作用呢？怎样挖掘社区资源以为社区居家养老服务发挥其应有的作用呢？

（一）社区的作用

1. 社区的概念

社区是由若干社会群体或社会组织聚集在某一个领域里所形成的一个生活上相互关联的大集体，是社会有机体最基本的内容，是宏观社会的缩影。社会学家给社区下出的定义有140多种。社区是具有某种互动关系的和共同文化维系力的，在一定领域内相互关联的人群形成的共同体及其活动区域。

尽管社会学家对社区下的定义各不相同，在构成社区的基本要素上认识还是基本一致的，普遍认为一个社区应该包括一定数量的人口、一定范围的地域、一定规模的设施、一定特征的文化、一定类型的组织。社区就是这样一个"聚居在一定地域范围内的人们所组成的社会生活共同体"。

2. 社区的功能

社区的主要功能包括：

① 经济功能。社区的工厂、商店等为居民提供生产、流通、消费服务。

② 社会化功能。社区内的家庭、学校和儿童游戏群体对儿童与青少年的社会化起主要作用。社区的文化教育活动对青少年、成年人都产生重大影响。

③ 社会控制功能。社区各类机构与团体在维护社区秩序、保障社区安全等方面发挥着重要的作用。社区的风俗习惯和规范约束居民的行为，社区的赞誉与责备等社会舆论促使居民遵从社区的风俗习惯和规范。

④ 社会福利保障功能。该功能表现为社区居民之间的互助与共济，福利部门或慈善团体扶贫助弱，社区医院、诊所为居民提供医疗保健服务等。

⑤ 社会参与功能。社区为居民提供经济、政治、教育、康乐和福利等方面活动的参与机会，使居民对社区有更多的投入和更强的认同感。

（二）社区资源及挖掘

1. 社区资源的定义

广义的社区资源是指能够满足社区居民生活需求的一切自然物质资源和人为的社会文化制度，是一个社区内一切可运用的资源、各方面的力量。它是实现满足社区需求、解决社区问题、培育社区组织、促进社区自治、实现社区发展等目标的有效工具。

2. 社区资源的类型

社区资源包括人力资源（内含团体与机构组织）、物力、财力、知识与资料、历史传统、生活习俗、发展机会、自然的地理、天然物质资源、人文社会环境等各方面，只要能有助于社区发展工作的，均应加以发掘、动员与运用。

① 人力资源。人力资源指居民能够提供知识、技能、经验或奉献自己的时间、体力为其他社区居民服务，包括社区居委会成员、社区骨干、社区志愿者、居住在社区的知名人士等。

② 物力资源。物力资源指社区内有助于开展社区服务、能够促进社区发展的物质资源，包括室内外活动场地、活动设备、器材、工具等。

③ 财力资源。财力资源指可用于开展社区服务或活动的经费，包括政府购买服务的经费、辖区内的企事业单位赞助经费、各种社会捐赠以及活动的经费。

④ 组织资源。组织资源指可以推动社区服务和促进社区发展的各类组织或机构，包括基层政府、辖区内的企事业单位、社会团体、各类自助和互助的团队和小组等。

⑤ 文化资源。文化资源指社区中既有的典籍、古迹、文物等文化遗产以及民俗、艺术等其他有助于促进精神文明的文化活动。

3. 社区资源的挖掘

社区资源是社区建设的重要力量，是拉动社区建设的优势潜力。社区建设需要团结一切可以团结的力量。社区内部蕴含着巨大的内生资源，社区居民、辖区单位、社会力量等是促进社区建设的重要力量，这些力量不是孤立的，而是与社区建设共生的，需要尽最大的努力把这些力量凝聚起来，形成强大的合力共同推进社区建设。

（1）发掘社区内外资源　社区资源整合的前提是发掘社区的内外资源，把社区资源动员起来，让他们发挥作用、焕发新的生命力。挖掘和调动社区资源，考验居委会的智慧和能力，也检验居委会的影响力和居民信任感的高低。

一要激发社区居民参与社区建设的热情。社区居民是社区历史的创造者，是社区建设的主体，要广泛团结带动广大居民，积极挖掘居民身上蕴含的文化积淀、道德能量、情感高地、人力资源等，集聚居民身上辐射出来的归属感和凝聚力，为社区建设奠定坚实的群众基础。二要借助社会组织协助社区建设的优势。要重视社会组织对促进社区建设的作用，鼓励社会组织依据自身特点发挥专业的作用参与社区对口项目建设，致力补充社区居民的资源需求，促使社区服务的力量更加多元、更加专业。三要壮大社会各界支持社区建设的力量。通过各种渠道多方寻求和联结支持社区建设的社会力量，吸纳和引进区隔在社区范围内外的企事业单位、商业主体等社会资源作为社区资源的组成部分，为社区建设提供各种有益的外展社会支持，使社区获得来自政府和民间的更大范围、更加全面的帮助。

（2）搭建资源整合平台　社区资源整合的基础是搭建资源整合平台，为社区资源整合创造空间。挖掘和利用社区资源，需要创造有利于激发社区资源参与社区建设的载体和平台，让社区资源的活力竞相迸发。

一要做好前台对接。系统地梳理社区建设、社区服务的需求事项，建立全方位的需求动态图谱，搭建以需求为导向的资源整合平台，建立服务需求和资源供给有效对接的良性机制，促进政府资源和社区资源有效对接互动，让社区资源成为社区服务的有机组成部分，构建社区资源共同生长的生态圈。二要做好后台支撑。提升居委会的后台运作能力，塑造良好的影响力，加强后台管理的顶层设计、做好统筹谋划，妥善处理和维系同各类资源主体之间的关系，着力优化管控协调机制，建立良性互动的沟通机制，探索促进服务的有益方式，使社区资源主体信任支持、积极参与社区公共服务。三要做好平台整合。通过搭建舞台、创造空间、提供支持、营造良好的环境等，吸引各类资源主体参与社区建设，组建各类传统的社区共建队伍和组织，开发各种新颖的共建项目，举办居民喜闻乐见的活动，组织各种公益活动吸纳更多不同的群体参与，搭建促进社区资源交流的信息平台，拓展社区资源的"朋友圈"，让社区资源整合平台成为社区服务的大数据集散地，促进资源共享、信息互通、服务并进，发挥社区资源的最大社会效益。

（3）激发资源整合力量　社区资源整合的目的是激发资源整合的力量为居民服务，要以开放共赢的理念、放水养鱼的智慧做好社区资源的穿针引线，绘制好社区资源成长的生态图谱，形成强大的社区共建合力，使社区建设充满旺盛的活力。

一要汇聚社区资源的力量。调动社区资源参与社区建设的积极性，发挥社区资源的广泛性、专业性、公益性等优势，促进社区资源和社区治理的有效衔接，让社区资源在服务居民、促进社区建设的专业领域提供专业的力量帮助，组建社区资源汇聚的强大阵容。二要发挥社区资源的作用。合理利用社区资源的力量，建立社区资源服务社区的联席会议、协商共建等机制，积极促进社区资源之间的互动联系，科学制定社区资源参与社区建设的路径、项目，把握社区资源的实施进程，活跃资源主体和居民的互动，适时组织各种惠民活动，切实发挥社区资源的社会效益。三要鼓励社区资源的作为。注重总结梳理和经验积累，探索科学的社区资源运作激励办法，肯定社区资源共建社区、服务居民的好做法，通过多种渠道和平台及时宣传社区资源发挥的作用和涌现出的好人好事，传播社区资源焕发出的正能量，激励社区资源参与社区建设的积极性。

4. 社区养老资源的整合

作为一种社会性公共服务，社区居家养老服务具有公平性、福利性的普遍特征，又具有需求个性化、多样化和不确定性特点，其服务质量直接关系到老年人晚年生活质量和自身的健康。因此，加强社区居家养老服务资源的整合和服务质量的科学管理，促进社区居家养老服务质量的提高，对于提高公共财政的投入效率，促进社会服务的公平、高效发展，保证和提高老年人的养老生活质量有着重要的现实意义。

（1）探索推进养老服务平台及运作机制建设　着眼于整合社会服务资源、提升社区居家养老服务质量，建立基于老年人照护统一需求评估体系的大数据平台，整合共享各区已有评估数据，减少重复评估，给予老人享有社区照护服务资源的自主选择权。建立区域统一的第三方评估机构星级制度及退出机制，健全对第三方评估机构的资格、评估方法和监督制度。在市级层面认可第三方评估机构做出的有效评估，一旦第三方评估机构出现不良记录被清退的信息，可在大数据平台上予以共享。同时，引入个案管理概念，健全个案管理机制，从评估到实施，为老年人服务提供个案管理标准流程。从评估的有效分级对应，形成相对应的养老服务平台，将各种养老资源进行整合，以更好地满足老年人群多元化、连续性的需求。

（2）整合社会多元力量，完善社区居家养老助餐服务　对于老年人最需要、最迫切的居家养老服务类别之一的助餐服务，政府部门可将专业营养研究机构、食品产销供货企业、社区周边餐饮企业、配送企业等社会力量纳入到老年助餐服务体系和平台中来,通过政策倾斜与资金支持赋予社会助餐机构和企业更多的资源,推动社会力量构建便捷高效优质的社区助餐服务网络。一方面更多便捷、质优的助餐点既能更好地满足老年人的需求,又能提高助餐服务的效率和保证供应的及时性。另一方面,避免了集中用餐的不足,同时也可以专餐供应和专门窗口等形式,考虑到高血压、糖尿病等患病老人的特殊需要,满足老人的"个性化需求"。

(3)借助电子病历共享平台,健全社区医疗保健服务 基于电子病历平台,首先可以更好地完善社区医院的服务内容,方便社区医院医生快速调取老年病人此前在其他医院就诊的病历和处方信息,建立老年人健康档案,提供定期检查身体服务等。其次,鼓励社区专业服务机构联合社区卫生中心等组织,针对老人的多样化需求开展全面服务,并根据老年人健康状况分别做好与养老院、老年护理医院、医院、临终关怀服务机构的延伸性服务对接,开展专业慢病干预、老人饮食营养指导、康复理疗等活动。第三,推进专门针对失能、失智老年人的整合性服务,通过建立失能、失智老人的有效数据,鼓励护理机构提升护理员技能,为失能、失智老年人的家庭照顾者提供系统的照护技巧培训及定期的喘息服务等。

(4)发挥公益性与专业性机构作用,强化老年人心理慰藉服务 针对新形势下老年人心理疾病增加的实际,增设老年心理干预项目,充分利用各卫生服务中心和现有社会组织的专业优势,通过健康讲座、社区宣传栏等形式加强宣传,对各种心理疾病的预防和控制知识进行普及,采取心理辅导、康复治疗等措施,缓解病情,提高老年人的心理健康指数。对志愿者提供的心理慰藉服务,不以补贴等现金、实物形式交换,而是引入"时间银行",让经过培训的健康老年人为失能、失智老年人提供的心理慰藉服务时间计入"时间银行",可相应换取今后自己申请的护理服务时间。

第三节　社区居家养老服务主体及政府购买服务

一、社区居家养老服务主体及其作用

2013年,国务院出台的《关于加快发展养老服务业的若干意见》是我国养老服务业发展史上的重要里程碑。《意见》提出:"到2020年,全面建成以居家为基础、社区为依托、机构为支撑的,功能完善、规模适度、覆盖城乡的养老服务体系"。养老服务的供给应以政府为主导,并充分鼓励社会力量的参与,统筹利用各种社会资源。养老服务供给主体具体涉及政府、市场、社会、家庭等方面,主要包括政府、非营利组织、营利机构这三类(见图1-1)。

(一)社区居家养老服务中政府的角色与职责

政府作为社会养老服务的主导者,其掌握的资源主要包括:宏观指导和监督;支持政策和措施;组织机构和组织能力;公共服务和社会福利。政府的职责是政策的制定者、各方利益的平衡者。政府要统筹协调,平衡社会、市场、个人、家庭之间的责任与利益,优化资源配置,以寻求责任、资源和利益的最佳组合,以建立完善的养老服务体系。政府提供养老服务的优势在于资金与资源的有效整合,政府的"理想角色"包括服务确认者、购买者、执行

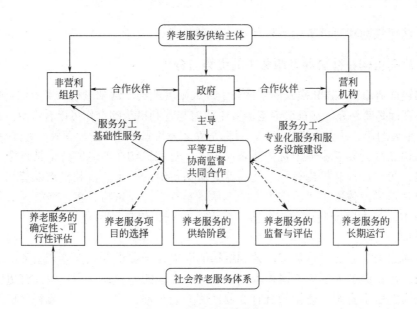

图1-1 社会养老服务体系

者、监督者和评估者。

首先,政府是养老服务的确定者与购买者,主要履行规划、决策的职责。养老服务供给的先决条件是在本地区确定养老需求、选择非营利组织或营利机构作为合作对象、明确服务内容;对养老服务进行整体规划,在养老服务决策中行使决策权;对养老服务的合作项目进行可行性评估。这些都需要政府来完成。具体地讲,在养老服务的"事前"阶段,政府职责包括对合作可行性、合作标准的制定进行探讨的"议程设立",以及对合作对象选择、服务内容确定的"政策制定"两个层面。

其次,政府是养老服务的执行者,行使服务、执行职责。在"事中"阶段,政府发挥养老服务执行者的角色,提供法律法规、资金、项目、资源等,建立与养老服务机构的有效协商机制。

最后,政府还是养老服务的监督者和评估者。在"事后"阶段,政府扮演监督者和评估者角色,对服务满意度、工作绩效进行考察评估,通过奖惩激励机制,为长期友好合作提供保障。

(二)非营利性组织在社会养老服务中的优势与分工

非营利组织指不以营利为目的,具有公益性的民间组织或第三部门。在提供养老服务中具有以下优势:第一,能够弥补政府主导养老服务供给不足,提高供给的数量、质量与效率。第二,满足老年人多样化需求,针对性强,能够以弹性的方式,在较小的范围内灵活开展服务,降低社会养老服务成本。第三,能够整合社会福利资源,拓展养老保障领域。总之,相对于政府而言,非营利组织灵活度高,组织规模小,管理成本低,能够有效减少养老服务成本与提高养老服务供给。

社会养老服务体系的目标在于提高养老服务供给的数量、质量与效率。根据我国目前养老的格局以居家养老服务为基础、社区养老服务为依托、机构养老服务为支撑,优先保障孤老优抚对象及低收入的高龄、独居、孤寡、失能等困难老年人的服务需求,非营利组织可以提供机构养老、居家养老和社区养老中的生活照料服务、安全守护、医疗保健、精神关爱、教育娱乐、法律援助和慈善救助等种种具体的专业服务。

（三）营利机构在社会养老服务中的优势与分工

根据比较优势原则，PPP 模式的宗旨在于最大限度地利用营利机构的资源配置优势，对政府提供服务进行必要补充。在社会养老服务中政府与营利机构的合作可以看作双方在资源互补基础上实现更大的养老社会价值的行为，目标是养老公共服务供给更加有效、更具有回应性。

营利机构在社会养老服务中优势显著：第一，营利机构在养老服务中具有资金、人才以及技术优势。第二，营利机构有利于提高养老服务供给的效率。营利机构以营利为目的，自主经营、自负盈亏，体现了"经济人"的本质，实行责任与风险分担，能够最大化降低服务项目运行成本，最大限度利用现有资金、资源、权利、信息开展合作，有效提高服务效率，改善服务质量。

在社区居家养老服务供给环节，营利机构的职能在于提供专业性养老服务，加强养老服务设施建设。依据服务人群的养老需求和专业技术要求的差异，营利机构拥有更强大的技术网络和更充沛的资金资源，能招聘具有专业性的养老护理人才。由此，营利性机构可以建立需求多样化的老年养护机构；生产更多与养老相关的产品；提供更周全细致的心理、法律、金融、特色理财、保险等服务；针对养老需求较高的失能和半失能老年群体提供专业性护理服务；提供养老服务项目有关的信息平台、评估系统建设等技术支持。总之，营利机构因其逐利灵动的特质，可提供更高层次、更具特色的养老服务。

二、政府购买服务的种类及内容

政府购买公共服务起源于 20 世纪 70 年代，自那时起，通过政府购买行为来实现行政效率和公共服务质量的提高成为了全球行政改革浪潮推动下的主流趋势。政府通过向社会力量购买公共服务的方式不仅仅满足了社会大众的多元化需求，而且大大提升了公共服务的供给效率，优化了公共财政的收入和支出，达到了互利双赢的效果。通常来看，公共服务包括基础公共服务、经济公共服务、公共安全服务和社会公共服务四大类。社区居家养老服务属于社会公共服务的一种，是为满足老年群体对生活的社会性直接需求。

从政府职能角度来看，政府购买服务是指政府将公共财政预算中部分社会福利经费用于向社会服务机构购买养老服务，通过公开招标或者资金扶持的形式来履行其公共服务的社会职能。从协议方面分析的话，在购买居家养老服务的过程中，政府和企业、社会组织分别作为协议双方，针对养老服务的购买工作达成共识。进而由政府部门进行监督引导，企业或者社会组织负责运营并提供具体服务。政府通过对服务过程进行系统评估后统一付费，来保证服务质量，满足服务对象的基本需求。

（一）政府购买服务的种类

政府购买服务通常可分为竞争性和非竞争性购买两种。竞争性购买的关键在于公开招标、购买程序和购买合同。非竞争性购买则可以分为体制内吸模式及体制外非正式按需购买模式。此外，按照提供服务的社会组织与政府部门之间是否具有独立性，分为独立性购买与依赖性购买。在此竞争性、非竞争性、独立性、非独立性四类特征交叉重叠后，出现独立关系竞争性、独立关系非竞争性及依赖关系非竞争性三种常见的政府购买模式。

从另外一个角度来看，政府向市场购买的服务种类分为以事先约定权责和价格，且由政府支付的"硬服务"和消费者凭政府补贴自主选择的"软服务"。根据服务种类可以采取合同外包或凭证制度的购买方式，即通过竞争性招标补助生产者或发放购买凭证直接补贴服务对象。因此，也有专家学者总结出五种政府购买养老服务模式，即定向非竞争性的形式性购买模式、非竞争委托性购买模式、公开竞争的服务合同购买模式、直接资助模式、间接购买的补贴模式。

（二）政府购买服务的内容

政府购买社区居家养老服务的对象虽在各地略有不同，但基本涵盖以下人群，包括60周岁及以上的特困人员、低保（低保边缘户）家庭老人、社会孤老、计生特殊家庭老人、重度失能老人以及高龄老人、百岁老人等。因此，针对这些类老人开展的政府购买的居家养老服务内容，通常以老年人的生活需求为主，主要包括生活照料、陪同就医购物、医疗健康、康复护理、家政维修、精神慰藉、文化娱乐、法律援助等项目。

另外，比较成熟的大城市（如北京市）还针对特殊老人建立了探视巡视制度，由工作人员定期电话或上门巡视记录，并有计划地开展陪聊、陪读服务。而在河北省石家庄市，2018年石家庄市政府印发了关于《石家庄市困难老年人社区居家养老服务补贴制度实施方案》的通知，将不同服务分为四大类，主要包括生活照料服务、康复服务、家政服务、关怀服务。其中重度失能人群可享受康复、生活照料和关怀服务，其他五类人群可选择家政服务和关怀服务，详见表1-1。相比较于2014年石家庄市民政局、财政局制定的《石家庄市政府购买社区居家养老服务实施方案》，减少了法律维权、紧急援助和文化娱乐三项服务，其原因是基于政府购买服务的主要目的是解决两个基本——基本人群和基本需求，且之前的统计数据分析显示使用这几项服务的老人极少甚至没有。因此，政府购买社区居家养老服务的项目也非一成不变，而是根据当地的实际情况与实际需求不断变化的。

表1-1 2018年石家庄市政府购买养老服务项目表

服务对象	服务类型	服务项目
重度失能人群	康复服务	指导与评估
		功能训练
		康复按摩
	生活照料服务	个人卫生服务
		喘息服务
		陪诊就医
		协助移位
重度失能人群外的老年人群	家政服务	小时工
		日常保洁
		衣服拆洗缝补
所有老年人群	关怀服务	关怀访视
		生活陪伴

续表

服务对象	服务类型	服务项目
所有老年人群	关怀服务	辅助社会交往
		心理咨询
		不良情绪干预

（三）政府购买服务的监督评估

高质量的居家养老服务的保障前提是建立健全监督评估体系。具体措施有三：

首先，政府相关部门要加强对养老服务整体过程的监管。不仅要通过事中监管机制进行暗访，还要推动负责网络和软件运营的第三方提高监管技术，以便将服务的全过程清晰记录。如此不仅可作为服务质量的评判标准，完善评估体系，也是可能发生的突发情况的重要证据。

其次，构建养老服务行业信用体系。政府可以同信用机构达成合作，开发建设养老服务信用管理平台。对整个养老行业的基本情况、运营能力、人力资源、服务管理、公共信用的大数据资料进行整理收集，生成养老机构的服务质量、评价等级等诚信报告，进而奖励诚信企业，处罚或淘汰失信企业，促进以公开透明的方式供服务市场选择，探索"信用养老"的本地模式。

最后，引入第三方评估机制及奖惩机制。通过第三方专业评估机构对政府自身工作、服务商的服务情况、从业人员的专业性、补贴使用者的需求和能力进行考核评估。对评价结果优异突出的政府、服务商、服务人员及服务对象，应当给予相应的褒奖，激发其工作热情。对于结果不理想的评估对象，有关部门或机构要及时管理和处罚，从而及时纠正偏差，提高养老服务链的整体质量。

总之，政府购买居家养老服务是一个不断发展的理论和实践过程，发挥着多层次、多角度的作用。在市场经济发展的大背景下，各级政府通过购买多种类型的居家养老服务发挥着主导作用，在推动居家养老服务发展的同时，调动着社会各个阶层参与的积极性，使我国的养老事业在发展中实现公共利益的最大化，令老龄化日益加深的社会能够有所保障。

| 典型案例 |

青岛市实行社区居家养老服务的时间较早，也是全国为数不多的探索城乡居家养老服务一体化的城市之一。截至2012年，青岛市全面实现了社区居家养老服务，并且制定了《关于加快养老服务业发展的意见》，社区通过整合养老资源、建立服务中心，在中心建立"医疗护理室""休闲娱乐室""老年课程室"等平台，为60周岁及以上有生活照料需求的社区居家老年人提供或协助提供家政、助餐、助医、康复辅助、精神慰藉、日间照料、休闲娱乐等"一站式"服务。

青岛市的社区居家养老服务充分发挥了基层自治组织的作用。社区居家养老服务离不开社区养老服务。社区养老服务的本质目的是服务于居家养老，是实现居家养老服务的必要条件。

通过对周边生活服务、医疗卫生服务和文化娱乐设施等资源进行整合，建立居家养老服务中心，社区为老年人提供相互交流的平台，从而为老年人提供了更好的居家养老环境。

通过主导社区居家养老模式，社区对服务模式的发展规划、管理的科学性和规范性都进行了严格的规定，社区居家养老服务发展较快。

案例简析：

青岛这种社区居家养老通过行政手段更容易使养老服务从上到下得到各级领导和主管部门的重视，一贯到底地推动社区居家养老服务的实施，更加快捷、有效地落实各种政策，也更容易得到广大社区居民的理解和信任。

青岛这种社区居家养老的弊端在于：从办到管均由政府包揽和运作，政企不分、政事不分，可能出现高耗低效的问题，影响服务供给效率；同时不利于调动更多的社会资源和民间力量参与养老服务，难以满足多样化的养老服务需求，可能阻碍社区居家养老服务的发展和普及。

| 延展阅读 |

英国社区照顾养老模式

英国有关社区照顾的法令明确指出，要在社区内对老年人提供服务和供养，以便使他们尽可能过上独立的生活。其目标是在他们自己的家或像家似的环境中受到帮助。

社区照顾包括两部分：一是运用社区资源，在社区内由专业工作人员进行照顾；二是由家人、朋友、邻居及社区志愿者提供的照顾。如为有各种需要的老年人提供家庭服务。

【模式特色】

① 政策引导。英国政府既制定社区照顾这一社会福利政策，又订立具体的措施，以使社区能切实地承担起这一职能。

② 政府出资。英国的社区照顾在财政出资上完全体现了以政府为主的特点，很多服务设施都是由政府资助的，社区、家庭和个人的支出不多。

③ 依靠社区。英国的社区照顾主要是立足社区、依靠社区，以社区为依托，各种服务设施都建立在社区中，且社区照顾的方式尽量与老年人的生活相融合。

④ 体系完整。各种社区照顾的机构既有政府出资社区举办的非营利性的机构，也有私营的、商业性的服务机构。

图1-2为英国开展社区照顾养老的主要内容。

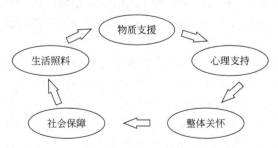

图1-2 英国社区照顾养老的主要内容

第二章 社区居家养老服务驿站建设与运营

自从 2000 年我国步入老龄化社会以来,老龄化给我国带来的压力不断加大。截至 2019 年年底,我国 60 岁及以上老年人口已经达到 2.5388 亿人,占总人口的 18.1%;65 岁及以上老年人口达到 1.7603 亿人,占总人口的 12.6%。为有效应对老龄化问题的复杂挑战,政府提出要充分发挥政府、市场、社会、家庭和个人的多元作用,进一步加大政策支持和引导力度,到 2020 年全面建立起以居家为基础、社区为依托、机构为补充,医养结合、功能完善、规模适度、覆盖城乡的多层次养老服务体系。

社区居家养老服务,是以家庭为核心、以社区为依托、以专业化服务为依靠,从老年人的需求出发,为居住在家的老年人提供全面而多样化的服务。社区居家养老服务是我国养老服务体系的基础,在我国整个养老服务体系中占有非常重要的地位。社区居家养老服务开展需要相应的场所或场地,这样的场所各个地方称呼有所不同,有的叫作驿站、服务站、服务中心、服务社等,但其承担的功能都是开展社区居家养老服务的重要场所或场地。

第一节　社区居家养老服务驿站建设与配置要求

社区居家养老服务驿站是当前社区居家养老服务的重要载体，正承担着社区居家养老服务的重要功能，在为社区居住的老人提供日间照料、呼叫服务、助餐服务、健康指导、文化娱乐、心理慰藉等多种服务方面，可以让老年人获得实实在在的"满足感"。

一、社区居家养老服务驿站建设基本要求

第一，社区养老服务驿站是充分利用社区资源，就近为有需求的居家老年人提供生活照料、陪伴护理、心理支持、社会交流等服务，由法人或具有法人资质的专业团队运营的为老服务机构。

第二，社区养老服务驿站应符合设施、安全、消防、卫生、环境保护、劳动合同等相关法律、法规和标准的规定和要求。

第三，社区养老服务驿站应综合考虑地区人口密度、老年人口分布状况、服务需求、服务半径等因素，同时参考街道（乡镇）养老照料中心分布情况进行规划设置。原则上，社区养老服务驿站的服务半径不超过 1000 米。

第四，社区养老服务设施应由政府无偿提供。新建居住区、现有居住区配套的养老服务设施，应当无偿用于社区养老服务驿站运营。社区未配套建有养老服务设施的，应通过购买、租赁其他设施，作为社区养老服务设施，无偿交给企业和社会组织运营。已经交给其他单位运营使用的，应当收回并无偿交给企业和社会组织使用。鼓励支持社区养老服务驿站实行连锁化、品牌化、规模化运营。鼓励街道办事处（乡镇政府）通过购买服务、制定扶持措施等方式支持社区养老服务驿站运营，引导社区居委会（村委会）协助驿站向老年人介绍服务。

二、社区居家养老服务驿站建设配置要求

（1）社区养老服务驿站的环境应达到以下要求。

① 名称、功能、标识按全市统一标准设计，附近区域设有道路交通指示标志；

② 布局科学合理，公共设施与功能相匹配；

③ 公共区域设有明显标识，符合老年人生理特征，位置明显、信息精准、图文清晰；

④ 活动场所布置合理，清洁整齐，公共健身设施、照明设施符合国家规范；

⑤ 建筑装饰装修工程所用材料符合国家有关建筑装饰装修材料有害物质限量标准的规定，品种规格和质量符合设计要求和国家现行标准规定；设有通风设备和通风通道，确保老年人居住和活动空间空气清洁；

⑥ 外部环境符合相关国家标准对环境空气、噪声环境、道路交通的要求。

（2）社区养老服务驿站选址应满足以下要求。

①地形平坦，自然环境良好，可获得有效日照和通风；

②基础设施良好，便于利用周边的生活、医疗等公共服务设施；

③场地交通便利，方便老年人到达。

（3）社区养老服务驿站应根据老年人的使用特点和各项设施的功能要求进行合理布局和综合设置，可与现有社区服务设施、社区卫生服务设施、残疾人服务设施、公共绿地等相邻设置，共享部分设施。

（4）社区养老服务驿站建筑应为低层建筑或设置于建筑物底层，耐火等级不低于2级，其疏散距离及宽度应符合相关建筑设计防火疏散要求。供老年人使用的房间不应设置在地下室及半地下室。

（5）社区养老服务驿站出入口为无障碍出入口，出入口处的平台与建筑室外地坪高差不宜大于500毫米，并应采用缓步台阶。主要出入口宜设门斗，应采用向外开启的平开门或电动感应平移门，不应选用旋转门。

（6）社区养老服务驿站用房分为生活用房、医疗保健用房、公共活动用房和服务用房。在满足使用功能的前提下，生活用房、公共活动用房和服务用房可合并使用。

（7）社区养老服务驿站生活用房主要包含老年人休息室、公用卫生间、公共餐厅。

①老年人休息室不应与电梯井道、有噪声振动的设备机房等贴邻布置。根据驿站规模大小和老年人需求设置床（椅）位，且平均使用面积每张达到5平方米。老年人使用的床和家具应符合老年期生理功能需求，可使用带头枕可仰卧功能的座椅。

②老年人公用卫生间应与老年人经常使用的公共活动用房同层，宜邻近设置，并宜光线明亮，具备通风换气条件。公用卫生间应设无障碍厕位，便器旁应安装扶手。

③老年人公共餐厅应使用可移动的、牢固的桌椅，为护理员留有分餐、助餐空间；采用柜台式售饭方式的，应设置低位服务窗口。

（8）社区养老服务驿站根据设施情况和实际需要设置医务室、护理站、心理疏导室、保健室、康复室等医疗保健用房。社区养老服务驿站设置医务室、护理站等医疗机构的，需符合医疗机构基本标准并取得医疗机构执业许可，同时遵守《执业医师法》《医疗机构管理条例》《护士条例》等法律法规及有关规定。

（9）社区养老服务驿站公共活动用房包括阅览室、棋牌室、书画室、健身室和多功能厅。多功能厅宜设置在建筑物首层，墙面和顶棚宜做吸声处理，避免对老年人休息室产生干扰。在满足使用功能和相互不干扰前提下，可合并设置各类用房。

公共活动用房应有良好的天然采光与自然通风条件，配备电视、音响、健身器材、休闲棋牌类用品、书籍报刊等。

（10）社区养老服务驿站根据自身条件设置值班室、厨房（或备餐间）、居家养老服务用房、职工用房、洗衣房等服务用房。

①居家养老服务用房主要为居家老年人提供助餐、生活照料、助医等上门服务使用。

②不支持驿站增设加工功能的厨房，厨房仅提供配餐、无明火加热保温、简单备餐。如配备加工功能的厨房，宜设置在相对独立的区域，布局合理，温度适宜，应有供餐车停放空间和消毒空间，有排风、排烟、排污、消防设施和适当的防潮、消声、隔声、通风、除尘措施，符合卫生、环保和消防要求。墙面使用瓷砖，地面使用防滑材料，配有各种厨房用具和清洗、消毒、储存设备设施。

③ 洗涤区域布局合理，配有洗衣机、消毒设备。

（11）老年人公共空间应沿墙安装安全扶手，并宜保持连续。

老年人居住用房内应设安全疏散指示标识，老年人活动空间内的墙面凸出和临空突出物，应采用醒目的色彩或采取图案区分和警示标识。

公共活动用房、生活用房及卫生间应设紧急呼叫装置，紧急呼叫信号应能传输至护理站或总值班室。

（12）社区养老服务驿站应设置火灾自动报警系统、消防应急照明灯、低位照明灯及疏散指示标志，配备防火毯、独立烟感报警器、消防过滤式自救呼吸器。

（13）社区养老服务驿站供电设施应符合设备和照明用电负荷的要求，并宜配置应急电源设备。

（14）社区养老服务驿站应有给排水设施，并应符合国家卫生标准。生活服务用房应具有热水供应系统，并配置洗涤等设施。

（15）社区养老服务驿站应具有采暖设施、空调设备，并有通风换气装置。

三、社区居家养老服务驿站人员及资质要求

社区养老服务驿站作为我国社区居家养老服务体系中的重要组成部分，建设的本意是为老年人提供多样化的助老服务，改善老年人的晚年生活。驿站是街道（乡镇）养老照料中心功能的延伸下沉，作为社区居家养老服务的基础，是政府为社区老年人提供基本养老服务的重要载体和主要途径，是社区老年人家门口的"服务管家"。加快建设社区养老服务驿站，使老年人不离社区就近享受方便快捷的为老服务供给，具有十分重要意义。

（一）社区居家养老服务驿站人员要求

1．社区养老服务驿站应合理配置工作人员

服务驿站应设站长1人（可兼职），养老护理员与服务对象比例达到1∶6，至少有1名社会工作人员（可兼职）、1名医务人员（可兼职）、1名工勤人员（可兼职）、财务人员1人（可兼职）、其他人员（心理咨询师、康复师、营养师等均可兼职），但是必须要有1名专职人员。连锁化、品牌化的社区养老服务驿站可根据实际需要，统一调配人员。

2．社区养老服务驿站应建立工作人员公示制度

① 专业技术人员应具有相关专业资质，持有卫生计生部门、人力社保部门颁发的专业、执业资格证书。

② 养老护理员宜持有职业培训证书或等级鉴定证书。

③ 所有人员应持有所从事工种的国家职业资格证书，餐饮人员应持有健康证。

3．社区养老服务驿站人员行为应符合规范

① 尊老敬老，尊重人格、民族、宗教信仰和个人习惯，保护个人隐私，具有良好的职业道德。

② 遵纪守法，礼貌、热情、亲切、友好。

③ 着装规范，服装整洁，佩戴胸卡上岗。
④ 语言文明、清晰。

（二）社区居家养老服务驿站资质要求

社区养老服务驿站执业应具备以下资质证明和材料：
① 企业法人营业执照或民办非企业单位登记证书。
② 与街道办事处（乡镇政府）签订的双方协议。采取"主体服务区＋加盟服务点"发展模式的，还应提供加盟签约协议书或联盟经营协议书，也可自行租赁或自有房产。
③ 房产归属证明及第三方机构出具的房屋安全检测报告。
④ 第三方（有消防资质）机构出具的消防安全检测报告。
⑤ 社区养老服务驿站服务事项和流量记录账簿或信息系统记录凭证。
⑥ 设置医疗卫生机构的，需取得医疗机构执业许可证。

第二节　社区居家养老服务驿站的功能与运营

建设社区居家养老服务体系，既是落实《中华人民共和国老年人权益保障法》的具体体现，也是全面建成"以居家为基础、社区为依托、机构为补充、医养相结合"的多层次养老服务体系的有力保障。社区养老服务驿站建设是构建社区居家养老服务体系的基层基础，通过建立"广覆盖、贴需求、惠民众、可触及"的社区养老服务网络，直接推动形成社区居家养老服务体系，实现城乡社区养老服务全覆盖。

一、社区居家养老服务驿站的功能

社区养老服务驿站需设置日间照料、呼叫服务、助餐服务、健康指导、文化娱乐、心理慰藉等六类基本服务项目。在此基础上，可根据自身条件拓展开展助洁、助浴、助医、助行、代办、康复护理、法律咨询等服务项目。

1. 日间照料

① 利用驿站现有设施和资源，为社区内空巢或有需求的老年人提供日间托养，实施专业照护。
② 针对有特殊服务需求的老年人开展短期全托，短期全托时间原则上不得超过15天。
③ 积极主动为有特殊服务需求的老年人提供生活照料服务，包括协助进食、协助排泄及如厕、协助移动、更换衣物、卧位护理，以及洗发、梳头、口腔清洁、洗脸、剃胡须、修剪指甲、洗手洗脚、沐浴等内容。
④ 有条件的社区养老服务驿站，可接送需要日间照料的居家老人。
⑤ 对于需长期托养的老年人，统一推介转送到附近的养老机构（照料中心）接受全托服务。

2. 呼叫服务

① 响应老年人通过互联网、物联网等网络手段或电话、可视网络等电子设备终端提出的养老服务需求，整合联系社会专业服务机构、服务资源和社区志愿者，为居家老年人提供专业化养老服务。

② 呼叫器、远红外感应器、网络终端、可视网络等智能呼叫网络设备应符合国家规定，质量完好，其功能应符合老年人的特点和需求。

③ 驿站应主动公开服务电话，选派熟悉业务、服务能力强的人员接听电话，收集老年人服务需求。对于政策咨询类电话，尽可能第一时间给予解答。对于服务需求类电话，应认真做好记录，及时转相关部门或负责人办理。

④ 对于老年人提出的助餐、助洁、助浴、助医、助行、代办等服务需求，由社区养老服务驿站转介或直接提供服务，按老年人要求排忧解难，做到高效便捷、收费合理。

⑤ 驿站为老年人推荐的社会专业服务机构必须负责该服务的跟踪督导。承接服务的服务机构须是经民非或工商注册、管理规范、服务记录良好的服务机构。

3. 助餐服务

① 助餐主要分为集中用餐、分餐和上门送餐。

② 符合国家食品安全法律法规的规定和食品行业标准。

③ 提供助餐服务应根据营养、卫生的要求，老年人需求，地域特点，民族、宗教习惯制订菜谱，为老年人提供营养丰富、全面合理的均衡饮食，做到荤素搭配、干稀搭配、粗细搭配合理，每周有食谱。

④ 实行集中用餐的驿站，应在醒目处公示助餐服务时间、服务须知等，保持内外环境及餐桌整洁，餐具须每餐消毒一次。给予老年人充分的用餐时间，服务过程细致、周到、亲切；注意观察老年人用餐安全，发现异常及时处理。

⑤ 分餐、送餐应及时，饮食应保温、保鲜、密闭、防止细菌滋生，提供符合保温、保鲜要求的设备及运输工具，保证及时、准确、安全地将餐饮送达。

送餐时要注意核对老年人的姓名、菜品及数量，确定无误后签收，服务时礼貌、周到、细致。

⑥ 提供餐饮加工服务应获得卫生许可证，助餐服务人员应身体健康，助餐服务可转介有相关资质的第三方提供。

⑦ 提倡通过中央厨房方式开展助餐服务。

4. 健康指导

① 设有护理站的社区养老服务驿站，应配备相应医务人员，为老年人提供医疗卫生服务。护理站配备的注册护士、康复治疗人员人数应当符合护理站审批有关要求。

② 不具备条件的，依托周边社区卫生服务机构开展健康服务，可与社区卫生服务机构家庭病床的设置与管理相结合；也可引入社会化专业机构，提供健康服务支持。

③ 社区养老服务驿站至少依托医疗机构提供量血压、测血糖等基本医疗卫生服务，可依托专业机构或专业人员开展慢性病管理、常见病护理、翻身拍背、养生保健、用药指导等医疗护理服务。

设有护理站的，可按照有关规定开展基础护理、专科护理、临终护理、消毒隔离技术指导、营养指导、社区康复指导、健康宣教等医疗护理服务。

④ 社区养老服务驿站应定期组织专业人员举办健康知识及技能培训，加强老年健康教育，提供疾病预防、伤害预防、自救及自我保健等健康指导。

⑤ 依托社区卫生服务机构、护理站或专业医生、护士为老年人提供定期体检、上门巡诊、家庭病床、社区护理、健康管理等服务。

5．文化娱乐

① 协助老年人开展各种类型有益于身心健康的文化娱乐活动，内容包括组织书法、绘画、棋牌、唱歌、戏曲、趣味活动、益智游戏以及健身运动等。

② 驿站应制定相关管理制度规范，明确活动设施场所的开放时段、注意事项、服务保障措施，在不同时段安排适宜的活动方式，确保不影响老年人正常休息和身体健康。

③ 所有活动遵守安全、自愿原则，满足老年人身体和精神健康的条件和需求。

④ 活动场所宜由专人定期打扫清理，确保干净整洁。

6．心理慰藉

① 驿站应及时掌握签约服务老年人的心理变化，满足老年人心理需要，促进老年人心理健康。

② 心理慰藉主要以陪同聊天、情绪安抚等形式开展。陪同聊天以老年人感兴趣的话题为切入点，多倾听，引导老年人倾诉，与老年人建立良好的信任关系，帮助消除不良情绪反应及孤独，满足老人情感慰藉和心灵交流需求。

③ 心理慰藉服务应注意保护服务对象的隐私权。

④ 心理慰藉服务的人员可由心理咨询师、社会工作师、医护人员或经验丰富的养老护理员担任。

⑤ 要有危机处理的意识，制定相应的危机处理预案和程序。必要时可提供相关信息寻求专业支持，或转介专业服务机构提供服务。

7．助洁服务

助洁主要包括整洁居室（客厅、卧室、厨房、卫生间）和清洁灶具。

① 门框：无尘土、触摸光滑、开关盒等表面洁净，玻璃目视无水痕、无污渍、光亮洁净。

② 地面：木地板洁净，瓷砖无尘土有光泽。

③ 居室：地面无死角、无遗漏，洁具洁净光亮、无异味。

④ 清洁灶具：无明显污渍、不锈钢灶具光亮洁净，必要的进行定期消毒处理。

8．助浴服务

① 助浴主要分为来站助浴和上门助浴。

② 助浴前应进行健康评估和安全提示，并做好相关安全措施。有条件的驿站，可派车将老年人接到驿站。

③ 助浴过程中应注意观察老年人身体情况，如遇老年人身体不适，协助采取相应防护措施。

④ 助浴时应根据四季气候状况和老年人居住条件，注意防寒保暖、防暑降温及浴室内通风。

⑤ 上门助浴应与服务对象签订服务协议，并有 2 名工作人员在场。

9．助医服务

① 协助监护人陪送老年人到医院就医或代为取药。
② 遵照医嘱，协助生活不能自理的老年人管理药品。
③ 按照监护人要求提供约定内服务。

10．助行服务

① 助行服务包括陪同户外散步、陪同外出。
② 助行服务一般在老年人住宅小区及周边区域内。
③ 助行服务应注意途中安全。
④ 使用助行器具时应按助行器具的使用说明进行操作。

11．代办服务

① 根据老年人需求，提供代购、代领物品，代缴费用等服务。
② 服务范围包括为老年人代购生活必需品或陪同购物，代领各种物品，代缴水费、电费、煤气费、电话费等日常费用。服务人员应准确记录购买的品种，清点钱物，按照约定购物，做到当面清点并签字。
③ 提供代办服务时应保护老年人的隐私，不向他人谈论老年人的家庭情况或钱物情况。

12．康复护理

① 康复护理医疗服务应依托有资质的医疗机构进行。
② 康复护理应符合老年人的生理心理特点。
③ 康复护理过程中应注意观察老年人的身体适应情况，防止损伤。
④ 根据需要配备相应的康复设施设备。

13．法律咨询

转介由具有法律从业资质的律师或律师事务所提供咨询服务。

社区养老服务驿站应公示服务项目、收费标准、规章制度、工作流程、服务承诺、投诉方式等信息。公示信息内容应真实、准确、完整，及时更新，便于老年人了解、获取。

二、社区居家养老服务驿站的运营管理基本要求

1．社区养老服务驿站应根据自身实际开展服务

以单体设施建设的社区养老服务驿站，实行连锁化、品牌化运营且相毗邻的，驿站可不必全部具备六类基本功能，通过连锁服务商的区域组合、组团服务、集成服务等方式，实现毗邻区域的服务提供。

2．社区养老服务驿站要建立风险防范机制

服务驿站应购买相关综合责任保险，并与长期服务对象签订服务协议、知情同意书，主

动出示安全须知，鼓励老年人购买意外伤害保险，降低运营风险。

3．社区养老服务驿站应为老人就医提供便利

在街道办事处（乡镇政府）的统筹协调下，服务驿站应加强与社区卫生服务中心（站）的对接，在挂号、就诊、取药、综合诊疗、转诊等方面为居家老年人就医提供便利条件。

4．社区养老服务驿站应当注重保护老年人的隐私权

服务驿站与所属工作人员签订服务对象隐私保密协议，对于服务过程中获取的服务对象个人隐私信息，不得泄露。

5．社区养老服务驿站应做好服务项目咨询核定工作

服务驿站应主动、翔实地向老年人介绍服务项目、服务内容及收费价格等。根据老年人的身体状况、服务需求、支付能力及服务机构的服务提供能力，核定服务内容。

6．社区养老服务驿站服务项目收费应遵循一定的原则

其基本原则如下：
① 驿站服务项目收费价格应低于本区域市场平均价格，高于成本价格。
② 在文化娱乐、心理慰藉，以及量血压、健康知识讲座等方面设定公益服务项目，不收取服务对象费用。
③ 由街道办事处（乡镇政府）、相关政府部门无偿提供设施建立的社区养老服务驿站，具体收费标准在区民政部门指导下，由驿站运营方与属地街道办事处（乡镇政府）协商确定。
④ 按照政府有关规定，为城乡特困老人和低保低收入家庭老人提供的基本公共养老服务项目，由政府通过购买服务方式给予补助。

7．社区养老服务驿站应设置应急处理机制

服务驿站应当制定居家养老服务意外事件处置应急预案，每年至少举办两次消防培训和演练。

8．社区养老服务驿站应建立档案管理制度

其档案包括驿站档案和服务档案。驿站档案包括文书档案、财务档案、员工信息等资料。服务档案包括老年人信息、服务协议、服务项目、服务安排、服务记录等资料。有条件的驿站应建立数字化档案，形成网络化信息管理。

9．社区养老服务驿站应实行服务质量评价制度

① 评价主体为社区养老服务驿站自我评价、服务对象评价、街道办事处（乡镇政府）评价和区民政、老龄部门委托的第三方社会机构评价。
② 评价指标包含服务流量、服务对象满意度、家属/监护人满意度、服务时间准确率、服务项目完成率、有效投诉结案率。
③ 评价方法为意见征询、实地察看、检查考核、服务信息和档案查询。
④ 社区养老服务驿站根据评价过程中发现的问题与建议，及时改进，不断提高服务质量。

三、社区居家养老服务驿站人员要求和管理规定

（一）社区居家养老服务驿站配置的人员及要求

1. 站长岗位职责

① 统筹驿站的经营管理工作，承担经济指标，掌握经营状况。
② 负责制定驿站安全管理制度和实施细则，指导监督驿站全员执行，严防出现任何人身安全责任事故。
③ 统筹驿站为老服务，为社区老人提供优质服务。
④ 对驿站社工、中医理疗康复师、护理员、实习生进行人员管理。
⑤ 负责驿站与街道、社区和各行业部门的对外联络工作。
⑥ 实时将政府部门对老年人的优惠政策、补贴政策向老年人公示，并要求站点工作人员熟练理解。

2. 驻站社工岗位职责

① 负责协助站长开展驿站各项活动，为社区老人解决生活问题。
② 严格执行驿站安全管理制度和实施细则，严防驿站出现任何人身安全责任事故。
③ 负责具体活动组织策划、申请执行、协调联络和评估总结等工作。
④ 负责完成老年人问卷调查、建立健康档案、参加老年人意外保险，进行老人服务风险评估，确定驿站针对性的服务种类，与协调驿站医疗成员做好协调配合工作。
⑤ 与相关合作方保持良好的沟通。
⑥ 完成领导交办的其他工作。

3. 中医理疗康复师岗位职责

① 建立老年人健康管理档案，采集健康信息，会同相关人士、机构，对健康信息进行分析评估，出具健康报告。
② 依据老年人健康报告，制定对应的中医理疗康复方案，根据老年人具体要求和确定的费用进行收费，按照相关流程及规定，实施中医推拿按摩、中医理疗、针灸推拿等服务。
③ 在驿站开展多种形式的健康干预和健康教育活动。
④ 认真执行驿站各项规章制度和技术操作规程，严格执行驿站安全管理制度和实施细则，密切关注老人身心状况，发现隐患及时报告、及时处置，严防驿站出现任何人身安全责任事故。
⑤ 与相关合作方保持良好的沟通。
⑥ 完成领导交办的其他工作。

4. 护理员岗位职责

① 负责在驿站活动老年人的健康、娱乐、生活照料、心理护理、保健康复等工作。
② 负责每天分餐、送餐，日常收银，餐数统计分析与财务对账。
③ 负责助餐电话预订及系统录入工作。
④ 认真执行各项规章制度和技术操作规程，严格执行驿站安全管理制度和实施细则，

密切关注老人身心状况，发现隐患及时报告，严防驿站出现任何人身安全责任事故。

⑤严格做好交接班制度，做好日常工作记录。

⑥认真执行清洁、消毒、隔离制度，做好环境卫生工作。

⑦完成领导交办的其他工作。

5．实习生岗位职责

①协助驻站社工策划、组织并实施相关社区活动，完成活动计划、筹备、宣传、开展、总结、新闻稿撰写等工作。

②认真执行各项规章制度和技术操作规程，严格执行驿站安全管理制度和实施细则，密切关注老人身心状况，发现隐患及时报告，严防驿站出现任何人身安全责任事故。

③开展社区走访，收集服务对象需求，协助驿站调整服务计划。

④协助完成微信、微博及网站的编辑及更新工作，整理日常活动资料并归档。

⑤协助驿站完成养老服务的工作。

⑥完成领导交办的其他工作。

（二）社区居家养老服务驿站管理规定

1．社区养老服务驿站管理规定

①养老驿站设定开放时间。

②老年助餐服务设定时间。

③养老驿站是为社区60岁以上老年人提供乐享"医护康养社"为老服务的场所，其他人员未经许可，谢绝入内。

④参加养老驿站活动的老年人，需要参加"老年人意外伤害保险"，填写驿站组织的"社区居家养老健康调查表"，参加必要的老年人自理能力、心理和行为能力测评。

⑤参加养老驿站活动的老年人要爱国爱党，遵纪守法，遵守社会公德，不得进行赌博活动，不得聚众闹事，不得参与传销和邪教活动。

⑥参加养老驿站活动的老年人要自觉遵守活动时间，自觉维护活动秩序，自觉尊重服从工作人员的管理和安排。

⑦为保证养老驿站老年人的健康和安全，凡是患有感冒、传染病、携带宠物以及其他可能影响本养老驿站正常秩序的老年人及其家属，禁止入内。

⑧在养老驿站活动的老年人，要做到在驿站内不吸烟，不随地吐痰，不乱丢垃圾等杂物，要自觉保持环境整洁，不要乱贴乱画，要自觉遵守公共场合道德，请勿大声喧哗。

⑨在养老驿站活动的老年人，要自觉遵守各项规章制度，服从管理，爱护设施，不要随意挪动，不要未经工作人员允许自行活动，如因此发生的意外伤害自行承担后果，造成损失的应照价赔偿、承担相关责任。

2．社区养老服务驿站呼叫中心管理制度

①养老驿站设立呼叫中心，是为了将驿站提供的各项为老服务，延伸到社区及周边社区老人身边、床边，同时提供健康管理、慢病管理、上门服务、紧急呼叫、紧急救助等服务，为老人提供贴心、周到、安全的服务。

②接受养老驿站呼叫中心服务的老年人，应遵守《社区养老服务驿站管理规定》相关

要求。

③ 呼叫中心遵守驿站规章制度，按时上下班，保持日常卫生，做到干净、整洁。

④ 呼叫中心在电话铃声响起后必须立即接起，并以规范礼貌用语贯彻始终，通话完毕时，等对方挂掉电话后方可挂断。

⑤ 呼叫中心在服务过程中保持耐心、热心和诚心，努力为每位给呼叫中心来电的老人提供满意的服务。杜绝使用不文明语言，不要与老人进行争吵，不要在挂断电话后议论老人或表现不满。

⑥ 呼叫中心对于接听过程中没听清楚的信息，要和老人及时沟通后进行记录，记录要详细记载，以便追踪老人情况，利于回访。

⑦ 呼叫中心应保持老人信息资料完整保密。

⑧ 呼叫中心人员应掌握监护人及第一联系人的联系方式，以备急需。

⑨ 在工作中如果遇到不能解决的问题，要及时向驿站站长进行汇报。

3. 社区养老服务驿站健康管理制度

① 对本社区和周边社区的老年人的基本情况、健康状况和服务需求，进行调查、评估、登记，建立健康档案，进行健康管理。

② 对于患有慢性疾病老年人的服务需求，根据具体情况和具体要求，与医疗、养老、康复、护理等专业单位合作，提供有针对性的服务。

③ 开展多种形式的老年人健康教育活动，进行疾病预防、自我保健、常见危害预防、合理用药、饮食运动等方面的指导。

④ 对参加本驿站活动的老年人，免费测量体温、血压，开展老年人体质监测等工作，并纳入老年人的健康管理范畴。

⑤ 邀请专业医疗单位和团体，不定期为本社区及周边社区老人提供义诊、巡诊、代挂号等服务，开展老年护理健康指导知识讲座和培训。

⑥ 联合专业适老服务单位，为本社区及周边社区老人提供居家适老化改造、健康适老器具的配置租赁等相关适老服务。

4. 社区养老服务驿站老年助餐服务管理制度

① 老年助餐服务是为本社区及周边有需求的老年人提供助餐服务及上门送餐服务。

② 老年助餐服务时间为午餐 11：00～13：00，晚餐 17：00～19：00，也可以根据老人实际需求商定。

③ 到养老驿站接受老年助餐服务的老年人，应遵守《社区养老服务驿站管理规定》相关要求。

④ 服务人员接待老年人，做到礼貌、热情、耐心、周到。

⑤ 助餐结束后，服务人员进行认真清扫，要达到窗明几净，地面清洁。

⑥ 服务人员持健康证上岗，严格实行健康检查制度，严格执行操作程序和管理规程。

⑦ 餐具摆台前存放在密闭保洁设施内，餐厅内有老人洗手设施，不得携带宠物进出，设有防虫、防蝇、防蟑螂和防鼠的设施。

⑧ 餐具按规定的操作程序进行消毒、清洗，严格执行"一洗、二清、三消毒、四保洁"制度。

⑨ 每餐按照市药监局规定留餐250克，在冰箱内存48小时，对留餐食品进行严格登记。
⑩ 上门送餐时，护理员应了解老人的饮食习惯及禁忌。
⑪ 送餐盒上必须标明品名、保质期、最佳食用时间。

第三节　社区居家养老服务驿站盈利模式及对服务商的管理

一、社区居家养老服务驿站的盈利模式

盈利模式是企业利润的来源、生产过程以及产出方式的系统，是企业通过自身以及相关利益者资源的整合并形成的一种实现价值创造、价值获取、利益分配的组织机制及商业架构。

盈利模式对于一个企业尤其是养老服务企业来讲至关重要，决定了养老服务企业长久发展的生命力，是任何一个养老服务企业都无法逃避的话题。对于如雨后春笋般建立起来的社区居家养老服务驿站，选择何种盈利模式、如何实现盈利是需要首先思考的问题。

目前在我国绝大多数城市社区居家养老服务驿站的主要盈利模式有四种：一是政府补贴；二是会员制模式；三是居家养老市场化服务；四是养老增值服务。

（一）政府补贴

现阶段从全国来看，政府补贴依然是社区居家养老服务驿站的主要收入来源之一。其主要形式包括服务流量补贴、托养流量补贴、连锁运营补贴、建设补贴等。

1. 服务流量补贴

服务流量补贴是根据社区居家养老服务驿站服务收费流量总和的一定比例给予的资助补贴，包括服务驿站助餐、助洁、助浴、助医、助行、健康指导、康复护理、代办等收费服务内容，该补贴强调的是服务，一般不包含物质性的产品，而是人工所提供服务。目前《北京市社区养老服务驿站运营扶持办法》规定，服务流量补贴按照不低于服务总收入50%的比例予以资助，即驿站每收取老年人100元费用，政府将给予50元的补贴，相当于老年人每次消费政府给予了33.3%的补贴（各地补贴不等）。

实行服务流量补贴，有助于引导驿站更多为老年人提供服务，体现"服务越多、补助越多"导向，防止驿站不积极主动开展业务而依靠运营补贴勉强生存，进而造成设施资源的浪费。

2. 托养流量补贴

托养流量补贴是指根据社区居家养老服务驿站开展照料服务给予的资助补贴。照料服务主要包含日间照料、短期托养、长期托养三种形式。

目前《北京市社区养老服务驿站运营扶持办法》规定，按照实际收住老人情况，日间托养按照每人每天给予不低于15元的托养流量补贴，短期全托每人每天给予不低于30元的托

养流量补贴，农村幸福晚年驿站全托照料每人每月给予不低于 1000 元的托养流量补贴。

3. 连锁运营补贴

连锁运营补贴是指对品牌供应商承接若干家社区养老服务驿站建设运营，并实施同一服务标准、品牌连锁运营给予的奖励补贴。

目前《北京市社区养老服务驿站运营扶持办法》规定，按照社区养老服务驿站连锁机构的数量给予连锁补贴，每连锁运营 1 家社区养老服务驿站给予不低于 5 万元的一次性补贴。

（二）会员制模式

社区居家养老服务驿站作为以持续性照料为主要特征的机构，服务的重复性和持续性特征显著，较适宜以会员制方式建立稳定的服务关系。但需有一定规模且最好有第三方资信担保，以防老年人的资金流失。

1. 预付费型

养老服务的预付费卡一般是指老年人向服务经营者发行的会员卡中预存一定金额，在以后接受养老服务时，根据服务项目从会员卡预存款中扣除服务费，居家养老服务中的服务套餐或服务包多采取该方式。

2. 入会费型

在这种模式中，老年人只有先通过支付一定金额的会费（年费、月费等）才能获得会员资格，取得会员资格后，才能使用社区居家养老服务驿站的设施及服务。

3. 物业型

物业型即通过购买会员卡，老年人取得对养老服务经营者提供的特定物业的较长期限的占用使用收益，甚至附带一定条件的处分权。采用物业型会员制最主要的原因在于养老设施产权无法分割销售而只能由经营者自持时，可以在最短时间内回笼资金，减轻现金流压力。

（三）居家养老市场化服务

居家养老服务，是指以家庭为核心、以社区为依托、以专业化服务为依靠，为居住在家的老年人提供的以解决日常生活困难为主要内容的社会化服务。提供市场化的居家养老服务是目前我国社区居家养老服务驿站主要收入来源之一，主要包括生活照料类服务和医疗保健类服务两部分。

1. 生活照料服务

社区居家养老服务驿站为辖区长者提供托养服务或配餐送餐、助洁、助浴、家政等居家上门服务收取服务费用。

2. 医疗保健服务

社区居家养老服务驿站为辖区长者提供健康咨询、保健按摩、陪同就医、术后阶段康复、安宁疗护等服务收取服务费用。

（四）养老增值服务

增值服务是指在常规服务基础上提供超前的、个性化的服务体验。社区居家养老服务驿站除提供常规照料服务外，也可通过商业合作形式开展增值服务，拓展盈利方式。

1. 适老化产品

与有资质的正规养老产品商家合作，精选物美价廉的康复器械、辅助设备、保健食品等适老化产品推荐给老人。

2. 旅游养老

旅游养老是指把旅游资源和养老服务结合起来，老人们可以根据季节的变化选择不同的地方养老。社区居家养老服务驿站可以与旅游公司合作，推出适合社区长者的订制线路，丰富老年人生活。

3. 养老金融

与银行、保险公司、正规金融机构合作，推出养老理财、养老商业保险、养老基金等养老金融产品，满足高端老人需求。

二、社区居家养老服务驿站对服务商的管理

服务质量是社区居家养老服务驿站持续健康发展的基本保障，它主要取决于养老服务需求者对服务的满意程度。在养老服务供应链中，各类养老服务提供商与养老服务需求者有着密切的联系，直接影响着养老服务需求者的核心体验。所以，建立科学有效的养老服务商管理体系对提高服务质量，实现社区居家养老服务驿站持续健康发展具有重要意义。

（一）总体原则

为进一步加强养老服务商的管理，规范服务商的服务行为，调动服务商的积极性，充分利用服务商的资源，提高服务质量，降低服务成本，完善养老服务体系，社区居家养老服务驿站与养老服务商必须遵循"业务合规、市场有序、经营稳健、互利共赢"的原则开展合作，并签订服务协议。

养老服务商是指参与社区居家养老服务驿站服务体系，提供有偿服务的商家。服务内容包括运营管理、设施提供、餐饮服务、医疗保健、家政服务及其他可能涉及的养老服务。

（二）服务商的资质标准

服务商应是按照中华人民共和国有关法律法规在国内设立的企业，具备国家监管机构核准的营业执照、税务登记证、组织机构代码证及法人身份证件，并根据实际情况缴纳保证金。

服务商应具备提供养老服务相关资质，具有良好的经营业绩和银行资信状况，遵守国家法律法规，具有良好的商业信誉。

（三）服务商的资质验证

服务商需经过社区居家养老服务驿站资质验证并通过后，方可签订服务协议开展服务。

社区居家养老服务驿站负责人须对服务商进行详尽的背景调查，并实地考察企业整体情况、技术团队、项目经验等情况，确认无误后双方按照平等、自愿、公平原则签署服务协议。

（四）服务商的风险管理

① 服务商必须严格按照服务协议规定的地域范围和服务内容开展服务，严格遵守各地《社区居家养老服务规范》要求，保证服务质量。

② 服务商违反国家法律、法规或提供虚假申请材料，或因自身原因给社区居家养老服务驿站造成重大经济损失或严重不良影响的，服务驿站有权解除服务协议。

③ 服务商若发生企业重组或法人代表变更等重要情况时，应及时将有关情况书面通知社区居家养老服务驿站。如果因此对服务协议履行产生影响的，双方应尽快签订有关变更协议，以保证相关服务的有效延续。

④ 服务商破产、倒闭、停业或被政府机构、司法机构列入破产清算时，社区居家养老服务驿站有权解除服务协议。

⑤ 社区居家养老服务驿站应定期对服务商的响应速度、服务质量等进行考核，并将考核结果告知服务商。对于考核较差的服务商及时给出书面警告并要求其限期进行整改。

⑥ 服务商由于服务质量原因遭到投诉，经核实后社区居家养老服务驿站将按照服务协议规定从保证金中扣除相应金额，被投诉次数超过规定后服务驿站有权解除服务协议。

⑦ 服务商因自身原因主动终止服务协议的，需提前30天以书面形式向社区居家养老服务驿站提出自愿退出申请，并配合服务驿站做好交接工作；协议中止后的90天内，服务商仍有义务配合服务驿站对协议期间产生的风险事件进行协查等，在此期间因服务商造成服务驿站任何损失的，服务驿站有权从保证金中扣除，服务驿站在确定无以上未决违约、违规情形后退还相应保证金余额；如发生损失金额超过服务商所交纳的保证金金额，服务驿站将保留继续追偿损失的权利。

| 典型案例 |

用"心"服务让养老驿站成为老人身心相系的"家"

自2019年8月1日起，北京西城区制定的《西城区社区养老服务驿站运营扶持办法》（以下简称《办法》）开始实施。《办法》中倡导"每天傍晚将辖区内45家驿站的门头灯亮起来，满足老人夜间所需的紧急服务，方便路人将走失的老人送到驿站，并由驿站帮助走失的老人联系家属和警察。""将驿站的门头灯亮起来"这一贴心的举措，无形中平添了社区养老服务驿站"家"的色彩和温度，人性化服务倾向越发凸显。

政策扶持促养老驿站可持续运营——恒心

据调查显示，我国有90%左右的老人分布在居家和社区养老生活和日常活动。因此，近年来，我国大力推进居家和社区养老服务建设，通过政府政策支持、中央和省级财政资金引导、支持社会力量运营、市场化运作。

驿站是政府为社区老年人提供基本养老服务的重要载体和主要途径，是构建"三边四级"养老服务体系（指在政府主导下，通过构建市级指导、区级统筹、街乡落实、社区参与的四级居家养老服务网络，实现老年人在其周边、身边和床边就近享受居家养老服务）的基层基础，同时也承担着部分政府基本公共服务。2018年5月，北京市民政局、市发展改革委、市财政局、市人力社保局、市老龄办联合制定并下发了《北京市社区养老服务驿站运营扶持办法》，鼓励和引导社会力量投资兴办社区养老服务驿站，促进社区养老服务驿站可持续运营。

在政策支持、养老市场需求加剧的形势下，社区养老服务驿站如雨后春笋般涌现，并很快被推到了养老市场的前沿，接受政府与市场的双重考量与考验。虽然驿站在发展的过程中，遇到了诸多瓶颈，出现了运营困难，但是各方齐心协力，攻克难关。

受"互联网+"的启示，"养老驿站+"思维也成为北京各区属养老驿站多方位发展的源泉和动力，各方各显神通，让养老驿站成为展示优质为老服务的平台和窗口。

养老驿站服务细致周到——贴心

2018年3月，北京东城区北新桥街道将疏解整治促提升工作中腾退的北门仓6号楼600多平方米的场地，用于筹建海运仓社区养老服务驿站。同年10月，该驿站正式投入运营。驿站设置了日间照料、呼叫服务、助餐服务、健康指导、文化娱乐、心理慰藉六类基本服务。在此基础上，根据驿站自身的条件和老年人的实际需求，还设置了助洁、助浴、助医、助行、康复护理等全方位服务项目。

据了解，街道是以政府购买服务的形式，通过引进专业化的养老服务公司，为辖区老年人提供优质、专业和贴心的服务。同时，利用辖区医护等资源，定期引入中医进驿站义诊，举办家庭护理、康复、照顾服务技术指导、保健知识等健康讲座，为老年人提供陪护、陪同就医等助医服务。

为了让驿站可持续发展，街道还加大了对驿站服务价格和服务质量的监督和管理，要求所有服务项目的收费价格均低于市场价格，同时定期对驿站工作人员的服务效果和服务质量进行考核，让老年人在驿站过得舒心快乐。

走进驿站，立马有人上前问候，走路还有人跟随搀扶，陪着说话聊天；如果想打包食物，工作人员会立刻包好送到老人手上……热情周到的服务，令老人们十分感动。

将"老有所医"落到实处——暖心

2018年5月，西城区牛街街道率先打破养老驿站困境，成为西城区首家尝试养老驿站与社区卫生服务中心合作探索医养结合的街道。社区卫生服务中心医护人员定期到驿站开展医疗指导，不断强化驿站医养结合功能，逐步建立以健康档案、疾病预防、咨询服务、养生保健、助医服务等为主要内容的老年人健康管理系统，为辖区内的老人提供安全便捷的健康养老服务。同时，社区卫生服务中心还将辖区老年人作为重点人群纳入家庭医生签约服务，提供基本医疗、公共卫生和约定的健康管理服务。

养老驿站牵手社区卫生服务中心构建医养结合联盟，打通了养老机构和医疗机构分离的状态，将"老有所医"真正地落到实处，减轻了老人子女的精神压力和经济负担。

2020年北京规划建成1000个养老服务驿站，目前已建成运营680个。围绕着老年人的衣食住行和医疗护理康复等基本需求，以"遍地开花"的养老服务驿站为平台，想老人所想，植入多种服务项目，满足老年人所需。只有达到供需平衡，养老驿站才能达到较为理想的状态，最终成为老年人身心相系的美好家园。

案例简析：

北京市养老服务驿站包括城市社区养老服务驿站和农村幸福晚年驿站，贴近社区居家养老服务需求，为北京市城市和农村社区的广大老年人提供丰富多彩的各项为老服务，构建了北京市养老服务体系的最基层，有效弥补了北京市社区居家养老服务力量、服务能力、服务专业度和服务种类的不足，为推动北京超大城市养老难题的解决起到重要的作用。

| 延展阅读 |

关于实施《北京市社区养老服务驿站运营扶持办法》应当做好相关工作的通知

各区民政局、老龄办：

为贯彻落实《北京市社区养老服务驿站运营扶持办法》（京民福发〔2018〕184号），确保运营补贴政策精准到位，现就政策执行中需注意的相关问题通知如下：

一、要督促本辖区内养老服务驿站（以下简称"驿站"）运用北京市社会福利综合管理平台；要依据综合管理平台归集的数据，及时向驿站拨付托养流量补贴和服务流量补贴。

二、要指导各驿站对服务项目及价格进行成本核算，在驿站明显位置公告"服务项目和价格"，并加强备案管理。

三、要督导未安装便携式POS机具的驿站，尽快向相关专业银行申请开户及安装便携式POS机具，并确保机具实体与在册登记信息一致；要督导驿站积极配合银行对驿站进行定期及不定期核查。

四、要主动对接相关专业银行，协调解决好驿站开户与装机手续初审、开户报备、装机、培训商户、日常维护等工作；协调做好驿站开户费、机具及装机手续费、机具维护费等费用的减免工作；协调落实银行网点与驿站对接；协调解决POS机的日常维护和保养。

五、要通过多种途径引导老年人通过刷养老助残卡、民政一卡通采集服务过程信息，通过POS机具刷卡支付服务费用；对无养老助残卡或民政一卡通的老年人，需采用身份证采集服务过程信息。要主动在卡片激活、开通个人银行结算账户、使用手机银行等方面为老年人提供方便和帮助，并协助老人完成刷卡付费。

六、要做好日常监管工作。要通过竞标或其它方式，委托1家第三方监管机构，对本区养老服务驿站开展社区和居家养老服务进行运营监管。为保障监管数据的真实性、权威性、公正性、独立性，选定的第三方监管机构在本市范围内不得直接或间接运营社区养老服务驿站或农村幸福晚年驿站。同时，应当完成包括但不限于服务对象信息采集、服务过程记录采集、服务金额统计、异常服务数据分析、异常服务数据验真、问题与建议、老年人及家属的满意度等任务；与市社会福利综合管理信息系统开展数据对接工作；每季度提供托养流量补贴和服务流量补贴的资金结算报告；每月向市、区民政老龄部门提交养老服务驿站运营监管书面报告。委托监管经费可从"因素法资金"中支出。

附件：
1. 养老服务驿站服务流量补贴参考项目清单
2. 养老服务驿站部分服务项目及参考价格

北京市民政局　北京市老龄工作委员会办公室
2018年8月22日

附件1

养老服务驿站服务流量补贴参考项目清单

为贯彻落实市政府专题会关于"要不断增加和丰富服务项目，在养老照料中心和养老服务驿站六项基本服务功能之外，再增加适应市场需求的各具特色的服务项目。对此，政府可投入激励性资金予以扶持和调动"的精神，根据各区提供的养老服务驿站正在开展的服务项目,梳理分类,确认以下包括但不限于18类参考服务项目,各养老服务驿站有能力开展且经区民政老龄部门确认备案的18类之外的服务项目,均可纳入"其它特色服务"之中。按照《北京市社区养老服务驿站运营扶持办法》的规定要求,将以上19类服务项目的服务费用部分纳入服务流量补贴,按照不低于服务总收入的50%的比例予以支持。其中服务费用原则上不包括产品成本。

一、生活照料服务

包括根据老年人需求提供的居家上门陪护服务,为有需求的失智、失能老年人在家中提供专业的翻身、压疮处理,为老年人进行口腔护理,为居家老年人喂饭喂药等服务。

二、呼叫服务

包括老年人招请(应答诉求、记录诉求、解答诉求等),分检派送服务(生成派工单、通知服务单位等),回访,巡访等。

三、助餐服务

包括利用自有食堂或与餐饮企业合作向辐射区域内老年人提供符合食品安全规定要求的老年餐,开展的制餐单位送餐、老年餐桌单位分餐、集中就餐及入户助餐服务,以及针对高龄衰弱、失能、失智、失独老人提供入户送餐服务等。

四、助洁服务

包括上门入户为居家老年人开展的室内清洁服务和专项清洁服务等。室内清洁服务包括地面和墙面清扫,家具及用品擦拭,厨房清洁,卫生间清洁,卧床老年人床铺清洁等;专项清洁服务包括空调通风系统清洁,厨房抽油烟机清洁,衣服、床品清洗,室内消毒,老年专用设备清洁服务等。

五、助浴服务

包括在养老服务驿站内或上门入户为居家老年人,尤其是针对失能老年人开展的助浴、擦浴及个人卫生清洁(头、脸、手、脚清洁,剪指甲、修脚、理发、口腔护理、全身护理)等服务。

六、助医服务

包括为老年人就医和转诊提供陪同就诊、取药等服务;为术后、住院后或慢性病患者提供康复护理专业指导服务;为辐射区域内老年人提供用药提醒和清理过期药品服务,指导老年人遵循医嘱,正确用药等服务。

七、助行服务

包括为行动不便老年人提供上、下楼服务;从家到医院、从家到驿站的交通接送服务;服务人员陪同老年人散步、陪同外出等服务。

八、代办服务

包括根据老年人需求,提供代购、代领物品,代缴费用等服务。

九、文化娱乐服务

包括为老年人提供老年大学和老年社团活动的服务;开展手工编织、书法、插花、茶艺;组织观看电影、口述历史记录等各类文化娱乐活动及健康讲座、法律讲座、心理讲座等。

十、精神慰藉服务

包括为需要的老年人提供的社会交流、游戏组织、身体运动、思维训练等日常生活慰藉服务;为存在问题的老年人提供的压力缓解、空虚缓解、自卑缓解、安全感缺失缓解、抑郁症缓解等服务。

十一、健康管理服务

包括老年综合评估服务（日常生活功能指数评定、老年跌倒风险评估、简易营养评定、疼痛评估等）；定期检测体脂、血压、血糖、握力等与健康相关的指标；为失能老年人上门体检；老年慢病管理（健康教育、中医养生指导、不良生活方式纠正等）；出院延续服务等。

十二、安宁疗护服务

包括根据临终老年人的特殊需求，开展的生活照料、疼痛和呼吸管理、舒缓服务、营养支持、情绪应对、信仰关怀、社会支持、善后服务等。

十三、教育培训服务

包括根据老年人需求，对老年人进行照护技能、体能训练、慢病预防与慢病系统化非药物干预、心理健康、紧急情况处理、形体训练、老年人日常妆容、音乐疗法、花艺疗法、营养咨询等技能培训以及指导老年人开展家庭安全隐患排查。

十四、志愿服务

包括组织低龄老年人为高龄老年人开展的生活辅助服务、互助陪伴、知识共享等志愿服务活动；组织大中院校学生重点为独居老人、高龄老人、失能半失能老年人、贫困老年人等特殊老年人提供生活照料、心理慰藉、法律援助、亲情陪护等志愿服务。

十五、康复护理服务

包括康复知识普及；协助生活自理能力功能恢复的训练与指导；通过灌肠手段协助排解大便；管路和造口维护服务（营养管路、有创途径置管、术后造口的通畅、清洁）；利用人工或物理因素（声、光、电、磁、热等物理器械）作用于人体，达到预防和治疗疾病目的的理疗、按摩和推拿服务；为老年人提供拔罐、艾灸、针灸等相关中医治疗服务。

十六、助急服务

包括组织急救知识宣讲，助急呼叫系统的维护，协助开展现场急救服务等。

十七、法律服务

包括开展法律咨询；代写起诉状、答辩状、上诉状、申诉状等诉讼文书；代写委托书、遗嘱等法律事务文书。

十八、便民服务

包括为老年人提供老人床垫、按摩器、治疗器、助听器、老花镜和假牙等老年用品销售服务；为老年人提供境内外旅游咨询服务，代办旅游手续或提供周边一日游或旅居服务；开展家庭适老化改造评估，为行走不便的老年人提供拐杖、轮椅等辅具租赁、适配、维修服务；为老年人家庭提供开关插座安装维修、更换水管与水龙头、家具、电器、家中线路维修、上下水管道维修与疏通等服务；根据老年人的年龄、性别、身体状况、家庭状况、收入状况、个人爱好、个人要求等因素提供专业的养老生活规划及指导，制定个性化养老服务方案，并提供系统化服务。

十九、其他特色服务

包括适老型用品、特色食品、无公害蔬果、营养补充剂等物品的团购服务；为老年人组织生日会、鹊桥会服务；着眼老年人个体差异的膳食指导服务等。

附件2

养老服务驿站部分服务项目及参考价格

为便于各区指导各养老服务驿站制定服务项目价格，我们将东城区、西城区、丰台区为托底保障群体、困境保障群体、重点保障群体开展的居家老年人需求量排前30位的生活照料服务、助餐服务、助洁服务、助浴服务、助医服务、助行服务、健康管理服务、康复护理服务等部分服务项目及参考价格汇集整理，供各区参考。

序号	服务类型	分项	服务项目名称	参考价格	单位	备注
1	生活照料服务	1	褥疮理疗	60~100	小时	为老人进行基础的褥疮理疗
2		2	尿道口护理	60~80	次	为老人进行基础的尿道口护理
3		3	翻身更服	60~100	次	为老人翻身更换衣服
4		4	喂饭喂药	30~50	次	为老人喂饭喂药
5		5	日间入户照料	150~200	天	12小时，白天上门为老人提供基本生活护理服务
6		6	晚间入户照料	200~220	天	12小时，夜间上门为老人提供基本生活护理服务
7	助餐服务	1	为老年人集中分餐	30~50	次	在老年食堂或老年餐桌集体分餐
8		2	集中就餐	30~50	次	组织老年人就餐服务
9		3	入户助餐	30~80	次	上门为老年人做饭做菜
10		4	入户送餐	3~5	次	为"三失一独"老年人送餐
11	助洁服务	1	床铺周边卫生清洗	40~60	次	为老年人清理床边卫生
12		2	床褥更换	50~60	次	为老年人更换被褥
13		3	清洗衣服	30~180	次	为老年人清洗衣服
14		4	擦窗	12/平方米	次	上门为老年人擦窗户
15		5	普通保洁	30~50	次	为老年人家庭做普通保洁
16		6	清洗抽油烟机	80~120	次	为老年人家庭清洗抽油烟机
17		7	清洁老年专用设备	50~80	次	为老年人清洁轮椅等专用设备
18	助浴服务	1	中度失能老人助浴	50~120	次	为中度失能老年人洗澡
19		2	重度失能老人助浴	70~180	次	为重度失能老年人洗澡
20		3	上门洗发	20~50	次	上门为老年人洗头
21		4	上门理发	20~50	次	上门为老年人理发
22		5	床上擦浴	60~80	次	为老年人在床上擦浴
23		6	修剪指（趾）甲（不含灰指甲）	10~25	次	帮助老年人修剪指甲
24		7	修脚	40~90	次	帮助老年人修脚
25		8	口腔护理	50~100	次	为老人进行口腔护理
26	助医服务	1	陪同就诊（轻度失能及以下）	80~100	次	陪同轻度失能及以下老年人就诊（不含交通费）
27		2	陪同就诊（中度失能）	80~120	次	陪同中度失能老年人就诊（不含交通费）

续表

序号	服务类型	分项	服务项目名称	参考价格	单位	备注
28	助医服务	3	陪同就诊（重度失能）	80~150	次	陪同重度失能老年人就诊（不含交通费）
29		4	协助服药	30~50	天	协助老年人早中晚服药
30		5	药品管理	200~300	月	清理过期药品，分药每周一次
31		6	用药指导	40~50	次	入户开展用药指导
32	助行服务	1	上、下楼服务	100~120	次	帮助老年人上、下楼（3小时）
33		2	陪同外出	80~100	次	运用交通工具接送、陪同外出
34	健康管理服务	1	老年综合评估服务	30~50	次	对老年人进行各项评估服务
35		2	上门体检	200~300	次	为中、重度失能老年人上门体检指标不少于60项
36		3	健康教育和咨询	15~30	次	日常健康教育和咨询
37		4	建立健康档案	30~50	次	包含纸质版和电子版材料
38		5	测血压	5~30	次	为老年人测量血压
39		6	测血糖	5~30	次	为老年人测量血糖
40		7	测体脂	10~30	次	为老年人测量体脂
41		8	测血氧饱和度	15~30	次	为老年人测量血氧饱和度
42	康复护理服务	1	轮椅使用训练	80~150	次	为老年人进行轮椅使用训练
43		2	拐杖使用训练	80~150	次	为老年人进行拐杖使用训练
44		3	助行器使用训练	80~120	次	为老年人进行助行器使用训练
45		4	30分钟上肢肌力训练	100~150	次	为老年人上肢进行肌力训练
46		5	30分钟下肢肌力训练	100~150	次	为老年人下肢进行肌力训练
47		6	按摩推拿服务	80~100	次/项	为老年人开展的身体局部按摩、推拿服务
48		7	中医护理服务	30~80	次/项	为老年人开展的拔罐、艾灸、足疗、刮痧服务
49		8	物理理疗服务	80~150	次/项	为老年人疏经活络、活血化瘀所进行的声、光、电、磁、热等物理理疗服务
50		9	管路和造口维护等服务	100~120	次/项	为老年人留置胃管、留置尿管、灌肠护理等服务

第三章 社区居家养老服务需求评估

社区居家养老服务开展需要明确社区居家养老服务需求，在此基础上评估需求并开展服务。那么，社区居家养老服务需求类型、识别及评估包括哪些内容？如何有效开展呢？这是需要明确的。

第一节 社区居家养老服务需求类型及识别

人口老龄化是始终贯穿我国 21 世纪的重要国情，它既是经济社会发展进步的必然结果，又是国际社会面临的共同挑战。积极应对人口老龄化，首要任务就是解决好养老保障和服务问题，根据我国《"十三五"国家老龄事业发展和养老体系建设规划》要求，就是要加快建设以居家为基础、社区为依托、机构为补充、医养相结合的现代养老服务体系。

社区居家养老是我国养老服务体系的基础，是家庭养老与社区服务的有机结合，是依托社区、以社区的机构与设施为基础，把社区养老服务延伸到家庭的一种社会化养老模式。

一、社区居家养老服务需求的类型

（一）社区居家养老服务的重要性

1．建设社区居家养老服务体系是积极应对人口老龄化的重要举措

社区居家养老不是单纯的在家里养老，而是通过政府主导，多方资源投入建立起来的专业养老服务，以老年人的需求为出发点，提供全面而多层次性的服务。

2．社区居家养老服务倡导以老年人的需求为出发点，为老年人提供个性化的服务

社区居家养老为老年人提供的服务是全方位的服务，覆盖老年人衣、食、住、行、健、乐、学、老有所为等多方面，服务内容包括讲课照顾、生活照料、精神慰藉、娱乐活动、老年教育等，实现"老有所养、老有所医、老有所教、老有所学、老有所为、老有所乐"的服务目标。

3．社区居家养老服务提倡"以人为本""自立支援""根据老年人实际需要，提供相应的有效服务"

根据老年人不同的需求和意愿，为老年人提供个性化的服务内容和服务方式。老年人参与服务计划的制订、实施和反馈，使得服务真正实现为老人所需所用。

4．社区居家养老依托社区、以社区的机构与设施为基础，把社区养老服务延伸到家庭

在这样的社区——家庭环境中，社会人际关系层次更多，人际交往互动方式更为多样，更能满足人际互助与沟通的多元需要。老年人在这样的养老环境中更可能获得多层次的养老需求满足。

（二）社区居家老年人不同健康阶段需求的不同类型

根据老年人不同的健康阶段，社区居家养老服务需求的不同类型有：

1．当老年人处于身体健康阶段

社区居家养老服务的需求就是保持功能、防止衰老，持续促进老年人保持身心健康、延缓衰老。

2．当老年人处于身体的亚健康阶段

社区居家养老服务工作的需求就是防止患病，采取积极有效手段、提高身体素质、加强预防保健、减少疾病发生。

3．当老年人处于慢病阶段

社区居家养老服务的需求就是防止慢病加剧、对生命造成伤害，做好慢病的防控工作、保持老年人的生活质量和生命质量。

4．当老年人处于急危重症阶段

社区居家养老服务的需求是防止死亡发生，做好疾病急性发作期的治疗、保全生命、延续生命。

5．当老年人处于急危重症治疗后的恢复阶段

社区居家养老服务的需求是防止出现康复损伤和防止残疾，做好术后康复和中期照护工作。

6．当老年人处于失能阶段

社区居家养老服务的需求是防止失去社会照护、缩短生命，做好长期照护工作、保全生命、延长寿命。

7．当老年人处于临终阶段

社区居家养老服务的需求是减少生理和心理的痛苦，做好安宁疗护和精神慰藉工作。

（三）社区居家养老服务的需求类型

根据社区居家养老服务展开情况，社区居家养老服务的需求类型包括综合评估、生活照料、医疗保健、安全守护、精神慰藉、法律援助、文化体育和公益救助等八大类。

1．综合评估服务

全面评估老年人生理、心理、疾病、经济、社会关系、行为能力等情况，建立健康档案，制定老年人社区居家养老服务的服务方案。

2．生活照料服务

为老年人提供日托、陪购代购、配餐送餐、家政服务等一般照料和陪护等特殊照料服务：
① 饮食服务：为老年人助餐、送餐及餐后清理；
② 起居服务：协助老年人穿脱衣服及如厕，衣物整理；
③ 卫生清理服务：协助老年人刷牙、洗脸、洗脚、擦洗身子，定时打扫室内外卫生；
④ 代办服务：为老年人代领、代购物品，协助处理文书资料等；
⑤ 护理服务：协助失能、半失能老人翻身、床上擦浴、护理、鼻饲、更换导尿袋等服务。

3．医疗保健服务

为老年人提供疾病防治、康复护理、心理卫生、健康教育、建立健康档案、开设家庭病床等服务：
① 预防健康服务：制定健康预防方案，定期进行上门健康教育和卫生保健服务；
② 医疗协助服务：遵照医嘱及时提醒和监督老年人按时服药，或陪同就医；根据建立家庭病床，协助开展医疗辅助性工作，开展长期护理服务，开展安宁疗护服务；
③ 康复护理服务：遵照医嘱开展康复护理服务，协助老年人正确使用康复保健仪器；
④ 健康咨询服务：及时提供预防保健、康复照护、饮食营养、心理健康等老年健康咨询服务。

4．安全守护服务

如老年人突发身体不适可直接呼救，服务机构及时提供应急援助服务：

① 安全设施的安装：安装和调试呼叫器、求助门铃、远红外感应器等设备；

② 安全隐患的检查和排除：了解老年人家庭设施状况，不定期检查水、气、取暖、降温等设施运行情况，排除安全隐患；

③ 应急救援服务：一旦接到老年人求助电话或报警信息，第一时间提供应急救援服务；

④ 定位服务：为容易走失的老年人佩戴手环、定位仪器等，防止走失。

5．精神慰藉服务

为老年人提供亲情慰藉、聊天谈心、协助交友、节假日或纪念日关怀、日常心理疏导等服务。具体服务形式有邻里结对、老年人互助、志愿者慰问、社区关怀等志愿服务：

① 精神支持服务：耐心倾听，与老年人进行有效的谈心和交流；

② 心理疏导服务：掌握老年人心理特点和基本沟通技巧，能观察老年人的情绪变化，进行有效的沟通疏导。

6．法律援助服务

为老年人提供法律咨询、法律援助、司法维权及维护老年人的赡养、财产、婚姻等合法权益的服务：

① 法律咨询服务：帮助老年人获得耐心、准确、及时的法律咨询服务；

② 权益维护服务：帮助老年人通过法律程序和相应的手段维护自身合法权益。

7．文化体育服务

为老年人提供活动场所、体育健身设施、健身团队等服务；为老年人提供老年大学学习、知识讲座、书法绘画、图书阅览、棋牌娱乐等服务：

① 文化教育服务：提供适宜老年人阅读的报刊书籍，开展适宜老年人的文化学习、教育宣传活动；

② 体育休闲服务：提供老年活动室或室外休闲场地，开展适合老年人的体育健身、休闲娱乐活动。

8．公益救助服务

为老年人提供救助与救济服务，帮助老年人从社会获取公益性服务：

① 救济救助服务：帮助符合条件的老年人及时、全面享受到政府或社会所提供的救助、救济服务；

② 志愿服务：组织志愿服务，帮助老年人从社会获取公益服务。

社区居家养老服务的目的是让老年人身心健康，保持自主独立性，提升生活质量和生命质量，做到老有所养、老有所医、老有所为、老有所学、老有所教、老有所乐。由于社区居家养老服务的需求比较综合，需要评估机构和评估人员具备一定的专业能力，才能进行有效识别和评估。

二、社区居家养老服务需求的识别

社区居家养老服务的需求比较复杂，一般从四个方向开展服务需求的识别。

1. 需要由以全科医生为主体的服务组织提供服务的情形

为病情复杂、有多种医疗和照护需求的老人：
① 提供健康管理服务，提高老年人健康水平；
② 及时诊断与治疗常见的、多发的老年慢病；
③ 及时提供综合性的医疗、康复和护理服务。

2. 需要由以社会工作者、养老机构为主体的服务组织提供服务的情形

为需求社会支持、经济资助、精神慰藉、权益保障及暂时失去社会功能的老人：
① 提供一定社会照顾帮扶和支持，寻求经济支持途径；
② 建立以社区照顾服务为基础的老年健康管理体系；
③ 进一步丰富老年人的精神文化生活，加强心理关怀服务；
④ 维护老年人合法权益。

3. 需要由以康复护理师为主体的服务组织提供服务的情形

为有康复潜能、处于老年病恢复期、需要长期康复护理维护的老年人：
① 进行康复训练，提高或恢复功能；
② 进行机体功能训练，恢复或部分恢复机体功能，延缓功能残疾，提高自理能力；
③ 提供康复护理服务，延缓功能残疾，减轻痛苦，提高生存质量。

4. 需要由以老年病医师为主体的安宁疗护服务组织提供服务的情形

为临终老人及家属：
① 提供临终关怀、减少老人痛苦，使其有尊严离世；
② 为家属提供心理慰藉和精神支持服务；
③ 提高临终老人和家属对"死亡"认识，坦然面对，做好各项准备；
④ 协助老人家属处理好后事。

第二节　社区居家养老服务需求评估及运用

一、社区居家养老服务需求评估的内涵

老年人服务需求评估是指采用多学科方法评估老年人的基本情况、躯体情况、功能状态、心理健康、经济情况、社会功能、营养状况、居家环境等状态，并据此制订以维持和改善老年人居家养老健康及功能状态为目的的养老服务计划，最大限度地提高老年人的生活质量。社区居家养老服务需求评估是开展社区居家养老服务的基础和前提。

（一）基本情况评估

1. 基本信息（包含不限于）

（1）生活史　包括姓名、性别、民族、出生日期、出生地点、教育水平、职业和工作、宗教信仰、婚姻状况、常用语言、重要经历、生命中重大事件等。

（2）家庭信息　包括家庭主要照护者情况、家庭主要成员（配偶、儿女、孙辈、兄弟姐妹及好友）。

（3）经济信息　包括收入来源、社会地位、财产情况、保险情况、医疗费用、政府补助、支付能力。

2. 一般医学信息

（1）身体情况　包括身高、体重、血压、血脂、血糖、听力、视力、牙齿（含假牙）、咀嚼吞咽、消化吸收、大小便、皮肤病、压疮等。

（2）疾病情况　常见的老年疾病及发生率见表3-1：传染病、精神疾病、慢性疾病、认知障碍等，不限于神经系统、呼吸系统、心血管系统、消化系统、内分泌系统、泌尿生殖系统、血液系统、肿瘤、运动系统、中医辨证等系统性疾病信息，以及跌倒、失智、失禁、便秘、抑郁、谵妄、睡眠障碍、疼痛、帕金森、骨质疏松、头晕、多重用药、营养、吸入性肺炎等老年综合征信息，包括病历、诊断报告、二甲以上医院体检报告（7天内）、照护方案、康复方案、营养方案等。

表3-1　常见的老年疾病及发生率

系统	疾病	发生率/%
心血管系统	冠心病	49.6～65.0
	高血压	42.5～52.0
	心律失常	32.0～45.0
呼吸系统	慢性支气管炎	43.1～55
	肺气肿	10.5～13.1
	肺源性心脏病	0.6～8.0
	陈旧性肺结核	18.0～31.3
消化系统	溃疡病	11.3～26.0
	慢性胃炎	11.9～33.7
	肝硬化	1.3～7.0
神经系统	脑血管意外	5.6～7.0
	帕金森病	1.3
内分泌代谢系统	高脂血症	16.4～43.8
	糖尿病	20.5～21.3
	痛风	0.6～1.5

续表

系统	疾病	发生率/%
运动系统	颈椎病	21.0~32.5
	肥大性脊柱炎	11.3~55.0
其他	白内障	25.3~35.0
	耳聋及听力障碍	15.6~63.6
	恶性肿瘤	1.7~2.5

（3）30天内意外事件　包括跌倒、走失、噎食、记忆减退、抑郁、失禁、自杀等。

（4）用药情况　包括处方药、非处方药、自用保健药、药物过敏史；饮酒量、麻醉药等。

（5）辅助用具使用情况　包括拐杖、轮椅、助行器、助听器、放大镜、鞋等。

3．个性特征

（1）性格特征　包括认知、性格、情绪、思维、行为、与人交往、衣着外表、性取向。

（2）生活习惯　包括起床、就寝时间，午睡时间，早中晚就餐时间，上下午活动时间等。

（3）饮食习惯　包括喜欢的食物、不喜欢的食物、过敏食物。

（4）兴趣爱好　包括喜欢的活动、经常进行的活动、特别不喜欢的活动。

4．服务需求

（1）协助要求　包括协助行走、协助穿衣、协助洗漱、协助如厕、协助进食、协助洗澡。

（2）陪同要求　包括陪同就医、陪同购物、陪同聊天等。

（3）代行要求　包括代购物、代为处理个人事务。

（4）特殊要求　包括特殊护理要求、营养要求、环境要求、交往要求。

老年人基本情况表见表3-2。

下载"老年人基本情况表"

表3-2　老年人基本情况表

老人姓名		评估编号		评估基准日期：□□□□年□□月□□日	
评估原因		1 第一次评估　2 常规评估　3 状况变化后重新评估　4 其他_____			
信息提供者			与老人的关系		
老人性别		1 男　2 女	出生日期	□□□□年□□月□□日	
身份证号			社保卡号		
本人电话		联系人姓名		联系人电话	
民族		1 汉族　2 少数民族____	宗教信仰	0 无　1 有____	
文化程度		1 文盲及半文盲　2 小学　3 初中　4 高中/技校/中专　5 大学专科及以上　6 不详			

续表

老人姓名 _____		评估编号 _____	评估基准日期：□□□□年□□月□□日
职业		1 国家机关/党群组织/企业/事业单位负责人 2 专业技术人员 3 办事人员和有关人员 4 商业、服务业人员 5 农、林、牧、渔、水利业生产人员 6 生产、运输设备操作人员及有关人员 7 军人 8 不便分类的其他从业人员	
婚姻状况		1 未婚 2 已婚 3 丧偶 4 离婚 5 未说明的婚姻状况	
医疗费用支付方式		1 城镇职工基本医疗保险 2 城镇居民基本医疗保险 3 新型农村合作医疗 4 贫困救助 5 商业医疗保险 6 全公费 7 全自费 8 其他_____	
居住状况		1 独居 2 与配偶/伴侣居住 3 与子女居住 4 与父母居住 5 与兄弟姐妹居住 6 与其他亲属居住 7 与非亲属关系的人居住 8 养老机构	
经济来源		1 退休金/养老金 2 子女补贴 3 亲友资助 4 其他补贴	
疾病诊断	痴呆	0 无 1 轻度 2 中度 3 重度	
	精神疾病	0 无 1 精神分裂症 2 双相情感障碍 3 偏执性精神障碍 4 分裂情感性障碍 5 癫痫所致精神障碍 6 精神发育迟滞伴发精神障碍	
	其他		
近30天内意外事件	跌倒	0 无 1 发生过1次 2 发生过2次 3 发生过3次及以上	
	走失	0 无 1 发生过1次 2 发生过2次 3 发生过3次及以上	
	噎食	0 无 1 发生过1次 2 发生过2次 3 发生过3次及以上	
	自杀	0 无 1 发生过1次 2 发生过2次 3 发生过3次及以上	
	其他		
用药情况		处方药、非处方药、自用保健药、药物过敏史；饮酒量、麻醉药等 _____	
辅助用具使用情况		拐杖、轮椅、助行器、助听器、放大镜、鞋、其他	
个性特征	性格特征	认知、性格、情绪、思维、行为、与人交往、衣着外表、性取向 _____	
	生活习惯	起床、就寝时间，午睡时间，早中晚餐时间，上下午活动时间等 _____	
	饮食习惯	喜欢的食物、不喜欢的食物、过敏食物 _____	
	兴趣爱好	喜欢的活动、经常进行的活动、特别不喜欢的活动 _____	
服务需求	协助要求	协助行走、协助穿衣、协助洗漱、协助如厕、协助进食、协助洗澡	
	陪同要求	陪同就医、陪同购物、陪同聊天等 _____	
	代行要求	代购物、代为处理个人事务 _____	
	特殊要求	特殊护理要求、营养要求、环境要求、交往要求 _____	

（二）老年人日常能力评估

老年人日常能力评估是指由专业的评估人员，根据国家相关评估规则，对需要接受养老服务的老年人从日常生活活动、精神状态与社会参与、感知觉与沟通等方面进行能力评估，将老年人能力划分为完好、轻度受损、中度受损和重度受损四个等级。老年人能力评估结果是养老服务机构确定老年人能力等级、制定服务方案，提供适合其能力等所需的养老服务的重要依据。依据《关于开展老年护理需求评估和规范服务工作的通知》（国卫医发〔2019〕48号），相关评估表格见表3-3～表3-6。

1. 老年人日常生活活动能力评估

下载"老年人日常生活活动能力评分表"

日常生活活动是老年人为独立生活而每天必须反复进行的最基本的、具有共同性的身体动作群，包括：进食、洗澡、修饰穿衣、大便控制、小便控制、如厕、床椅转移、平地行走、上下楼梯等。日常生活活动是反映老年人健康状况及生活自理能力的重要指标之一，一旦老年人丧失生活自理能力，不仅限制其生活自由，影响生活质量，而且给家庭和社会带来沉重的负担。日常生活活动能力是老年人能力评估最基本的内容。相关评估表格见表3-3。

表3-3　老年人日常生活活动能力评分表

评估项目	具体评价指标及分值		分值
1. 卧位状态左右翻身	0分	不需要帮助	
	1分	在他人的语言指导下或照看下能够完成	
	2分	需要他人动手帮助，但以自身完成为主	
	3分	主要靠帮助，自身只是配合	
	4分	完全需要帮助，或更严重的情况	
2. 床椅转移	0分	个体可以独立地完成床椅转移	
	1分	个体在床椅转移时需要他人监控或指导	
	2分	个体在床椅转移时需要他人小量接触式帮助	
	3分	个体在床椅转移时需要他人大量接触式帮助	
	4分	个体在床椅转移时完全依赖他人	
3. 平地步行	0分	个体能独立平地步行50米左右，且无摔倒风险	
	1分	个体能独立平地步行50米左右，但存在摔倒风险，需要他人监控，或使用拐杖、助行器等辅助工具	
	2分	个体在步行时需要他人小量扶持帮助	
	3分	个体在步行时需要他人大量扶持帮助	
	4分	无法步行，完全依赖他人	
4. 非步行移动	0分	个体能够独立地使用轮椅（或电动车）从A地移动到B地	
	1分	个体使用轮椅（或电动车）从A地移动到B地时需要监护或指导	

续表

评估项目	具体评价指标及分值	分值
4. 非步行移动	2分　个体使用轮椅（或电动车）从A地移动到B地时需要小量接触式帮助	
	3分　个体使用轮椅（或电动车）从A地移动到B地时需要大量接触式帮助	
	4分　个体使用轮椅（或电动车）时完全依赖他人	
5. 活动耐力	0分　正常完成日常活动，无疲劳	
	1分　正常完成日常活动轻度费力，有疲劳感	
	2分　完成日常活动比较费力，经常疲劳	
	3分　完成日常活动十分费力，绝大多数时候都很疲劳	
	4分　不能完成日常活动，极易疲劳	
6. 上下楼梯	0分　不需要帮助	
	1分　在他人的语言指导下或照看下能够完成	
	2分　需要他人动手帮助，但以自身完成为主	
	3分　主要靠帮助，自身只是配合	
	4分　完全需要帮助，或更严重的情况	
7. 食物摄取	0分　不需要帮助	
	1分　在他人的语言指导下或照看下能够完成	
	2分　使用餐具有些困难，但以自身完成为主	
	3分　需要喂食，喂食量超过一半	
	4分　完全需要帮助，或更严重的情况	
8. 修饰：包括刷牙、漱口、洗脸、洗手、梳头	0分　不需要帮助	
	1分　在他人的语言指导下或照看下能够完成	
	2分　需要他人动手帮助，但以自身完成为主	
	3分　主要靠帮助，自身只是配合	
	4分　完全需要帮助，或更严重的情况	
9. 穿/脱上衣	0分　不需要帮助	
	1分　在他人的语言指导下或照看下能够完成	
	2分　需要他人动手帮助，但以自身完成为主	
	3分　主要靠帮助，自身只是配合	
	4分　完全需要帮助，或更严重的情况	
10. 穿/脱裤子	0分　不需要帮助	
	1分　在他人的语言指导下或照看下能够完成	

续表

评估项目	具体评价指标及分值	分值
10. 穿/脱裤子	2分　需要他人动手帮助，但以自身完成为主	
	3分　主要靠帮助，自身只是配合	
	4分　完全需要帮助，或更严重的情况	
11. 身体清洁	0分　不需要帮助	
	1分　在他人的语言指导下或照看下能够完成	
	2分　需要他人动手帮助，但以自身完成为主	
	3分　主要靠帮助，自身只是配合	
	4分　完全需要帮助，或更严重的情况	
12. 使用厕所	0分　不需要帮助	
	1分　在他人的语言指导下或照看下能够完成	
	2分　需要他人动手帮助，但以自身完成为主	
	3分　主要靠帮助，自身只是配合	
	4分　完全需要帮助，或更严重的情况	
13. 小便控制	0分　每次都能不失控	
	1分　每月失控1～3次	
	2分　每周失控1次左右	
	3分　每天失控1次左右	
	4分　每次都失控	
14. 大便控制	0分　每次都能不失控	
	1分　每月失控1～3次	
	2分　每周失控1次左右	
	3分　每天失控1次左右	
	4分　每次都失控	
15. 服用药物	0分　能自己负责在正确的时间服用正确的药物	
	1分　在他人的语言指导下或照看下能够完成	
	2分　如果事先准备好服用的药物分量，可自行服药	
	3分　主要依靠帮助服药	
	4分　完全不能自行服用药物	

上述评估项目总分为60分，本次评估得分为_____分

2. 老年人精神状态与社会参与能力评估

精神状态包括认知功能、行为问题、抑郁症状等方面的表现。社会参与是指老年人与周围人群和环境的联系与交流的能力,包括:生活能力、工作能力、时间/空间定向、人物定向和社会交往能力。评估表格见表3-4。

① 认知功能包括记忆力、定向力、注意力、判断力、解决问题的能力等,认知功能对老年人是否能够独立生活有重要的影响。因此,用简易方法判断老年人是否存在认知功能障碍,是精神状态评估的一个重要的内容。

② 行为问题的评估,是因为部分老年人由于疾病、性格改变等原因,可能出现一些异常行为。其中,攻击行为(包括身体和语言攻击行为)不但给老年人自身的安全带来危险,而且会危及周围老年人及照护人员的安全,对老年护理服务的提供及其管理带来挑战。因此,评估老年人是否有攻击行为,是行为问题评估的关键内容。

③ 抑郁症状的评估,是由于老年人不但要经历身体功能的老化和各种慢性疾病的侵袭,而且面临退休、丧偶、子女离家等生活事件,容易出现抑郁情绪。被抑郁情绪困扰的老年人表现为情绪低落、思维迟缓、丧失兴趣、缺乏活力、食欲减退、失眠等,不但影响老年人的日常活动,而且易导致自杀行为发生,严重危及老年人的生命安全。

下载"老年人精神状态与社会参与能力评分表"

④ 社会参与能力对老年人生活的独立性及其生活质量有很大影响。因此,对老年人进行能力评估时,除了涉及生理、心理方面的能力外,还应涉及社会能力的评估。

表3-4 老年人精神状态与社会参与能力评分表

评估项目	具体评价指标及分值		分值
1. 时间定向	0分	时间观念(年、月、日、时)清楚	
	1分	时间观念有些下降,年、月、日清楚,但有时相差几天	
	2分	时间观念较差,年、月、日不清楚,可知上半年或下半年	
	3分	时间观念很差,年、月、日不清楚,可知上午或下午	
	5分	无时间观念	
2. 空间定向	0分	可单独出远门,能很快掌握新环境的方位	
	1分	可单独来往于近街,知道现住地的名称和方位,但不知回家路线	
	2分	只能单独在家附近行动,对现住地只知名称,不知道方位	
	3分	只能在左邻右舍间串门,对现住地不知名称和方位	
	5分	不能单独外出	
3. 人物定向	0分	知道周围人们的关系,知道祖孙、叔伯、姑姨、侄子侄女等称谓的意义;可分辨陌生人的大致年龄和身份,可用适当称呼	
	1分	只知家中亲密近亲的关系,不会分辨陌生人的大致年龄,不能称呼陌生人	
	2分	只能称呼家中人,或只能照样称呼,不知其关系,不辨辈分	

续表

评估项目	具体评价指标及分值	分值
3. 人物定向	3分 只认识常同住的亲人，可称呼子女或孙子女，可辨熟人和生人	
	5分 只认识保护人，不辨熟人和生人	
4. 记忆	0分 总是能够保持与社会、年龄所适应的长、短时记忆，能够完整的回忆	
	1分 出现轻度的记忆紊乱或回忆不能（不能回忆即时信息，3个词语经过5分钟后仅能回忆0~1个）	
	2分 出现中度的记忆紊乱或回忆不能（不能回忆近期记忆，不记得上一顿饭吃了什么）	
	3分 出现重度的记忆紊乱或回忆不能（不能回忆远期记忆，不记得自己的老朋友）	
	5分 记忆完全紊乱或完全不能对既往事物进行正确的回忆	
5. 攻击行为	0分 没出现	
	1分 每月出现一两次	
	2分 每周出现一两次	
	3分 过去3天里出现过一两次	
	5分 过去3天里天天出现	
6. 抑郁症状	0分 没出现	
	1分 每月出现一两次	
	2分 每周出现一两次	
	3分 过去3天里出现过一两次	
	5分 过去3天里天天出现	
7. 强迫行为	0分 无强迫症状（如反复洗手、关门、上厕所等）	
	1分 每月有1~2次强迫行为	
	2分 每周有1~2次强迫行为	
	3分 过去3天里出现过一两次	
	5分 过去3天里天天出现	
8. 财务管理	0分 金钱的管理、支配、使用，能独立完成	
	1分 因担心算错，每月管理约1000元	
	2分 因担心算错，每月管理约300元	
	3分 接触金钱机会少，主要由家属代管	
	5分 完全不接触金钱等	

上述评估项目总分为40分，本次评估得分为_____分

3．老年人感知觉与沟通能力评估

感知觉与沟通包括意识水平、视力、听力、沟通交流等方面的能力，评估表格见表3-5。

① 意识水平分为神志清醒、嗜睡、昏迷等不同水平，直接影响老年人的活动能力和日常照护需求。

② 视力的评估，是因为老年人由于视神经的老化，以及老年性白内障的影响给视力带来一定程度的影响，从而影响其日常生活的独立性。

③ 听力的评估，是因为听力的下降以及老年性耳聋等疾病，使老年人对周围环境的适应能力下降，从而在一定程度上影响老年人日常生活的独立性。

④ 沟通交流的评估，是因为老年人能否准确表达自己的需求和感受，以及能否正确理解他人的话，对其生活有着直接影响。因此，感知觉与沟通是老年人能力评估的重要内容之一。

下载"老年人感知觉与沟通能力评分表"

表3-5　老年人感知觉与沟通能力评分表

评估项目	具体评价指标及分值	分值
1. 意识水平	0分　神志清醒，对周围环境警觉	
	1分　嗜睡，表现为睡眠状态过度延长。当呼唤或推动其肢体时可唤醒，并能进行正确的交谈或执行指令，停止刺激后又继续入睡	
	2分　昏睡，一般的外界刺激不能使其觉醒，给予较强烈的刺激时可有短时的意识清醒，醒后可简短回答提问，当刺激减弱后又很快进入睡眠状态	
	3分　昏迷，处于浅昏迷时对疼痛刺激有回避和痛苦表情；处于深昏迷时对刺激无反应（若评定为昏迷，直接评定为重度失能，可不进行以下项目的评估）	
2. 视力 （若平日带老花镜或近视镜，应在佩戴眼镜的情况下评估）	0分　视力完好，能看清书报上的标准字体	
	1分　视力有限，看不清报纸标准字体，但能辨认物体	
	2分　辨认物体有困难，但眼睛能跟随物体移动，只能看到光、颜色和形状	
	3分　没有视力，眼睛不能跟随物体移动	
3. 听力 （若平时佩戴助听器，应在佩戴助听器的情况下评估）	0分　可正常交谈，能听到电视、电话、门铃的声音	
	1分　在轻声说话或说话距离超过2米时听不清	
	2分　正常交流有些困难，需在安静的环境、大声说话或语速很慢，才能听到	
	3分　完全听不见	
4. 沟通交流 （包括非语言沟通）	0分　无困难，能与他人正常沟通和交流	
	1分　能够表达自己的需要或理解别人的话，但需要增加时间或给予帮助	
	2分　勉强可与人交往，谈吐内容不清楚，表情不恰当	
	3分　不能表达需要或理解他人的话	

上述评估项目总分为12分，本次评估得分为_____分

4. 老年人能力评估结果

对老年人从日常生活活动、精神状态与社会参与、感知觉与沟通等方面进行能力评估后,将老年人能力划分为完好、轻度受损、中度受损和重度受损四个等级。相关评估表格为表 3-6。

表3-6 老年人能力评估标准表(试行)

日常生活活动能力	精神状态与社会参与能力				感知觉与沟通能力			
	0分	1~8分	9~24分	25~40分	0分	1~4分	5~8分	9~12分
0分	完好	完好	轻度受损	轻度受损	完好	完好	轻度受损	轻度受损
1~20分	轻度受损	轻度受损	中度受损	中度受损	轻度受损	轻度受损	中度受损	中度受损
21~40分	中度受损	中度受损	中度受损	重度受损	中度受损	中度受损	中度受损	重度受损
41~60分	重度受损	重度受损	重度受损	重度受损	重度受损	重度受损	重度受损	重度受损

(三)老年人营养情况评估

营养对老年人维持健康有重要作用。合理的营养有助于改善老年人的营养状况、疾病情况以及功能指标,降低疾病的并发症和死亡率,合理的营养有助于延缓老年进程,促进健康和预防慢性退化性疾病,提高生命质量。营养不良是指蛋白质及其他能量摄入出现问题,而表现出一系列症状。一般身体变化、营养摄入不足、偏食、牙齿缺少、吞咽困难、感觉减退、消化吸收能力降低、消化患有长期慢性消耗性疾病都会造成营养不良。老年人通常存在营养不良情况,导致身体衰弱和疾病的加重,因此营养监测和评估对预防老年营养不足,识别营养不良风险,及时开展营养干预,有重要作用。常见的营养状况评估表格见表 3-7。

下载"老年人简易营养状况MNA调查表"

表3-7 老年人简易营养状况MNA调查表

指标	分值	标准	分值	标准	分值	标准	分值	标准
1. 近3个月体重丢失	0	>3千克	1	不知道	2	1~3千克	3	无
2. BMI(千克/平方米)	0	<19	1	19~20.5	2	21~22.5	3	≥23
3. 近三个月有应激或急性疾病	0	否	2	是				
4. 活动能力	0	卧床或轮椅	1	能下床但不能外出	2	能外出活动		
5. 神经精神疾病	0	严重痴呆或抑郁	1	轻度痴呆	2	没有		
6. 近三个月有无饮食量减少	0	严重减少	1	减少	2	没减少		
7. 是否能独立生活	0	不能	1	能				

续表

指标	分值	标准	分值	标准	分值	标准	分值	标准
8. 每天服用三种以上药物吗	0	是	1	否				
9. 身体上是否有压痛或皮肤溃疡	0	是	1	否				
10. 每日用几餐	0	1餐	1	2餐	2	3餐		
11. 每天摄入奶类或每周两次豆制品禽蛋或每天吃鱼、肉、禽类食品	0	0~1项	0.5	2项	1	3项		
12. 是否每餐都吃蔬菜水果?	0	否	1	是				
13. 每天饮水量	0	<3杯	0.5	3~5杯	1	>5杯		
14. 进食情况	0	依赖别人帮助	1	能自行进食但稍有困难	2	可自行进食		
15. 自我营养评价	0	营养不良	1	不能确定	2	无营养不良		
16. 与同龄人相比认为自己的营养状况	0	没别人好	0.5	不知道	1	一样	2	更好
17. 上臂围	0	<21厘米	0.5	21~22厘米	1	≥22厘米		
18. 小腿围	0	<31厘米	1	≥31厘米				

注：MNA量表评分标准如下：前六项总分≥12即评为营养良好，<12分者继续进行测试，MNA总分≥24.0为营养良好，23.5~17.0为潜在营养不良，MNA<17.0为营养不良。

（四）老年人居家环境安全评估

跌倒是威胁老年人生命质量的重大风险，跌倒后死亡率高、后果严重。老年人发生跌倒原因很多，有疾病因素、药物因素、环境因素等。其中居家环境的不安全，是造成老年人在家跌倒的重要因素，因此有必要进行居家环境的安全评估，据此了解相关安全风险、增强安全意识、提高护理内容、进行相关的适老化改造、安排必要的辅助安全设施，以减少老年人在家的跌倒风险。

（五）做好社区居家养老服务需求评估的注意事项

① 社区居家养老服务需求的评估，需要由专业人员从专业的角度，基于全面的评估知识和理论，用专业评估的知识和技巧、使用合适的评估工具，对老年人的生活状况进行多维度、整体的、综合的评定，从社会化的角度范围，进行相应的应对干预、提供相关的养老服务，力求维护老年人尊严，尽量使老年人能够自力更生。

② 社区居家养老服务评估，要求评估人员拥有正常衰老导致老人生理、心理和社会生活方面发生变化的知识，这对于评估特定的老人至关重要。它能帮助评估人员了解老人是如何应付这些正常变化以及遇到的慢性生理或心理疾病等带来的挑战。社区居家养老服务评估通常被认为是测评老人做不到的事，偏重于关注老人在老化过程中身心方面的功能丧失，而

不是仍然保留功能的利用和改善，这种看法是错误的。养老服务评估并不仅仅只是了解老人在每天生活中遇到的障碍、需要的帮助，也包括识别帮助老人利用保留的功能或弥补各种功能的丧失的任务。

③ 养老服务评估能够识别老人的优势与不足，识别支持和维护老人现有功能的方法、识别恢复老人丧失功能的干预措施、识别替代丧失功能的支持性措施。

④ 社区居家养老服务评估是评估人员和老人共同工作的过程，通过有效沟通、评定出老人在身体、心理、精神、社会生活、日常生活能力、经济和家居环境方面的功能状况。任何一个社区居家养老服务评估都着眼于评估的目的和可能的干预目标。这是一个服务的过程，改变的过程，也是创新的过程。

二、依据评估结果，形成管理方案加以实施，满足社区居家养老服务的需求

（1）对需要由以全科医生为主体的服务组织提供服务的，为病情复杂、有多种医疗和照护需求的老年人提供：

① 建立老年健康档案，实现老年人疾病诊疗信息的动态管理。

② 建立团队工作制度，重点解决老年人的医疗与照护问题，制定短期或长期医疗照护计划与方案。

③ 实施老年医疗与照护服务。

（2）对需要由以社会工作者、养老机构为主体的服务组织提供服务的，为需求社会支持、经济资助、精神慰藉、权益保障及暂时失去社会功能的老人提供：

① 经济支持服务。根据政策，争取国家、政府和单位的经济支持，寻求多渠道、多层次、多元化的救助渠道，开展多种形式扶老助困送温暖活动。

② 医疗保健服务。为老年提供健康教育和预防保健工作，提供预防、医疗、护理和康复多种社区服务。

③ 照料服务。依托机构，采取上门服务、定点服务等形式，开展看护照料、精神慰藉、家政帮助等服务，充分利用家庭照料资源，探索家庭成员照料老年人的有效办法，逐步优化老年人居家养老的社会环境、家庭环境。

④ 文化生活与精神慰藉服务。丰富老年人闲暇生活，提高老年人精神文化生活质量，营造全社会尊老、敬老、孝老的社会环境；充分发挥老年人在社会生活中积极作用，有计划组织各种老年活动。

⑤ 权益保障服务。强化社会维护老年人权益的法制观念，帮助老年人学法、懂法、守法，增强法律意识，依法维护自身的合法权益。

（3）对需要由以康复护理师为主体的服务组织提供服务的，为有康复潜能、处于老年病恢复期、需要长期康复护理维护的老年人提供：

① 老年躯体功能康复服务。依靠社区力量，在家庭或社区康复站，对需要进行功能训练的老年人，开展必要的、可行的功能训练，如生活自理训练、步行训练、家务活动训练等。

② 精神心理康复服务。开展老年心理咨询和心理辅导等工作，提高老年人生活质量和幸福指数。

（4）对需要由以老年病医师为主体的安宁疗护服务组织提供服务的，为临终老人及家属提供：

① 死亡教育服务。从观念上改变对死亡的认知，深入开展死亡教育，给予人文关怀和心理慰藉。

② 舒缓治疗服务。缓解疼痛与控制症状，增强营养，改善血液循环，改善呼吸功能。

③ 临终护理服务。对临终老人的护理，对家属和护工的护理。

④ 心理支持服务。临终老人的心理支持，对家属的心理支持。

⑤ 临终指导服务。临终前交谈，临终前准备。

⑥ 临终后协助服务。丧亲辅导，取得社会支持。

| 典型案例 |

北京八角社区10家养老驿站实现刷脸用餐

北京市石景山区八角北路社区老年人到养老驿站内，只需随身携带身份证或老年卡，刷卡后便能就餐。老人们只需按一下服务终端机，然后从容淡定地把脸往旁边的小机器前一凑，便完成了身份识别和认证。接下来的事情就更简单了，排队打饭、坐下来就可美美地饱餐一顿。这个脸部识别每次都特别快，就几秒钟的事。很多老人天热懒得做饭，来这里吃特别方便，机器前站一下就可以了。

八角街道办事处刷脸就餐是从刷卡、刷指纹一步步升级而来的。最初刷卡需要同时携带身份证或老年卡，老人年纪大了，一方面经常忘记带卡，另一方面证件随身携带又容易发生卡片丢失的情况。为此，街道对服务终端机进行了升级，改为刷指纹就餐，但同时又出现新的问题，有些老年人指纹比较浅，机器读取不是很敏感，于是继续改进，采用人脸识别技术，通过现有的高科技，让老年人也能享受到智能、便捷的服务。

从2019年5月份开始，八角街道融通了市、区、街三级养老服务平台数据，并开发为老服务预约软件，提供方便快捷的为老服务。目前，街道辖区内的10家养老驿站均已实现"刷脸"用餐，每天会有两三百人到驿站内就餐。按照规定，只有户籍在社区内或长期在社区内居住的60岁以上老人才可以到养老驿站内就餐。

同时，八角街道还为辖区内老人提供更多福利补贴，到养老驿站内用餐，老人们除了可以享受到政府的补贴，还有街道为不同年龄段老人提供的2~4元不等的就餐补贴。"现在这'刷脸'吃饭真好，省心又省钱，再也不用怕忘带卡了！"很多老人有这样的感受。

案例简析：

北京市社区养老服务驿站为广大社区老年人提供就近的助餐、助洁、助医、助急、康复、心理慰藉等贴心服务，极大地方便了社区老人的生活，并逐步扩大和丰富服务内容和服务质量，给老年人带来了党和政府的关怀，提高了老年人生活质量，为北京养老服务体系建立作出了突出贡献。

| 延展阅读 |

医养结合

"医养结合"的"医"是指为老年人提供从健康管理、预防保健到治疗，再到康复护理与临终关怀等内容的医疗护理一体化服务，包括部分临床医疗和转诊的绿色通道服务。"养"包括生活照护服务、心理服务、文化服务等生活的方方面面。

医养结合不是简单的"医"＋"养"，也不是不加选择的医养康护功能的整合，它是以评估为导向，围绕老年人服务需求，聚焦重点对象和服务项目，统筹配置资源，为有需要的老年人提供生活照料、健康管理、医疗护理以及突发疾病的应急处置，是以医疗服务为支撑的新型社会养老服务体系。

长期照护（long-term care，LTC）是指由非正规照护者（家庭、朋友或邻居）和专业人员（卫生和社会服务）进行的护理照料活动体系，以提升不具备完全自我照料能力者的生活质量，获得最大可能的独立、自主、参与、个人满足及人格尊严。推进医养结合的目的是构建长期照护保障机制，提升养老服务质量。

第二篇

实务篇

第四章　社区居家养老服务方案及流程

开展社区居家养老服务需要设计服务方案，签订服务协议，并大致遵循一定的基本流程，这个流程不仅包括老年人申请服务并受理的流程，也包括为老年人正式开展服务的具体工作环节和步骤的流程。

第一节　社区居家养老服务方案及协议

社区居家养老服务开展前往往需要对老年人提出的服务需求做出评估，在协商一致的基础上确定具体服务项目和开展服务的相关具体安排。

一、服务受理

我国作为世界上最大的发展中国家，在全面建成小康社会的新时代背景下迎来了人口老龄化。据世界卫生组织预测，到2050年，我国将有35%的人口超过60岁，成为世界上老龄化最严重的国家。伴随着人口老龄化趋势的加剧，传统的社区居家养老服务模式存在养老服务供需双方不匹配、及时性和灵活性较差；社区居家养老服务项目少、范围窄、精神慰藉缺失；社区居家养老服务监督和评价机制不完善，服务管理效率低；专业的居家养老服务人员短缺，人员素质不高等问题。

在"互联网＋"背景下，鉴于"互联网＋"与社区居家养老结合能够给老年人带来多种多样的服务，我国不少省市都在积极试点这种新型的养老服务模式。通过梳理各地提供的养老服务，社区居家养老服务管理中心的业务受理流程大致如下：

第一步是老年人及其家属通过电话语音、互联网、微信平台、各种智能终端和前台服务通道提出服务需求。

第二步是社区养老服务管理中心根据用户的需求和位置进行服务和区域的匹配，进行服务派单和其他操作。

第三步是入网的养老服务供应商接受订单并联系客户，派出相关服务人员进行上门或者网络服务。

第四步是社区养老服务管理中心在 24 小时以内按照相关要求回访客户，了解老人及其家属对此次养老服务的满意度及改进意见。

第五步是社区居家养老服务信息平台自动归纳和收集老年人的养老服务需求，保存老年人获取服务的各项流程和意见，据此对该平台上的养老服务供应商进行服务评级。

第六步是社区养老服务管理中心根据养老服务供应商的服务评级，及时做好准入和退出工作，并及时吸纳新的供应商，做好社工、志愿者信息的更新和维护工作。

其中特别需要注意的是，在社区居家养老服务的受理过程中，应根据老年人的具体情况，协助老年人申请一定的补贴（以下的服务补贴对象、服务补贴标准均以某地区计算，全国各地均有不同）。

1．服务补贴对象

服务补贴按户籍属地化原则申请。补贴对象有所不同，有的地方规定，凡持有当地户籍且长期居住在户籍城区、年满 70 周岁及以上的低收入群体、失能半失能老人、90 周岁及以上高龄老人，享受政府购买服务补贴，具体有：70 周岁及以上（含 70 周岁）城市分散供养特困老人、城市低保老人；70 周岁及以上（含 70 周岁）低收入家庭老人、失独家庭老人及享受定期抚恤或定期生活补助的重点优抚对象；90 周岁及以上（含 90 周岁）的高龄老人；70 周岁及以上（含 70 周岁）经评估照料等级为失能和半失能老人；低收入群体，指本人月养老金或退休金低于当年城市低保保障标准的两倍，仅计算本人的养老金或退休金收入，不计算本人其他收入或配偶等其他家庭成员的收入（如 2018 年申请人养老金或退休金月收入 ≤ 1160 元，可视为低收入老人）。

2．服务补贴标准

服务补贴由养老服务补贴和专项护理补贴组成，很多地方不以现金形式发放，以非现金的"服务券"形式兑换养老服务。补贴标准各地也不一致，有的地方规定：

① 70 周岁及以上城市分散供养特困老人、城市低保老人、低收入家庭老人、失独家庭老人及享受定期抚恤或定期生活补助的重点优抚对象，按每人每月 150 元给予基本养老服务补贴，对其中的半失能老人和失能老人则分别按照每人每月 200 元和 400 元给予专项护理补贴。享受城市特困人员救助和城市低保救助的，仍按照原标准渠道予以发放。

② 70周岁及以上非低收入群体中的半失能老人和失能老人，分别按照每人每月100元和200元给予专项护理补贴。

③ 90周岁及以上群体，按每人每月150元给予基本养老服务补贴。属低收入的半失能老人和失能老人分别按照每人每月200元和400元给予专项护理补贴；属非低收入的半失能老人和失能老人分别按照每人每月100元和200元给予专项护理补贴。享受高龄补贴的仍按照原标准渠道予以发放。

3. 服务的申报审批和终止程序

按照个人申请、社区审查、街道办事处审核、民政局审批的程序办理。

① 个人申请。符合政府购买服务居家养老对象，由本人或家属（无家属或有困难的可以委托社区）向户籍所在地的社区提出申请，填写《××居家养老服务补贴申请审批表》（一式三份），并如实提供以下材料：户口本、身份证，领取退休金或养老金证明，低保、特困对象须提供低保证或特困供养证，重点优抚对象须提供优抚对象优待证，失独家庭老人须提供调查证明，以及民政部门认为需要提供的其他材料（以上材料均需提供原件及复印件三份）。

② 社区调查、评议。社区应通过入户调查、邻里访问、信函索证、群众评议、信息核查等方式对申请人的对象类别、个人收入和生活自理能力进行初步评议，并由调查人（至少两名）填写调查认定意见。经评议，认为符合条件的上报街道办事处，经评议认为不符合条件的，要书面通知申请人本人，并告知原因。

③ 街道办事处审核、公示。街道办事处在接到社区评议合格的补贴对象名单后，要在10个工作日内完成对补贴对象的审核、评估，并初步拟定补贴类别。并在《审批表》上签署调查评估意见。同时组织对初审合格的补贴对象在其居住的社区内（社区微信群、网站、公告栏等）进行公示，接受群众监督。公示内容应包括申请补贴对象的姓名、住址、出生年月、自理情况、补贴类别等，公示期为7个工作日，并在公示后5个工作日内将公示结果上报民政局。

④ 民政局审批。民政局接到街道办事处上报的审核材料后，对申报对象的材料进行审核，于7个工作日内完成审批，确定补贴类别和补贴标准，享受补贴起始时间，将相关情况（申请人基本情况、享受服务起始时间）及时登记入档，并报上一级民政局备案。对申报失能半失能补贴对象由社区、街道办事处、县民政局及相关机构三级同时上门上户调查评估，实行三级联审。三级上户调查之前，社区要先上户调查评估，做好筛选工作。

⑤ 变更和终止程序。居家养老服务补贴实行动态管理，严格进入、退出机制。补贴对象变更补贴类别或不再符合补贴条件的，社区应当及时告知街道办事处，由街道办事处审核并报县、区民政局核准后，将变更或终止情况委托社区予以公示，接受社会的监督，并于公示后的下月起执行。

二、服务方案具体设计

1. 服务方案设计原则

① 坚持政府主导与社会力量参与相结合原则；
② 坚持政府购买服务与市场化运作相结合原则；
③ 坚持先重点保障老年人中的失能老人和特殊群体老人，再逐步惠及全体老年人的原则；

④ 坚持专业化居家养老服务与社区义务服务、邻里互助相结合原则；
⑤ 实行统筹规划与分类指导相结合原则。

2．前期宣传

在辖区内开展社区居家养老理念的宣传活动，将开办社区居家养老服务中心的消息广泛告知辖区居民，公布服务项目及收费标准。辖区居民若有此项需求，即可到社区进行登记，申请社区居家养老的服务。

3．人员培训

社区居家养老服务中心邀请专业人员对社区服务人员进行服务培训，统一服务标准，提高服务水平，做到服务态度好，服务水平高。

4．过程管理

社区居家养老服务中心对服务实行全程化管理。服务对象向服务中心提出申请后，社区居家养老服务中心对申请人进行详细情况登记，建立申请人员档案，与服务对象签订服务协议。提供服务过程中，社区居家养老服务中心与服务对象通过沟通，根据服务对象的反馈信息不断完善居家养老的各项服务。服务结束后，请服务对象对服务人员及所提供的居家养老服务进行满意度评价，参考评价结果，社区居家养老服务中心对服务人员定期进行考核。根据服务项目进行编制老年人服务方案，其中包括服务内容、服务流程、人员配置、实施设备。服务机构也可以对特定服务对象进行编制个人服务方案，包括服务项目、服务场所、提供的方式和时间、所需要的服务人员、其他注意事项。

三、服务协议内容及签订

本着服务社会、服务老人、互助互利的原则，为营造温馨、舒适、安全的生活环境，保证居家养老服务质量，规范服务行为，满足老年人"老有所养、老有所乐"的需要，切实保障老年人的合法权益，明确各自的权利义务，结合当前有关养老的规定，社区居家养老服务协议应该由服务内容和标准、甲方的权利和义务、乙方的权利和义务、解除协议、违约责任、附则和其他约定七个方面组成，协议应由甲方、监护人/直系亲属和乙方共同签订。以下将以一份社区居家养老服务协议样本展示协议七个方面的具体内容。

协议样本：社区居家养老服务协议书

甲方：（社区居家老人）：

乙方：（社区居家养老服务提供方）：

一、服务内容和标准

参照《××社区居家养老服务管理办法》中的相关内容和标准。

乙方的服务时间：

时间起止：从　　时至　　时

协议期限：协议期为　　年。　　年　　月　　日至　　年　　月　　日止。

服务地点：

服务时间：

二、甲方的权利和义务

1. 有选择、更换服务人员的权利，但请求调换的时间应提前一周告知居家养老服务部或家政公司。

2. 正确理解居家养老工作的性质，依约定接受服务的权利，对护理人员要以礼相待。

3. 按时向居家养老服务人员交纳须承担服务费的义务。

4. 在服务期间，服务人员为甲方提供生活服务时，正常所需支出的费用应由甲方承担；甲方如需就医，其产生的费用应由甲方自行承担；非因服务人员的过失所造成的事故（如甲方自己在日常生活中，外出活动时所发生人身伤害）其赔偿费用应由责任人来承担。

5. 甲方及时提供服务所需各种证件。若因甲方原因致使服务人员无法服务，服务人员不承担责任，服务人员应及时将情况反映给甲方，由乙方与甲方协调处理。

6. 甲方积极配合乙方做好服务工作，提高工作效率。实事求是地对服务人员进行考勤和工作评定，不得有无辜强加服务人员服务项目的行为。

7. 甲方如发现乙方服务有损害甲方权益的行为，或不胜任服务工作时，甲方有权解除协议。

三、乙方的权利和义务

1. 主动关心老人的需求，向甲方提供合适的护理人员，建立护理人员档案并保持经常联系，并保证护理人员身份清楚、手续完备、身体健康、无不良社会记录的义务。

2. 乙方有权告知甲方家人服务人员情况的义务，根据实际情况调整居家养老服务对象，对表现不好的护老助理员有权终止协议。

3. 乙方应每月一次电话或者派出工作人员走访、征求甲方意见及服务人员服务情况，核实甲方提出的问题，及时予以协调沟通。

4. 尊重和维护甲方的合法权利，安排志愿者服务人员开展居家养老服务项目，全心全意为老人服务，负责监督管理服务人员日常工作。

5. 乙方及时协调解决甲方和服务人员在服务过程中出现的矛盾纠纷。

四、解除协议

1. 协议期满、协议内容变更、终止等，甲方应及时到乙方处理相关手续，愿意继续聘用原护理人员，请在15天内与居家养老服务中心签订新一轮协议；如甲方与服务人员私下达成服务协议，一旦发生任何问题，乙方概不负责，并保留追究其责任的权利。

2. 协议期未满，甲方要求解除协议，应提前3天通知乙方，乙方无故要求解除协议的，应由乙方负完全责任，协议执行期间，如发生纠纷，应先协商解决，协商不成可向法院提起民事诉讼。

3. 甲方属自费者，逾期两个月不交纳服务费，乙方有权提出解除协议。

五、违约责任

乙方应在服务期限内，选派适合为甲方提供优质养老服务的护理人员，如果没有做到，乙方应为甲方及时调换护理人员。

六、附则

1. 在志愿者服务期间内，非服务人员原因，甲方发生意外，乙及服务人员两方均不承担责任。

2. 甲、乙双方共同遵守国家的法律法规及社会公德，任何一方出问题各自负责。

以上内容需甲、乙双方共同遵守，确保居家养老工作顺利开展。
七、其他约定：
本协议一式两份，甲乙双方各执一份。
甲方：（签字、盖章或按手印）
性别：
出生年月：
身份证号：
家庭住址：
联系电话：
监护人姓名：
家庭住址：
监护人联系方式：
　　　年　　月　　日
监护人、直系亲属：（签字、盖章或按手印）
姓名：
性别：
出生年月：
身份证号：
家庭住址：
联系电话：
　　　年　　月　　日
乙方：（公章）
养老服务部负责人：（签字）
地址：
电话：
　　　年　　月　　日

第二节　社区居家养老服务的一般流程

一、申请服务的一般流程

申请人到社区提出申请并填写申请表，提交材料进行证明，社区对服务人员进行初审并分出服务类型：无偿服务对象、低偿服务对象、有偿服务对象这三类，并由社区居委会二次审核并上报街道进行审批确定服务类型。将审核结果告知服务对象，若其有异议可以在5个工作日内向社区服务站申请复核，社区居委会复核并上报接到审批。最后社区对服务对象进行登记并通知助老服务员上门服务。申请社区居家养老服务流程参见图4-1。

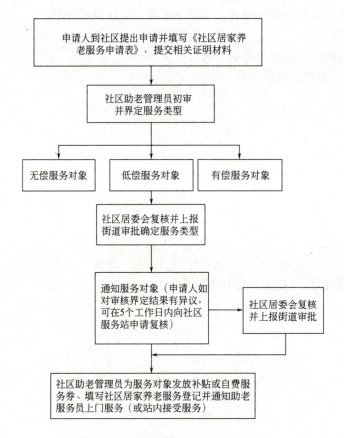

图4-1　申请社区居家养老服务流程

二、开展服务的一般流程

（一）建立专业服务关系

一要寻找合适的案主。在社区中通过居委会或者机构宣传招募等方式寻找适龄老人，进行评估，筛选出符合条件的服务对象。

二要通过茶话会的形式把服务对象召集起来，向服务对象讲解本机构居家养老上门服务项目。并与这些老人接触，与有需求的服务对象建立专业关系，签订服务协议。

（二）上门服务

社区居家养老服务有"走进去"和"请出来"两种形式，以"走进去"的上门服务为例来看，其基本过程如下。

1．上门服务前的准备

① 对服务对象基本状况有一个较深入的了解。（通过上门或站点内签订协议的形式）

② 签订协议时与服务对象确认服务时间，了解服务对象的需求，确定每次服务的内容。（可以在上门前再次电话确认）

③ 确定上门服务的服务人员。
④ 服务人员准备上门服务所需实际物资。

2．上门服务的过程

（1）注意着装

工作人员应穿戴好工作衣、佩戴工作牌。

（2）注意言行举止

轻敲三下门，等待服务对象或其家人开门。做自我介绍，并说明来意（××您好，我们是××××××，今天来是为您做×××××，希望您能为我们的服务感到满意……）。注意说话语气、语调、语速及不要触犯老年人及其家人的忌讳。

（3）进门开展服务

① 与服务对象确认服务内容。并观察服务对象家庭状况，以便分析在服务开展过程中应该避免哪些触犯服务对象或其家人的忌讳之处。

② 开展服务时需保持良好的服务态度。保持微笑，使用敬语。

③ 服务人员严格按照机构服务标准开展相应服务。

④ 现场与服务对象进行沟通，了解服务对象对本次服务的满意度和对服务的不足之处提出意见与建议。

（4）上门服务的结束

① 征求服务对象的同意，在相关服务表上签字确定服务。有的先进的地区已用二维码确定开始服务时间与结束服务时间。

② 服务人员离开前请求服务对象检查相关财物。

3．服务评估

机构评估人员或委托第三方对服务内容、服务能力进行评估，对服务对象进行满意度调查，以保障服务质量。

4．服务跟进

电话反馈并约定下次服务时间。

上门服务的流程及家庭养老床位的服务图参见图4-2和图4-3。表4-1为××社区居家养老服务中心上门服务价格和标准参考。

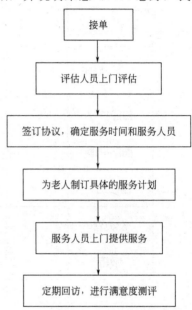

图4-2　上门服务流程

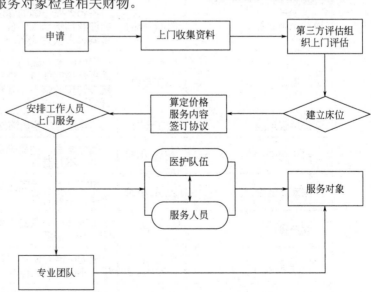

图4-3　家庭养老床位服务流程

表4-1 ××社区居家养老服务中心上门服务价格和标准参考
×××××老人每日服务套餐（可选择）

姓名_____ 性别____ 年龄____ 住址_____ 电话_____

时间	内容	是否选择	收费标准	服务标准	备注
早上	起床协助穿衣		5元/次	根据服务对象的体型，选择合适、干净、柔软的衣服，在保护服务对象隐私的情况下进行更换（穿衣：先患侧后健侧，脱衣相反）	
	床单元整理		10元/次	床面干净整齐，更换好服务对象提供的干净的床单元用品（不含清洗）	
	协助上厕所		5元/次	协助如厕时注意安全，便前洗手便后衣物整理整齐，为不能自理的老人更换尿不湿擦拭干净	
	口腔护理		5元/次	协助刷牙、漱口，卧床老人做好口腔清洁，保证无异味	
	面部护理		5元/次	保证面部清洁，包括耳根、眼角、鼻孔，清洁后擦拭面霜，男性老人胡须及时清理	
	量血压		免费	提供血压计，指导服务对象按照正确的方式进行测量并做好记录	
	测血糖		5元/次	提供血糖仪、试纸，做好消毒，测量准确并做好记录	
	喂药		5元/次	谨遵医嘱，协助老人按时按量服下，随时观察有无不良反应，并做好记录	
	做早餐		25元/小时	根据服务对象的需求制作早餐	
	制作营养餐		25元/小时	由专业的营养师指导，对特殊需求的服务对象制作营养早餐	
	协助食用早餐		25元/小时	将老人按正确的体位安置好进行喂食，过程中注意预防老人噎食、咳呛等情况发生，随时观察老人饮食变化，并做好记录	
	鼻饲		30元/次	根据服务对象的身体情况需求配制营养餐，选择合适的体位，进行鼻饲，有药物时须遵医嘱按时按量喂下，观察鼻饲管有无脱落，并做好记录	
	清理早餐用品		10元/次	将食用过的餐具清洗干净，放回原位	
	打扫房间		25元/小时	包含桌面、地面无灰尘、污垢，地面应擦拭干净，不易滑跌	
	居室清洁		25元/小时	包含桌面、地面无灰尘、污垢，地面应擦拭干净，不易滑跌	
	读书看报		免费	根据服务对象的兴趣需求，协助其找到适合的书刊、报纸	
	打牌娱乐		免费	根据服务对象的兴趣需求，陪伴老人开心娱乐、不以输赢为目的	
	陪伴聊天		免费	根据服务对象的兴趣意愿，陪伴老人聊天，态度要和蔼可亲	

续表

时间	内容	是否选择	收费标准	服务标准	备注
早上	网络上网		免费	根据服务对象的兴趣意向，耐心地教老人学习上网，了解网络	
	健康讲座		免费	集中在站点，统一时间，综合大家的需求聘请专业的、有资质的老师或医生讲解	
	健康指导		50元/小时	根据服务对象的个性化需求，聘请专业的、有资质的老师进行指导，必要时转介	
	康复训练		60元/小时	根据服务对象的特殊需求，安排专业的医生进行个性化指导训练，单次时间不低于1小时	
	清洗衣物		40元/小时	将内外衣分开清洗，有污垢的必须分开清洗，做到床单元、衣物清洁无异味	
	卫生间清洁		30元/小时	卫生间无死角，地面干燥无异味	
	厨房清洁		30元/小时	灶具、灶台清洁干净，油烟机无油垢，地面干净卫生	
	协助辅食		5元/次	喂水、水果等根据老人需求加餐	
	打针		5元/次	谨遵医嘱，由专业的护士进行操作	
中午	协助做餐		25元/小时	按服务对象的口味要求协助做餐	
	制作营养餐		30元/小时	由专业的营养师指导，对特殊需求的服务对象制作营养早餐	
	送餐上门		3元/次	将服务对象选择好的用餐标准送至家中，根据远近、楼层不同收取服务费	
	更换鼻饲管		25元/次	谨遵医嘱，由专业的护士进行操作，做好清洁、消毒、保暖、隔离等措施（导尿包由服务对象提供）	
	鼻饲		40元/次	根据服务对象的身体情况需求配制营养餐，选择合适的体位，进行鼻饲，有药物时须遵医嘱按时按量喂下，观察鼻饲管有无脱落，并做好记录	
	喂饭		25元/小时	将老人按正确的体位安置好进行喂食，过程中注意预防老人噎食、咳呛等情况发生，随时观察老人饮食变化，并做好记录	
	协助午休		10元/次	调整好室温，协助老人脱衣、上床休息	
	协助大小便		10元/次	协助如厕时注意安全，便前洗手便后衣物整理整齐，为不能自理的老人更换尿不湿擦拭干净	
	擦浴、洗澡		50元/次	先将老人安置好，再将水温调试到适宜的温度进行清洗，注意防滑保证老人安全，助浴结束后将卫生间清理干净，陪同到点上和浴室的要注意老人路上安全，卧床老人注意保暖及床上干燥	
	更换导尿包		20元/次	谨遵医嘱，由专业的护士进行操作	
	膀胱冲洗		20元/次	谨遵医嘱，由专业的护士进行操作	
	清疮		30元/次	谨遵医嘱，由专业的护士进行操作，根据疮面的大小，价格上浮百分之五十	

续表

时间	内容	是否选择	收费标准	服务标准	备注
中午	读书看报		免费	根据服务对象的兴趣需求，协助其找到适合的书刊、报纸	
	协助上下楼		50元/次	提供专业的上下楼设备，对老旧小区没有电梯的服务对象的需求进行服务	
	打牌娱乐		免费	根据服务对象的兴趣需求，陪伴老人开心娱乐、不以输赢为目的	
	陪伴聊天		免费	根据服务对象的兴趣意愿，陪伴老人聊天，态度要和蔼可亲	
	健康指导		50元/次	集中在站点，统一时间，综合大家的需求聘请专业的、有资质的老师或医生讲解	
	康复训练		60元/小时	根据服务对象的特殊需求，安排专业的医生进行个性化指导，单次时间不低于1小时	
	协助配药		5元/次	遵照医嘱，准确地配好服务对象所需药品，特殊的药品必须备注，交代清楚并做好记录	
	喂药		5元/次	谨遵医嘱，协助老人按时按量服下，随时观察有无不良反应，并做好记录	
	代购药品		20元/次	谨遵医嘱、服务对象口头交代的，必须确认无误由双方签字后并做好记录	
	陪同就医		50元/次	根据服务对象的病情，选择就近或服务对象指定的医院，直至整个看病过程结束，需住院的直至安排好入住病房结束	
	口腔护理		5元/次	协助刷牙、漱口，卧床老人做好口腔清洁，保证无异味	
	面部护理		5元/次	聘请专业的、有爱心的志愿者上门为老人服务	
	头部护理		20元/次	洗发，将水温调试到适宜的温度进行清洗，并擦干梳理整齐，卧床老人注意调整合适的体位	
	理发		30元/次	请专业理发师上门为服务对象理发	
	会阴护理		50元/次	用调试好的消毒温开水，按顺序自上而下、从内到外再到内，进行清洁、冲洗、擦干，卧床老人垫好无菌巾，保持身下干燥	
	手指、脚趾		5元/次	根据服务对象的要求，及时安排人员修剪手、脚指（趾）甲，有灰指甲、脚气的老人要做好消毒处理（预防传染）	
	擦浴、洗澡		50元/次	先将老人安置好，再将水温调试到适宜的温度进行清洗，注意防滑保证老人安全，助浴结束后将卫生间清理干净，陪同到点上和浴室的要注意老人路上安全，卧床老人注意保暖及床上干燥	
	代购物品		20元/次	根据服务对象的要求，及时准确购买老人所需物品，注意保质期，钱、票当面点清	
晚上	协助做餐		25元/小时	按服务对象的口味要求协助做餐	

续表

时间	内容	是否选择	收费标准	服务标准	备注
晚上	制作营养餐		25元/小时	由专业的营养师指导，对特殊需求的服务对象制作营养早餐	
	送餐上门		20元/次	将服务对象选择好的用餐标准送至家中，根据远近、楼层不同收取服务费	
	更换鼻饲管		20元/次	谨遵医嘱，由专业的护士进行操作	
	鼻饲		40元/次	根据服务对象的身体情况需求配制营养餐，选择合适的体位，进行鼻饲，有药物时须遵医嘱按时按量喂下，观察鼻饲管有无脱落，并做好记录	
	喂饭		25元/小时	将老人按正确的体位安置好进行喂食，过程中注意预防老人噎食、咳呛等情况发生，随时观察老人饮食变化，并做好记录	
	陪伴聊天		免费	根据服务对象的兴趣意愿，陪伴老人聊天，态度要和蔼可亲	
	协助上床		10元/次	调整好室温，协助老人脱衣、上床休息	

注：1. 以上服务人员均持证上岗、着装整洁，服务态度和蔼可亲，不得冲撞打骂老人。
   2. 护士上岗时须在医生的医嘱及正确指导下持证上岗。
   3. 免费服务须在服务包内方可使用，所有服务均须签订协议，双方认可方可进行，未尽事宜双方协商解决。
   4. 平行服务时以时间计算，不得重复收费。
   5. 服务包选择时每月不得低于900元。每次至少服务1小时。
以上解释权由××××服务中心解释。

（三）社区居家养老服务标准（或基本规范）

① 服务人员在工作时间一律佩戴工作证，着机构统一的工作服装。接到服务指令后，在规定时间内提前5分钟到达。

② 在与服务对象及其家人交流时应保持微笑，使用敬语。

③ 服务人员应遵守保密原则，对服务对象的隐私保密。

④ 服务人员不得接受服务对象及其家人任何形式的馈赠。

⑤ 服务人员在进行上门服务的过程中，不得做与服务内容无关的事。

⑥ 服务人员在服务时间内，要做好自身安全防范措施，同时不给服务对象家里留下安全隐患。

⑦ 在当次服务内容完成后，应告知服务对象本次服务结束并陪同服务对象或其家人环顾服务对象家中，确认财务避免产生纠纷。

⑧ 在开展服务时应该在服务对象有监护人陪同的情况下开展服务。

⑨ 服务结束后，要主动征求服务对象的意见，现场真实填写服务表的相关内容，并邀请服务对象在上面签名确认。

⑩ 服务人员完工后，整理好自己的东西，并向服务对象微笑道别："很高兴为您服务，下次再见！"帮服务对象关好门。

---| 典型案例1 |---

家庭医生上门服务居家养老更有保障

广西12349巡回医疗服务平台接到一个求助电话，一位踝关节骨折的阿姨，家住5楼，因骨折术后行动不便，拆线日期将近，于是向广西12349巡回医疗服务平台寻求帮助。在简单了解病人情况后，平台与阿姨约好时间，上门服务。平台推荐相关医疗机构医生详细查看伤口，评估病情后，予以拆线处理。同时嘱咐阿姨一些注意事项和简单的康复训练及健康指导。这将是广西12349巡回医疗服务平台"家庭医生"履约服务的一个缩影。2019年7月12日上午在南宁市保爱路"星光老年之家"举办了12349巡回医疗健康讲座，从此，广西12349巡回医疗服务平台将开启推荐家庭医生上门服务项目。有需求的老年人或市民，如有医疗需求上门服务，请致电0771-12349。

广西12349巡回医疗服务平台与广西康复养老联合会各会员医疗机构合作，将指派由全科医师组成的团队上门服务，围绕"你有需求我跑一趟"为核心的服务理念，当好老百姓健康守门人。同时，充分发挥巡回医疗健康讲座的作用，让广大老年人享受到新医改带来的实惠，让群众不得病、少得病、晚得病，生病后得到更优质、便捷、价廉的医疗服务。

案例简析：

家庭医生签约服务最重要的是要把工作落到实处，把服务延伸到社区和家庭，建成家庭医生上门服务的习惯，让居民在家门口享受优质医疗资源服务，真正做到"小病在社区，大病到医院，康复回社区"。

---| 典型案例2 |---

老年春晚，江苏老人的快乐盛宴

每年除夕夜，守在电视旁看春晚，是不少老年观众多年的习惯和情结。对江苏的许多老人而言，每年一度的江苏老年春晚成为他们不可或缺的快乐盛宴。

江苏老年春晚是由江苏省民政厅、省老龄办、中国人寿江苏省分公司联合主办，云媒体电视江苏老年承办。自2012年江苏省首届"中国人寿"杯老年春晚在南京演出以来，如今已经录制四期，颇受老年群众的热爱和支持。

如今，江苏省"中国人寿"杯老年春晚已经成为全省老年人最为关注和期待的年度盛事，为丰富和活跃全省老年人的精神文化生活，营造全社会尊老敬老的良好氛围发挥了积极作用。

案例简析：

老年人需要的照顾不仅仅是提供基本生活照料、医疗护理服务，还同时需要精神层面的慰藉、休闲娱乐设施以及心理活动支持等。

---| 延展阅读 |---

政府购买居家养老服务扩面

原标题：政府购买居家养老服务扩面　　来源：泰州日报

早上 8 点，55 岁的周凤英带着刚买的新鲜蔬菜，来到海陵区城西街道引东社区十三组 258 号高龄老人沈汉如家。周凤英是海陵区安吉通居家养老服务中心的家政员，每周她都会定期来到沈汉如家中提供服务。

沈汉如今年 86 岁，年轻时当过兵，是今年海陵区民政局购买居家养老服务项目服务对象之一。老人患低血压，身体不好，行动不便，急需人照顾。海陵区民政部门根据沈汉如的需求，指派跟他住在同一社区的家政员周凤英上门服务。

在老人家中，周凤英先帮老人梳头、按摩，跟老人聊天，然后扫地、收拾厨房餐具、擦洗门窗……

说起政府购买居家养老上门服务，沈汉如的老伴周粉珍老人竖起了大拇指："多亏凤英帮忙，帮我们买米买药，打扫卫生。我们老两口省心多了，给政府点个赞！"

随着老龄化社会的到来，居家养老服务越来越受到关注。2016 年，我市制定《泰州市区政府购买养老服务实施意见（试行）》，将市区年满 70 周岁的特困对象、城乡低保对象、重点优抚对象、失独家庭中的低保边缘老人以及困难空巢独居老人纳入政府购买养老服务范围，满足社区困难老人养老需求。

从 2016 年开始，海陵区安吉通居家养老服务中心通过招投标形式，承接海陵区、医药高新区、高港区和姜堰区北区"政府购买居家养老服务项目"。3 年来，已为约 3000 名老年人及困难群众提供便捷的居家养老服务，政府累计投入购买居家养老服务资金约 660 万元。

今年❶6 月，市民政局、财政局联合出台《泰州市区政府购买居家养老上门服务实施办法（试行）》，明确从 7 月 1 日起，符合条件的具有我市户籍且常住市区的老年人全部享受政府购买居家养老上门服务。这是我市继 2016 年出台政府购买居家养老服务政策后的一次扩面。

市民政局养老服务处负责人介绍，这次政府购买居家养老上门服务的对象不仅包括政府补贴对象，还包括政府普惠对象。上门服务的政府补贴对象涉及四类人群：具有市区户籍，居住在市区范围内的特困人员、城乡低保对象、重点优抚对象、计划生育扶助对象。这四类人群中 60 周岁及以上的失能半失能老年人或 70 周岁以上的自理老年人均可享受补贴。补贴标准为：自理老人享受每人每月 100 元；半失能老人每人每月 250 元；失能老人每人每月 500 元。

"与政府补贴对象不同，普惠对象为具有市区户籍、居住在市区范围内的 80 周岁以上的老年人，但不包括入住养老机构的和已经享受到经济困难失能老人养老服务券政策待遇的。这类人群可以享受每人每年 120 元居家养老上门服务，并且每年度不少于 4 次上门服务。"该负责人说，同时符合两类条件的人员，按照就高不就低原则，不重复享受。

---

❶ 文章发布时，为 2019 年。

第五章 社区居家养老服务咨询与接待

2019年7月29日,健康中国行动之老年健康促进行动在京召开新闻发布会。国家卫生健康委老龄健康司领导指出,老年健康促进行动将从个人和家庭、社会、政府三个层面逐步展开,总体目标是在未来的10年时间里,65~74岁老年人失能发生率要有所下降,并且65岁及以上人群老年期痴呆患病率增速下降。推动夯实居家社区养老服务基础是此次健康中国行动在老年健康行动方面释放出的重要指标之一。

咨询与接待作为社区居家养老服务工作中重要的环节越来越受到重视,作为社区的窗口,也是很多信息汇聚的地方。从事咨询与接待工作的人员需要学习各类文件政策、规章制度,并结合实际用自己的语言和表达对来访人员进行合理解释与交流,为群众提供最真实有效的信息。那么,咨询与接待这种岗位是怎样一种工作机制,具体怎样开展这项工作,怎样做好沟通与解释等,这些内容的学习对于社区老年人及家属尤其是从事社区居家养老服务的工作人员来说是十分必要的。

第一节　社区居家养老服务咨询与申请

什么是社区居家养老服务咨询？它包含哪些内容？通过咨询可以获得哪些有效信息？如何进行申请？申请流程和注意事项又有哪些？这是做好社区居家养老服务需要明确的内容，也是服务好社区老人的重要工作环节。

一、社区居家养老服务咨询

社区居家养老作为一种新型的社会化养老模式，从形式上看有两种，一种是走进去，另一种是请出来。无论哪种形式，在实际运用中都会有地方特色和地区差异。各地也在积极的探索中寻求更适合自身发展的道路。站在老百姓的角度，最关心的几件事情可能包括：这个社区养老机构花钱吗？要花多少？可以帮我们解决哪些家里老年人照护的问题？由于各地政策层面的差异、地方养老事业发展程度的差异、各社区老年人整体情况及具体需求的差异，目前全国没有统一的社区居家养老服务标准。各地已开展的社区居家养老服务内容及质量也参差不齐，但也有一些共同点。

（一）政策咨询

各地响应国家政策，制定了一系列地方相关政策，涉及养老方面法规 2000 多条。例如，北京市制定《北京市社区居家养老服务条例》和《社区居家养老服务"养十条"》对社区居家养老应该提供的服务，老年人在养老过程中应该享有的权利，政府的义务责任等方面做出了说明；深圳市在 2007 年出台了《深圳市社区居家养老服务实施方案》，面向全市推广社区居家养老服务模式。

各地区社区居家养老机构可以在当地民政部门查询到相关政策文件，应整理、归类后通过社区的网络平台公布给社区居民。互联网发展滞后地区可以通过其他方式进行告知及宣传。

不同社区居家养老服务机构的服务对象是有差异的。有的机构主要接受高龄、轻度失能失智和失能老人（无传染性疾病和精神疾病）；而有的主要提供上门服务；也有的既提供上门服务，又接受入住。工作人员应根据各自机构的实际情况为居民进行介绍。

虽然全国各地出台一系列对老年人的补贴优惠政策，但是在实际的服务过程当中，却发现老人并不了解，主要出现的问题：①失能、半失能的老人，或者是在住楼层的老人与外界联系不多，主要信息来源于电台报纸，对政策不了解。②活力老人认为自己年轻，享受补贴政策的距离还很遥远，不太关心，不注重。③一些社会工作者，甚至包括基层的工作人员对政策的理解能力不足，导致老人来咨询时不能给予全面的解答。④一些优惠政策并没有享受到老人身上，而给他的子女或者亲属享受。而社区居家养老服务中心作为政府的一个辅助功能，需要工作人员是一个"全方位人才"。既能将政策了解透彻，也要能和老人解释清楚，不制造矛盾，让老人满意。

（二）费用咨询

具体费用根据当地政府指导价或定价来收取。通常分为两种情况，有一种是提供上门服务费用；另一类是将老人送来机构的费用。

上门服务的费用收取有的按小时计算，有的按服务内容及项目计算。在用餐方面有的机构处理较为灵活，既接受长期用餐也允许临时用餐，长期用餐可按月、季度、年度结算，临时用餐可按次数计算。送来机构进行临时托管的老人通常按天计算，长期进行日（白天）托的老人通常按月、季度、年度收取费用。

除临时托、日托外，也有机构提供长期入住服务。通常会根据老人的身体状况进行综合的评估，评估后比如属于自理类、介助类或特护类等，不同照护类型收取不同的费用。同一种类不同房间规格费用也有差异，往往单间贵于标间贵于多人间。此外，部分机构还提供医疗服务例如康复治疗等，根据老人治疗需要另外收取费用。

通常入住时机构会要求收取保障金，有的家属会不理解。保障金的收取是出于对老年人突发疾病就医的保障以及子女不方便缴费时临时进行冲抵等考虑。表5-1为×××社区居家养老服务中心站点服务价格与标准。

表5-1 ×××社区居家养老服务中心站点服务价格与标准

项目	内容		收费标准/元			服务标准	备注
			市场指导价格	特殊服务对象收费标准（五类/75周岁以上）			
助医服务	上门测量血糖		7元/次	5元/次	上门服务费2元/次	1. 护理员应掌握常见老年疾病知识和老年保健基础知识。 2. 熟练掌握护理操作要领，准确规范地为老人测量血压、血糖，更换导尿管、集尿器。 3. 陪送老人到医院就医、取药，协助监护人办理相关手续。 4. 掌握服务对象的健康状况，做好健康服务记录	以上服务请老人携带助老卡（含助餐、助浴卡）享受服务 有特殊需求，价格面议
	上门测量血压		2元/次	0元/次			
	站点集中测量血糖/血压		8元/次	血糖试纸：2元 场地服务：1元/次			
	上门更换导尿管		50元/次	30元/次			
	陪同就医		30元/小时	30元/小时			
	代购药品（往返40分钟以内行程）		10元/次	8元/次			
助洁服务	个人卫生清洁	上门服务	理发/刮脸 15元/次	10元/次		1. 服务人员应做好个人卫生清洁服务准备工作，如：为老人提供舒适场所，采取舒适的体位，提供座椅、热水、毛巾等。 2. 服务过程中应做好保暖，保持水温，防止老人受凉生病。 3. 与老人交流应语气和蔼，做到细心、耐心、爱心服务。	
			洗头 15元/次	12元/次			
			修手脚指（趾） 20~30元/次	20元/次			
			卧床老人身体清洁 50~100元/次	50元/次			

续表

项目	内容		收费标准/元		服务标准	备注
			市场指导价格	特殊服务对象收费标准（五类/75周岁以上）		
助洁服务	个人卫生清洁	站点集中			4. 无特殊情况，不得随意更换服务员。如需更换应提前告知老人，做好工作交接	
		理发/刮脸	8~10元/次	5元/次		
		洗头	10元/次	5元/次		
		修手脚指（趾）	20~25元/次	15元/次		
	居室清洁	居室清洁	0~35元/小时	25元/小时	1. 居室清洁包括：地面、墙壁、厨房、卫生间清洁及老人物品整理等。 2. 提供居室清洁服务应做好自身安全防护，如不能满足老人的服务需求应与老人做好沟通	
		厨房、卫生间清洁	30~40元/小时	30元/小时		
助护服务	日托服务	自理老人	8元/小时	5元/小时	1. 熟悉老人的身体健康状况，做好日间护理服务工作。 2. 日托服务场所应提供适当的文娱活动，丰富老人生活。 3. 对卧床老人应做到定时给其翻身、拍背。 4. 为失能、半失能老人提供协助进食服务。 5. 协助失能、半失能老人两便及便后清洁。 6. 上门服务人员应完成老人1~2餐的准备及餐后清洁工作。 7. 能够及时发现老人的异常反应并给予正确处理。 8. 与老人交流应语气和蔼，做到细心、耐心、爱心服务	以上服务请老人携带助老卡（含助餐、助浴卡）享受服务 有特殊需求，价格面议
		半失能老人	15元/小时	10元/小时		
		失能老人	25元/小时	20元/小时		
	上门服务	自理老人	100元/天	50元/天		
		半失能老人	160元/天	120元/天		
		失能老人	200元/天	160元/天		
代办服务	代购物品（食品、日常生活用品等）		10元/次	8元/次	1. 准确记录代办事项，与老人做到当面清点、签字。 2. 代购物品应保证品质、数量、完好无损。代缴、代领物品应保证不遗失、不觊觎。 3. 服务员应保证老人的隐私，不向他人谈论老人的家庭情况、经济状况	
	代缴水电费、电话费、煤气费等		10元/次	8元/次		

续表

项目	内容	收费标准/元		服务标准	备注
		市场指导价格	特殊服务对象收费标准（五类/75周岁以上）		
精神慰藉	心理疏导、精神关爱	50元/小时	40元/小时	1. 制订精神慰藉服务计划，聘请专业心理医师为老人提供精神慰藉服务，必须时可提供相关信息或转介服务。 2. 服务员应注意尊重并保护老人的隐私	以上服务请老人携带助老卡（含助餐、助浴卡）享受服务 有特殊需求，价格面议
	陪伴聊天	20元/小时	20元/小时		

注：以上服务范围含3千米以内、3楼以下（含3楼），若超出此范围，双方协商价格

（三）服务内容咨询

大部分机构都可以提供基本的生活照护，包括助餐、助浴、助洁、洗涤、助行、助医等服务，具体见表5-2。

表5-2　社区居家养老服务基本内容和要求

序号	服务项目	服务内容	服务要求
1	生活护理	1. 个人卫生护理 2. 生活起居护理	1. 洗漱等个人卫生应协助到位，容貌整洁、衣着适度、指（趾）甲整洁、无异味。 2. 饮食、如厕等应协助到位。 3. 定期翻晒、更换床上用品，保持床铺清洁、平整。 4. 用于生活护理的个人用具应保持清洁
2	助餐	1. 集中用餐 2. 上门送餐	1. 符合国家和本市食品安全法律法规的规定。 2. 尊重老年人的饮食生活习惯。 3. 注意营养、合理配餐，每周有食谱。 4. 提前一周为用餐老人预订膳食。 5. 助餐服务点应配置符合老年人特点的无障碍设施。 6. 送餐运输工具应保持清洁卫生，餐具做到每餐消毒。 7. 助餐服务点及送餐运输工具应有统一的社区居家养老服务标识
3	助浴	1. 上门助浴 2. 外出助浴	1. 助浴前应进行安全提示。 2. 助浴过程中应有家属或其他监护人在场。 3. 助浴过程中注意观察老年人身体情况，如遇老年人身体不适，协助采取相应应急措施。 4. 上门助浴时应根据四季气候状况和老年人居住条件，注意防寒保暖、防暑降温及浴室内通风。 5. 外出助浴应选择有资质的公共洗浴场所或有公用沐浴设施的养老服务机构
4	助洁	1. 居室整洁 2. 物具清洁	1. 保持卧室、厨房、卫生间等居室内部整洁，物具清洁。 2. 保洁用具应及时清洁，保持清洁
5	洗涤	1. 集中送洗 2. 上门洗涤	1. 洗涤前应检查被洗衣物的性状并告知老年人或家属。 2. 集中送洗应选择有资质的洗衣机构或有洗涤设施的养老服务机构。 3. 集中送洗送取衣物时，应做到标识清楚、核对准确、按时送还。 4. 上门洗涤应分类洗涤衣物，并做到洗净、晾晒。 5. 贵重衣物不在本洗涤服务范围之内

续表

序号	服务项目	服务内容	服务要求
6	助行	1. 陪同户外散步 2. 陪同外出	1. 助行服务一般在老年人住宅小区及周边区域内。 2. 助行服务应注意途中安全。 3. 使用助行器具时应按助行器具的使用说明进行操作
7	代办	1. 代购物品 2. 代领物品 3. 代缴费用 4. 代办证件 5. 代邮物品	1. 代办服务范围一般为日常生活事务； 2. 代办服务时应当面清点钱物、证件、单据等
8	相谈	1. 谈心交流 2. 读书读报	1. 相谈服务应以舒缓心情、排遣孤独为原则。 2. 预先了解老年人兴趣爱好等情况。 3. 相谈过程中应与老年人保持良性互动
9	助医	1. 陪同就诊 2. 代为配药	1. 陪同就诊应注意途中安全。 2. 及时向老人家属或其他监护人反馈就诊 陪同就诊的情形为： 1. 常见病、慢性病复诊； 2. 辅助性检查； 3. 门诊注射、换药 代为配药： 1. 代为配药的范围为诊断明确、病情稳定、治疗方案确定的常见病、慢性病。 2. 一般到老年人居住地所在区域范围内的医疗机构。 3. 应做到当面清点钱款和药物等
10	安全守护	1. 接受紧急呼叫 2. 定期上门查看 3. 定期电话查询	1. 对政府补贴对象做到定期上门和电话查询服务。 2. 应制定应急处理预案，接到紧急呼叫，应通知相关机构及时赶到服务对象家中。 3. 为有需要的老人安装呼叫终端

此外，有的老人在这个基础上需要更多个性化的治疗或服务。包括但不限于：医疗治疗及紧急救助、康复训练、各类休闲娱乐活动。社区居家养老机构应尽量创造条件为老人提供个性化服务。

（四）管理与质量监督咨询

许多社区居家养老机构都会被问及如何保障入住老人的利益等问题。可见对机构的管理及质量监督体系要非常熟悉。以下内容仅供参考，相信在实际工作中有更多更贴近民众又便于监督和管理的方式方法。

1. 服务管理

社区居家养老服务管理内容和要求见表5-3。

表5-3 社区居家养老服务管理内容和要求

序号	服务管理	服务管理内容	具体要求
1	服务机构和人员要求	服务机构	1. 具有与服务项目相符合的服务人员和管理人员。 2. 配备与服务项目相符合的相关设备设施和场所。 3. 应遵守地产集团社区居家养老服务的规章制度和工作流程。 4. 应使用集团统一设计的社区居家养老服务标识

续表

序号	服务管理	服务管理内容	具体要求
2	服务机构和人员要求	服务人员	1. 应遵守社区居家养老服务机构规章制度。 2. 持有效健康证明。 3. 应接受相关专业知识和技能的培训，持有行业认定的证书上岗。 4. 应遵守社区居家养老服务职业道德，保护老年人隐私。 5. 提供服务时应注意个人卫生、服饰整洁。 6. 提供服务时应语言文明、态度热情，细致周到、操作规范
3		信息公示	1. 应公示以下信息： ——执业证照； ——服务项目； ——收费标准； ——规章制度； ——工作流程； ——服务承诺； ——投诉方式。 2. 信息内容应真实、准确、完整。 3. 信息应便于老年人了解、获取。 4. 公示信息应及时更新
4	服务过程控制	服务对象	1. 服务对象为60周岁及以上有照料需求且提出服务申请的老年人。 2. 有下列情况之一的老年人不在服务范围： ——患有传染性疾病的； ——患有精神病且病情不稳定的
5		服务内容核定	1. 应主动、翔实地向老年人介绍服务项目、服务内容及收费价格等。 2. 根据老年人的身体状况、服务需求、支付能力及服务机构的服务提供能力，核定服务内容
6		协议签订与终止	1. 应根据核定的服务内容，与接受服务的老年人或其家属（其他监护人）签订服务协议。 2. 服务提供过程中如发现下列情况之一的可以终止服务协议： ——接受服务的老年人患有传染性疾病的； ——接受服务的老年人患有精神病且病情不稳定的； ——违反服务约定的
7		服务安排	应根据服务协议制订服务计划，安排服务内容和服务人员，提供相应服务
8		意外事件处理	1. 应建立居家养老服务意外事件处置应急预案。 2. 在服务过程中如发生意外情况，应启动应急预案
9		档案管理	1. 档案包括： ——服务机构档案； ——服务档案。 2. 服务机构档案应包括文书档案、财务档案、员工信息等资料。 3. 服务档案应包括老年人信息、服务协议、服务项目、服务安排、服务记录等资料。 4. 档案应建立保管、使用及保密制度，并动态管理。 5. 有条件的机构应建立数字化档案，形成网络化信息管理

2．服务质量评价

社区居家养老服务质量评价内容见表5-4。

表5-4 社区居家养老服务质量评价内容

序号	服务质量评价	内容
1	评价主体	1. 自我评价； 2. 服务对象评价； 3. 第三方评价
2	评价指标	1. 服务对象满意度； 2. 家属/监护人满意度； 3. 服务时间准确率； 4. 服务项目完成率； 5. 有效投诉结案率
3	评价方法	1. 意见征询（上门、电话、信件、网络）； 2. 实地察看； 3. 检查考核
4	服务质量改进	社区居家养老服务机构应根据评价过程中发现的问题与建议，及时改进，不断提高服务质量

3．其他

每个机构成立时间、团队打造、经营状况、服务规模、文化内涵、服务人员与老人的配比等各有不同。但共同之处在于：对于老人安全的考虑是放在首位的，一定会制定相应的安全管理制度。比如老人突发疾病、跌倒、走失、误咽、自伤与他伤等都有应急预案；同时，环境的安全方面火灾、地震、盗窃等都有相应的应对办法。

二、社区居家养老服务申请

（一）申请者需符合的条件

社区居家养老服务机构的服务对象首先是社区老年人，通常是指60岁及以上年龄的人；其次，应该按照就近原则，服务本社区或邻近社区。应该来说，老人有需求即可申请。

（二）申请方式

通过网络平台、面对面咨询、现场参观等方式了解是否符合自身或家里老年人的养老需求。通过网络、电话或当面交流等方式确定是否有床位或是否能提供所需服务。按要求提供老年人或代申请人的基本信息供后续联系。申请服务的一般流程参照上一章的讲述。

第二节 社区居家养老服务接待工作及要求

接待这个工作岗位作为社区居家养老服务机构的窗口，往往与老人及其家属接触最早，代表了第一印象。所以这个岗位的工作人员不仅要了解本单位的发展理念及文化，更要清楚事关老年人的政策法规以及机构的收费标准、入住办理流程等。下面具体来介绍接待工作及要求。

一、社区居家养老服务接待工作

社区居家养老服务接待工作在第一时间向来访者提供有效信息、传递人文关怀；是机构的形象大使，也是掌握和了解居民需求的重要岗位。接待工作人员是居民与机构之间重要的联系人。接待工作包括介绍机构基本情况；引导来访者参观机构环境；解答来访者关于政策、费用等提问；整理并登记好来访者信息；有的机构会把部分回访工作交给接待岗位的人员。因为服务对象主要是老年人及其家属，大部分老年人的身体机能较年轻时有所退化，听力有所下降，记性也变差，给接待工作带来了一些挑战。

二、社区居家养老服务接待流程和基本要求

（一）接待流程

1．向来访者问好

要善于观察和发现来访者，主动上前问好。社区居民中老人本人和其子女来咨询的比较多，要顾及老人的身体状态，接待处可以准备轮椅，必要时使用。通过问好用心发现和观察老人的听力水平和交流能力。

2．自我介绍

向来访者介绍自己，同时指引来访者进入接待处落座，根据来访者喜好提供饮品。

3．介绍本机构基本情况及企业文化

根据各机构接待处所具备的条件和提供的资料选择适合的介绍方式。比如有的机构是做的纸质宣传册、有的是直接用平板电脑呈现资料、有的播放电视宣传片、有的做成了高大的墙展等。可以结合实际情况根据来访者意愿选择合适的介绍方式。主要介绍内容通常包括机构的整体情况，比如出资方、管理理念、之前成功的案例、获得的荣誉、未来发展目标和规划等。再说说目前所在机构的总体情况，比如建筑面积，设有的照护床位张数，主要的托管方式如短期托养、长期照护等。很重要的，一定要介绍主要的服务内容，包括但不限于提供居家养老、康复理疗、休闲娱乐等。通过介绍，使来访者对机构有个初步印象。企业文化的介绍会加深来访者印象，也为他的选择提供了更多信息，是非常必要的。

4．详细介绍机构内各区域及其功能

不同社区养老机构在布局和设计上均有差异，但主要功能还是相同的：主要是老人休息区域及活动区域。如果按照房间容纳的人数，休息区域里又分了单人间、双人间或者多人间；按照不同情况老人的入住需求又可以分为特护、介助、自理区。如果床位不紧张，各类休息区域可以设立有一个样板间供参观使用，床位紧张的情况下要征得老人同意再带入参

观。通常活动区域涉及的范围较大，面积较休息区广。

（1）休息区介绍

该区域要区分各类不同房间和不同需求类型房间的区别，突出人性化的设施设备，例如特护床的自动功能等。同时一定要突出保障安全的设施设备，比如一键呼叫器、卫生间扶手、防走失报警系统等。

（2）活动区域

每个机构的活动区域是不一样的，有的机构有很宽阔的类似大厅的走廊，平日老人吃饭、休闲娱乐都在这个区域；也有的机构有专门的活动区域或房间，每个房间只能开展一种指定的活动。无论是哪种类型和结构，都需要满足老人除睡眠以外的身体活动需求。常见的社区居家养老机构里设有手工房、图书角、棋类及书法房。设置和配备较好的还有游泳池、音乐厅。值得注意的是，如果不方便直接带入参观，在介绍任何一个功能区之前，要说明现在所在位置。

（3）其他区域

除以上区域外，还设有接待处、就餐区、工作人员办公室、库房，有的还有学习室、形体训练室、医务室、花园等。这些区域的配置全方位保障了老人的安全和健康，不仅是身体上更是精神生活富足的硬件保障。

（4）服务能力介绍

每个站点的工作人员应该对自己站点的特长优势和能力有详细的了解，在给老人或者来访者介绍时，应该专门突出地介绍，以达到宣传自己服务老人的目的。

特别说明一下，介绍机构情况和各类功能区的时候，如果来访者没有多大的意愿耐心倾听，而是不断提出问题渴望一一得到解答，就不必一一介绍机构或者功能区的特点，直接回答他好奇的想了解的问题就行了。图5-1流程只是一个参考，在具体工作中可以灵活变通，但依然要遵循签订合同等原则。

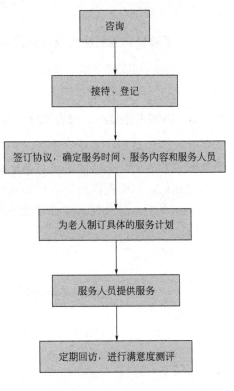

图5-1 接待流程

（二）基本要求

不同社区居家养老服务机构里接待工作在具体任务的安排方面有一些差异，但这个岗位对从业人员有一些共同的要求：

1. 对养老事业有爱心，对来访者有耐心

这个岗位的工作是繁杂的、琐碎的，主要来访者为老人及其家人，部分老人可能因为记忆减退会反复问同一个问题，确实需要接待工作人员特别有耐心。

2. 非常熟悉办理各类业务的流程

由于服务内容较多，老人个体需求差异大，要在短时间内提取有效信息应对来访者的需求，需要特别熟悉各类业务的流程。

3．熟悉机构及社区环境，知晓每个区域的功能及用途

每位老人的情况都不同，所需要的服务涉及的环境和区域也不同，无论是初次到达还是常住，经常会遇到被问及某某区域在哪里，工作人员要特别熟悉机构内容的环境和分布才能很好地服务老人。

4．熟悉每个服务项目的价格及不同服务类型的收费方式

价格是老人比较关心的问题，不同情况不同需求的老人需要支付的费用是不一样的，只有熟悉了每一种收费情况，才能帮助老年人进行初步的价格估算。请注意只能是估算，具体的数额要以财务部门缴费的最终金额为准。

5．具有入住评估的能力

在咨询过程中不可避免会问到价格，尤其是入住老人的价格，需要经过评估才能确定，有的机构有专门的评估团队，有的则由咨询岗位直接评估。为了更好地服务来访者，学会简单的入住评估是必要的，尤其在没有专业评估团队时。在有专业评估团队时，掌握了入住评估能力也可以帮助来访者了解大概的资费情况。

6．定期总结分析来访社区老年人的基本状况及需求信息，善于整理并汇报

为了更好服务社区老人，了解他们的需求，建议收集每一个来访者反馈的信息，并记录最后是否接受服务、签订合同的结果。分析那部分没购买服务老人的原因，对工作的改进和提升有很大帮助。

7．了解机构发展历史及文化内涵

作为社区居家养老服务机构的一员，需要认清自己在这个团队中的位置，必须了解机构的发展历史和使命，才能更好地把自己的发展与机构的发展结合起来，才会更有目标与方向感。

8．着装干净整洁、仪表端庄、可根据来访者的具体情况选择使用合适的语言

在具备了以上7条核心实力之后，外表的干净整洁以及端庄的仪表会给自己及身边的人带来愉悦的心情。合适的语言有两层意思，一方面不是说一定要说普通话，要根据来访者的语言使用他可以听得懂的话，如果是地方话也是可以说的；另一层意思是根据对方的理解能力和认知水平，以最容易被对方理解的方式讲出来。

| 典型案例 |

社区居家养老服务、养老服务补贴申请指南（上海市）

申请条件：

1. 自费服务：60周岁以上本市户籍老年人。
2. 按属地化原则申请获得服务补贴：

第一类，60周岁及以上城乡最低生活保障家庭中，需要生活照料的本市户籍老年人，享受全额的养老服务补贴。

第二类，60周岁及以上本人及其配偶家庭人均收入高于本市城乡最低生活保障标准、低于本市城乡低收入家庭标准，需要生活照料的本市户籍老年人，享受80%的养老服务补贴。

第三类，80周岁及以上、本人月收入高于本市城乡低收入家庭标准、低于本市上一年度城镇企业月平均养老金，需要生活照料的本市户籍老年人，享受50%的养老服务补贴。

第四类，以上第二类与第三类对象中，无子女或90周岁及以上高龄的老年人，在相应待遇基础上再叠加享受20%的养老服务补贴。

养老服务补贴用于兑换社区居家养老服务的，除低保家庭以外的其他对象，需支付相应比例的服务费用。

材料准备：

相关申请材料（户口簿、身份证、参保人员社保卡/医保卡、由街镇社会救助事务管理所出具的低保、低收入证明、养老金收入证明及相关医疗证明）。

办理流程：

1. 补贴申请人向所在街道（镇）社区事务受理服务中心进行咨询。
2. 补贴申请人应接受经济状况审核，提交相关申请材料，填写"上海市居家养老服务补贴申请表"。
3. 由评估员上门对补贴申请人进行养老服务需求评估，出具评估结论。
4. 由街道（镇）社区居家养老服务中心提出初审意见，报区县居家养老服务指导中心审批，向符合补贴条件的老年人发放"准予服务补贴告知书"，同时告知社区助老服务社；向不符合补贴条件的老年人发放"不予服务补贴告知书"。
5. 由社区助老服务社根据审批核准的补贴额度和评估结论确定服务内容，制订服务计划，安排服务人员提供服务。
6. 由街道（镇）社区居家养老服务中心对补贴对象进行持续评估，根据持续评估结论重新核定补贴额度和服务内容，对不符合补贴条件的老年人终止补贴及服务。

联系方式：

老年人户籍所在街道（镇）社区事务受理服务中心

案例简析：

上海市社区居家养老服务、养老服务补贴申请指南十分清楚地告知准备参与社区居家养老服务的老人或家属需要符合什么条件，准备哪些材料，到哪儿去咨询和办理以及办理的基本流程。可以说，该指南一目了然，易于操作。

| 延展阅读 |

国外以高校为依托的养老社区服务模式

美国、韩国、日本以高校为依托的养老社区服务模式各具特色，下面依次进行介绍。

一、美国 UBRC 模式

（一）以大学资助不在校区内的养老社区

以橡树吊床社区为例，该社区附属于佛罗里达大学，是由佛罗里达大学说服大学基金会来进行资助的。尽管该社区并不在大学校园内，且与大学距离较远，但是橡树吊床社区却与佛罗里达大学有着紧密的共生关系。

①在学院与社区的联系上：佛罗里达大学的很多学院都参与了橡树吊床社区的建设。比如：社区的健身中心归属于佛罗里达大学的健康与人体功能学院，研究生可以从人体工学的角度指导老人进行正确的健康训练；药学院可以为老年人提供关于药物方面的咨询；学院中的教授或者讲师通过访问社区的老人，为其提供历史、文化、IT等专业的持续再教育课程。

②医疗方面：社区与尚志医院（佛罗里达大学的附属教学医院）有密切的合作关系，该医院向社区成员免费开放，并且可以让社区居民优先享受医疗服务。

③社区的服务配套设施完善：社区内设有图书馆，居民也可以随时访问佛罗里达大学的乔治图书馆。

④管理运营方面：橡树吊床社区成立了一个独立于大学的非营利组织作为管理社区的运营机构，以此来维持社区和大学清晰的合作关系。

（二）大学出资并在校园内部的养老社区

以拉塞尔学院中的拉塞尔村为例，其独特之处在于它是全美第一家定性为教育机构的养老社区，在这里入住的居民都必须有中学毕业文凭，并且同意每年完成450个课时的继续教育课程，相当于一个全职大学生在校修习的最少课程。为协助拉塞尔村每位老年居民完成继续教育计划，拉塞尔学院专设了一位学术院长负责监督帮助学员生活和学习，鼓励他们参与在校大学生和教师的代际学习活动。居民可以使用拉塞尔学院的设施，也可以参加村里的各类文化活动或大学内组织的旅行活动。

（三）大学与养老社区的协议合作模式

这类养老社区是由连锁的养老机构在大学城开发运营的，如肯德尔汉奥机构和达特茅斯学院。养老机构与学院签订合作协议，机构居民可以依托终身学习中心在社区或者大学内学习30多种课程，也可以到大学旁听。

（四）公私合营的方式

这类属于大学与开发商一起投资开发的养老社区，如弗吉尼亚大学的柱廊社区。它是由弗吉尼亚大学医疗服务基金会、房地产基金会、校友联合会和专门从事养老社区开发方案的万豪养老服务公司合作投资开发，由著名的日出连锁养老机构运营。继续教育课程由弗吉尼亚大学提供，弗吉尼亚大学医院也为社区诊所提供专家医生坐诊，为社区居民看病。

二、韩国UBRC模式

韩国的UBRC模式以医疗保健为主，其中，以大学财团开发运营的The Classic 500养老公寓最为著名。该项目位于首尔市，处于地铁2号线和7号线交汇处，其周边遍布乐天百货、易买得超市、艺术中心等，交通和生活都极为方便。The Classic 500老年公寓紧邻韩国知名大学建国大学，其法人是建国大学财团，因此，与建国大学共享学校的配套资源，尤其是建国大学医院与其公寓仅一路之隔，多数养老地产项目的医疗问题也迎刃而解。它主要提供以下几方面服务。

①提供生活服务。有House Key评价服务、24小时呼叫中心和邮政快递服务等。

②房屋设计。去除室内通用设计的门槛，将客厅和厨房合并在一起，使路线最小化，方便老人生活起居。

③提供健康护理和智能家居服务。根据老人个人的情况，由建国大学医院教授组和营养管理师为其提供适合个人的健康、运动、营养管理项目；紧急情况发生时，老人可运用动作感应传感器和应急装置呼叫服务人员；老人可以24小时与医疗中心进行视频通话，以寻

求必要的帮助；室内有出入门、一键开灯和关灯的智能标签，还可以预约园区内的数码电视等设施。

④ 生活服务设施。包括健身中心、游泳馆、室内高尔夫练习场、图书馆、SPAR 超市等设施。

三、日本 UBRC 模式

日本是亚洲最先进入老龄化社会的国家，也是世界上少子化和老龄化状况最严峻的国家之一。1970 年，日本 65 岁的老年人口占全国总人口的 7.03%，到 2013 年，这一比例上升到 25.08%，即 4 个日本人中就有一个 65 岁以上的老人。经过几十年的发展，日本的养老模式和养老产业已经趋于成熟。在日本，UBRC 模式是在社区养老的基础上逐步发展起来的。以比较典型的关西大学为例，这里的老年人可以和年轻学生一起参加大学课程和研讨会，与教师学生沟通交流，发表自己的意见和看法，充分发挥自己的价值。而且，它优先雇佣大学生到老年住宅进行工作，工资费用是用奖学金的形式支付，以帮助学生完成学业。

【模式特色】

一、双向互动，资源共享

社区与大学应保持交流和联系，重视资源共享。一方面，学校与社区之间有合作关系，社区内的老年人可以使用学校的各项基础设施。同时，社区可以综合利用临近大学各个学院的优势，建立互助项目，使社区建设、医疗、文化等方面更加专业化。另一方面，学校可以为大学生提供更多实践机会，强化代际关系，可利用距离近、资源多等优势，建立大学生社区研究基地，实现互助双赢，校园与养老社区共同发展。

二、临近大学，交通便利

大学与社区距离应该适当，不宜太过遥远。考虑到老年人身体条件并不是很好，社区应该建在校园内或接近校园的地方。倘若不方便将养老社区建于校区，社区也应通过多渠道协商，提供免费搭乘的车辆，方便老年人日常往返。同时，社区还可科学合理地划定老年人乘车的专用车道，避免遇到上下班高峰期交通拥挤的情况。

三、重视程序问题

养老社区与学校紧密合作，其中自然少不了合同的支撑。所以，高校和社区应订立严格的合同，明确规定大学与养老社区的人才培养和财务管理问题。因精力有限，财务需公开透明，故可寻找财务管理机构进行专人公开化管理，避免出现权责不明晰、财务纠缠等问题，保证社区与学校正常高效运转。

四、全方位照顾模式

社区内应设立健身器材，并根据老年人的习惯采取一些防护措施，避免老人在运动时受伤，最好有专人指导和讲解。整个社区应建立一种全方位照顾模式，为老人创造安心生活的社区环境。同时配备专业护士和医疗设配，时刻监控老人的身体健康状况。除医疗以外，社区在老年人身体锻炼方面也应给予足够重视。

五、保证社区发展力量充足

为保持社区长远发展，要持续引进本校人才，包括学生和教授。由于他们本身对于学校有着深厚的感情，也有良好的协作能力，故会致力于校园和社区建设与发展，自愿宣传。这些强大的后备力量将带动更多居民入住，保持社区长远且充满生机的发展。另外，还可以引进高校创新的科研技术，为养老社区住宅提供智能方便的设计，惠及老年人日常生活。

第六章 社区居家养老服务具体项目及开展要求

社区居家养老服务内容十分丰富，具体开展每项服务都有其基本规范或要求，只有遵照规范和要求才能提高服务质量，提升服务效能。

第一节 日常生活照料内容及操作基本要求

日常生活照料是社区居家养老服务的主要内容，日常生活照料从形式上有"走进去"和"请出来"两种，无论哪种形式，在开展具体日常生活照料时都需要按照操作基本要求开展。

一、日常生活照料内容

老年人的日常生活照料，无论是居家上门服务，还是老年人接受社区居家养老服务中心

（站）的服务，其主要内容包括个人清洁卫生照料、日常修饰照料、口腔清洁照料、饮食照料、排泄护理照料、压疮预防照料等方面。为了给老年人做好日常生活照料服务，社区居家养老服务工作人员需要熟练掌握每个照料服务的不同操作方法并认真了解各项服务中相关的注意事项，避免不必要的事故发生。

二、日常生活照料操作基本要求

（一）个人清洁卫生照料

个人清洁卫生服务又称为"身体清洁"，既是老年人生理健康的需要，又是心情愉快的需要。通过对身体表面的清洁，达到消除疲劳，促进血液循环，改善睡眠，提高皮肤新陈代谢和增强抗病能力的目的。

老年人沐浴的种类主要分为三种：淋浴、盆浴和床上擦浴。淋浴即洗澡时使用喷头淋湿全身进行洗浴的方法。盆浴即在浴缸或浴盆中放入水，人泡在水里进行洗浴的方法。床上擦浴是针对卧床、行动不便的老年人，在床上使用浸湿的毛巾按照由上至下的顺序擦拭全身，达到清洁身体目的的方法。另外，若老年女性长期卧床，应进行会阴部冲洗，防止因在床上排泄造成泌尿系统感染和产生异味。会阴清洁范围前至阴阜，后至肛门周围，两侧至大腿内侧腹股沟处。

1．协助老年人淋浴

协助老年人淋浴应遵循以下步骤有序进行：淋浴评估及工作准备、坐稳洗浴、擦干更衣、整理用品。协助老年人淋浴应注意以下事项：①老年人身体状况较好，要求单独洗浴时，浴室不要锁门，可在门外把手悬挂示意标牌，并经常询问是否需要帮助。②地面应放置好防滑垫，叮嘱老年人穿防滑鞋，防止摔倒。③协助老年人穿、脱去衣裤时，若遇一侧肢体活动障碍者，则先脱健侧，再脱患侧；先穿患侧、再穿健侧。④应先调节水温再协助老年人洗浴，水温调节应先开冷水再开热水。⑤洗浴时间应安排在老年人进食一小时之后，且淋浴时间不宜过长，水温不宜过高，以防发生缺氧、头晕等不适感。⑥洗浴过程中随时询问、观察老年人情况，如有不适应迅速结束操作并告知专业医护人员。

2．协助老年人盆浴

协助老年人盆浴应遵循以下步骤有序进行：盆浴评估及工作准备、坐稳洗浴、擦干更衣、整理用品。协助老年人盆浴应注意以下事项：①浴盆内应放置防滑垫，以防老年人摔倒。②洗浴时间应安排在老年人进食一小时之后，且淋浴时间不宜过长，水温不宜过高，以防发生缺氧、头晕等不适感。③洗浴过程中随时询问、观察老年人情况，如有不适应迅速结束操作并告知专业医护人员。④协助老年人穿、脱去衣裤时，若遇一侧肢体活动障碍者，则先脱健侧，再脱患侧；先穿患侧、再穿健侧。

3．为老年人床上擦浴

为老年人床上擦浴应遵循以下步骤顺序进行：①床上擦浴评估及工作准备。②顺序擦浴：面部（眼睛、额部、鼻部、面颊、颈部）；手臂；胸部；腹部；背臀部；下肢；足部；

会阴。③整理用物。

为老年人床上擦浴应注意以下几项：①擦浴过程中动作要轻稳，老年人身体暴露部位应及时遮盖，以防着凉。②随时更换清水，注意调整水温。③擦洗过程中，观察老年人反应，如出现寒战、面色苍白等情况，要立即停止擦浴，进行保暖，通知医护人员。④清洗会阴部、足部的毛巾和水盆应分开单独使用。

4．为老年女性清洗会阴

为老年女性清洗会阴应遵循以下步骤顺序进行：①护理员向老年人解释清洗目的及方法，以取得配合。②清洗前工作准备。③摆放体位：按照仰卧位或侧卧位放置便盆，协助老年人取仰卧屈膝位。④冲洗、擦干：护理员戴好橡胶手套，一手持冲洗壶，一手拿毛巾，按照阴阜至肛门至腹股沟的顺序，边冲洗边擦洗会阴部。清洗完成后撤去便盆，毛巾擦干并检查会阴部皮肤状况，更换一次性尿垫，为老年人盖好盖被。⑤整理用物。

为老年女性清洗会阴应注意以下几项：①操作前护理员应洗净双手。②便盆不可硬塞于老年人臀下，以免挫伤骶骨尾部皮肤。③清洗时缓慢倒水，避免打湿被褥。④擦拭的毛巾应专用。

（二）日常修饰照料

1．穿着鞋袜

老年人着装不仅要美观、保暖，更要舒适、健康，老年人穿衣服务应具有实用、舒适、整洁、美观四个特点。有些老年人由于年高体弱，自理程度下降，或血液回流功能减弱等原因，需要护理员掌握快捷的穿衣方法，在协助帮穿衣裤的同时，还能选择更为适宜老年人穿着的鞋袜。勤换洗袜口不过紧的棉质袜子，具有排汗、减震、安全、柔软、轻巧、舒适特点的鞋是老年人鞋袜最佳选择。

2．穿着上衣

（1）协助老年人更换开襟衣服

护理员做好环境、物品准备，个人与老人做好换衣准备，经沟通取得老年人配合。老年人以仰卧位，护理员一手扶肩，一手扶髋翻身侧卧脱去一侧衣袖，随后协助取平卧位于身下拉出清洁的和更换的上衣，同法穿好另一侧衣袖，扣好纽扣，拉平、整理衣身、衣袖、衣领，盖好盖被。协助穿衣过程中应注意操作轻柔快捷，避免着凉；协助老年人翻身时，应注意安全，必要时安装床挡。

（2）协助老年人穿脱套头衫

护理员做好环境、物品准备，个人与老人做好换衣准备，经沟通取得老年人配合。老年人取坐位，护理员将套头上衣由下而上拉至胸部，一手托头由背后向前脱下衣身，一手扶肩，一手拉近侧袖口脱下衣袖，同法脱另侧衣袖。

护理员协助老年人穿套头衫时，应一手从衣袖握住老年人手腕，穿好衣袖后，一手托头，一手握衣背开口至领口，套入头部，将衣衫整理平整，取舒适卧位，盖好衣被。协助老年人坐位穿衣时应注意安全。

3．更换裤子

护理员做好环境、物品准备，个人与老人做好换衣准备，经沟通取得老年人配合。老年人取仰卧位，护理员为老年人解开腰带、裤扣，协助左倾拉右侧裤子至臀下，右倾拉左侧裤子至臀下，叮嘱屈膝将裤子褪至膝下，抬腿分别褪去裤腿。协助更换清洁裤子时应当手穿裤口至腰开口，抓脚踝提拉裤管，拉住裤腰提至臀部；协助左倾，拉右侧裤腰至臀部，同法拉左侧后系好裤扣、裤带、盖好盖被。协助穿脱裤子过程中不可硬拽，以免损伤皮肤。

4. 仪容仪表修饰

所谓"仪容"指人的外观、外貌。"仪表"即人的外表。仪容仪表包括人的容貌、服饰和姿态等，修饰仪容仪表的基本原则是美观、整洁、卫生、得体。具体的老年人仪容仪表修饰，应当包括保持老年人面部清洁，为老年男性剃须；头发清洁整齐；定期修剪指（趾）甲；口腔清洁；身体无异味；穿着得体等方面。

（三）口腔清洁照料

老年人机体抵抗力下降且对细菌清除能力减弱，更容易滞留食物残渣，使细菌大量繁殖，造成口腔炎症、溃疡、口臭及其他并发症。老年人口腔清洁分为自理、半自理的清洁法（漱口、刷牙）与无法自理的口腔清洁法（棉棒擦拭或漱口），如有老年人佩戴义齿，应当进行义齿清洁、佩戴服务。

协助老年人漱口时应注意：每次漱口水不可过多，防止呛咳或误吸；卧床老年人漱口时，口角垫好毛巾避免打湿被服。协助老年人刷牙时应采用竖刷法清洁牙齿外侧面，上牙自上而下，下牙自下而上刷洗内侧面，螺旋刷洗咬合面，轻摩牙龈后漱口的方法，操作过程中应动作轻柔，避免牙龈损伤。协助老年人棉棒擦拭清洁口腔应遵循由内而外擦拭外侧面、内侧面、咬合面，轻按牙龈，擦拭两颊、上颚、舌面、舌下的顺序，过程中棉棒不可反复使用，且蘸水后应轻压挤水，防止呛咳；避免过于靠近咽部，防止恶心等不适感。

（四）饮食照料

老年人随着年龄增加，身体机能退化，咀嚼消化能力下降，饮食中的营养吸收能力减弱，易影响其身体健康。护理员在饮食照料上应保证食物色香味的同时，还应协助老年人取得正确进食体位，选择适当进食方法，观察食后情况，及时救助、处理噎食、误吸等情况，保障老年人饮食健康、安全。

老年人饮食结构应当遵循如下的原则：①减少单糖及双糖的食物，放宽对主食类食物的限制；②限制脂肪摄入量；③食用优质蛋白质；④多食含纤维素的食物；⑤多食含维生素的食物。如此使老年人膳食多样化，保持营养素平衡和营养素之间比例适宜，形成适合老年人的科学合理的饮食结构。

1. 饮食结构的选择

老年人消化器官功能减退，对食物的消化、营养的吸收功能随之下降，因此老年人膳食应注意多样化，多食杂粮、豆类、鱼类、蛋类、奶类、海产品类、蔬菜和水果等，保持营养素的平衡，科学、合理饮食。

老年人饮食种类的选择应该根据咀嚼、消化能力及身体状况分为普通饮食、软质饮食、半流质饮食和流质饮食四种，多选择对老年人有益的饮品如白开水、豆浆、酸奶、红葡萄酒、鲜榨果汁、绿茶等。根据病情选择适合老年人服用的高热量饮食、高蛋白饮食、低蛋白饮食、高纤维素饮食、低纤维素饮食、低盐饮食、低脂肪饮食、低胆固醇饮食、无盐（低钠）饮食等，使满足基本膳食的基础上，通过增加或减少某种营养素，促进老年人疾病的康复，延缓疾病的发展，避免或减少并发症的发生。

2．进食时间及频次

根据老年人生活习惯，合理安排进餐时间。一般早餐时间为早上 6～7 时，午餐时间为 11～12 时，晚餐时间为下午 5～7 时。老年人在保证一日三餐之外，可适当在晨起、餐间或睡前补充一些糕点、牛奶、饮料等，以适应老年人肝糖原储备减少及消化吸收能力降低等特点。

3．进食量和进食速度

老年人每天进食量应根据早中晚的活动量均衡分配到三餐中。主食"宜粗不宜细"、蛋白质宜"精"、脂肪宜"少"、维生素和无机盐应"充足"。适宜的进食量有利于维持正常的代谢活动，增强机体的免疫力，提高防病抗病的能力。老年人不宜进食过热的食物，食物以不烫嘴为宜，进食过冷容易伤脾胃，影响食物消化、吸收；进食过热的食物会烫伤抵抗力弱的口腔黏膜。老年人进食速度宜慢，有利于食物的消化和吸收，同时可预防在进食过程中发生呛咳或噎食等情况

4．进食方式的选择

根据老年人身体自理能力的不同、并结合其身体状况、疾病特点，老年人进食方式可采用自理进食、协助（半自理）进食、喂食或鼻饲管喂食等方法。其中，鼻饲是将导管经鼻腔插入胃内，从管内灌注流质食物、水分和药物的方法，其主要目的是为不能经口进食的老年人从胃管注入流质食物等以维持生命。鼻饲法多用于意识障碍、痴呆不能由口进食的老年人；因脑血管意外导致经口进食困难或进食后严重呛咳的老年人及其他原因引起的进食困难的老年人。鼻饲饮食种类可分为混合奶、匀浆混合奶和要素饮食三类。

5．进食体位的选择

老年人进食体位是根据老年人自理程度及病情，采取适宜的进食姿势使利于进食，增进食欲和进食量，同时避免因不良体位引发的呛咳、误吸、噎食、窒息等意外。若老年人可完全自理或上肢功能较好时，尽量采用坐位进食；若病情危重或卧床时，应避免平卧位，采用半卧位，头偏一侧进食，避免呛咳等意外发生。

6．协助老年人进餐注意事项

① 食物温度适宜。食物温度太高会发生烫伤；温度太低则会引起胃部不适。
② 老年人进餐后不宜立即平卧，以防止食物反流。
③ 对于咀嚼或吞咽困难的老年人，可将食物打碎成糊状，再协助进食。
④ 老年人进食中发生呛咳、噎食等现象，立即急救处理并通知医护人员或家属。
⑤ 开水晾温后再递交到老年人手中或进行喂水，防止发生烫伤。
⑥ 老年人饮水后不能立即平卧，防止反流发生呛咳、误吸。
⑦ 对不能自理的老年人每日分次定时喂水。
⑧ 流质治疗饮食可使用瓶装或袋装塑封，防止污染。

（五）排泄护理照料

排泄是维持生命的必要条件。人体只有通过排泄才能将机体新陈代谢的产物及废物排出体外，维持身体内环境的协调平衡。老年人自理能力下降，机体功能减弱或疾病等原因均可导致老年人排泄功能障碍。护理员根据老年人身体状况，应协助其采取适宜的排泄体位、方法，以减轻老年人排泄时的不便和痛苦。

排泄是机体将新陈代谢的产物与机体不需要或过剩的物质排出体外的生理活动过程。排泄途径有皮肤、呼吸道、消化道及泌尿道，而消化道和泌尿道是最主要的排泄途径，即排便和排尿。老年人排泄异常通常表现为便秘、粪便嵌顿、腹泻、排便失禁、肠胀气。排尿异常分为尿失禁和尿潴留。排泄异常的护理通常需要先了解病因，便于进行针对性护理，进行膳食调整、补水、根据身体情况适量增加活动量，保持私处清洁等工作，促进恢复，严重时可采用缓泻法、灌肠法或口服补盐液、静脉滴注补充水电解质等方法协助排便。排泄护理技能要求包括帮助卧床老人使用便盆及尿壶排泄、为老年人更换尿垫和纸尿裤、采集老年人二便标本、使用开塞露辅助老年人排便、协助老年人呕吐时变换体位等。

（六）压疮预防照料

卧床的老年人最易出现的皮肤问题就是压疮。绝大多数压疮是可以预防的，护理员在工作中做到勤为老年人翻身，保持皮肤清洁，勤更换内衣及被褥，避免局部长时间受压，严格交接老年人皮肤情况，认真执行护理措施，就可以很大程度减少压疮的发生。目前市场上用于预防压疮的产品有压疮垫、楔形垫、软枕和透明膜等。

预防压疮应着重观察卧床老年人的如下情况：重点查看骨突出和受压部位的皮肤情况，如有无潮湿、水疱、破溃、感染，压红及压红消退时间；了解老年人皮肤情况，如弹性、温度、颜色等；了解老年人躯体活动能力，如有无肢体活动障碍、意识状态等；了解老年人全身状态，如发热、消瘦或肥胖、昏迷或躁动、两便失禁、水肿等。根据以上观察要点评估老年人发生压疮的危险因素，有将发或已发的老年人采用定时被动变换体位，每2小时一次。遇受压皮肤解除压力30分钟后，压红不消者缩短翻身时间。建议长期卧床的老年人采用充气床垫，对骨突出皮肤减压时，可使用透明贴膜保护。日常应做好私处清洁，肛周涂油剂保护；饮食应少食多餐，采用高热量、高蛋白、高纤维素、高矿物质，增强机体及皮肤的抵抗力。

第二节　精神慰藉内容及操作基本要求

虽然随着年龄的增长，老年人会出现一些正常的心理变化，但是由于老年人生理机能的衰退，以及离退休、空巢、丧偶等各类生活事件的冲击，可能出现一些异常的心理变化。主要涉及以下几个方面的精神慰藉。

一、精神慰藉内容

1. 招募心理慰藉志愿者

社区空巢老人的儿女常年不在身边,他们的生活比较枯燥,身边缺少说话的人。在社区招募有心理学知识的志愿者,定期为空巢老人提供心理慰藉服务,如电话问候、上门慰问、为老人读报、陪老人聊天等,帮助老人解开心结、快乐生活。

2. 定期陪老年人聊天

志愿者定期上门探访交流,与老年人建立融洽关系,排解老年人的孤单,给予他们更多关爱。主动了解老年人的基本需求,同时检查老年人家中的安全隐患。在了解老年人的需求之后,定期向社区反馈老人的基本生活情况。

3. 节日慰问活动

对于空巢、独居老人而言,越是节日越觉得寂寞。在春节、元宵节、端午节、中秋节、重阳节等节日,到老年人家中开展慰问活动。比如在端午节,组织空巢老人一起包粽子;在中秋节,组织空巢老人一起吃月饼。在慰问活动中,志愿者与老年人一起交流,使老年人感受到社区的关怀,能够重新认识自我,保持生命活力。

4. 举办社区敬老活动

为老年人过生日,为老人们表演文艺节目,给老人们送上自制生日贺卡、鲜花,给老人们吃生日蛋糕和长寿面。为老年人表演节目,组织社区文艺表演队伍为社区及敬老院的老年人表演唱歌、舞蹈、小品、健身操等节目。为老年人庆祝金婚,为社区中50年以上婚龄的老人举办金婚庆典,在庆典上,金婚老人为彼此戴上戒指、喝交杯酒、为老伴送上鲜花。开展社区寿星孝星评选,请寿星向大家分享他们的长寿秘诀,比如积极健康的心态、愉悦身心的兴趣爱好、科学搭配的膳食、有规律的生活作息等。为老年人完成微心愿,对经济困难的空巢老人,争取和整合社会资源为其完成"微心愿",即提供量身定制的"圆梦服务",比如拍婚纱照、外出郊游、与远方亲人视频连线等。

5. 社区老年人心理辅导

建立与老年人的信任关系,倾听老年人诉说内心苦闷,为老年人讲解心理健康和保健知识,缓解老年人因身体疾患而产生的情绪问题,与老年人建立初步信任关系。进行老年人心理知识培训,重点对离退休综合征、更年期综合征、老年人消极心理(孤独、空虚、抑郁、焦虑、自卑等)、婆媳关系处理、面对死亡等心理问题进行培训。进行老年人个案辅导,由心理咨询师运用陪伴、尊重、理解和共情等心理咨询技巧,引导老人说出内心压抑已久的话,帮助其宣泄情绪。开展老年人团体辅导,针对老年人的心理特点,设计团体辅导方案,帮助老人之间建立信任关系。

6. 记录社区老年人人生故事

撰写老年人人生回忆录,回忆录详细记录老人当年的风采,并将制作好的回忆录交到老人手中,为他们当面解读回忆录。举办老年人人生故事分享会,引导老年人一起回忆往昔,一起倾听、倾诉,在此过程中,大家彼此安慰、互相鼓励。通过互相分享,提升老年人的社交积极性、自信心和生活幸福感，能够欣赏自我、树立正面的自我形象，减轻老年人的孤独感和无用感。

7．社区老年人照片拍摄

为高龄老人拍摄个人照，在拍照前先与老人沟通、聊天，让他们充分放松，再及时进行抓拍；为老年人建立个人影像库，配以文字说明；在拍摄之后，举办社区老年人照片展。为老年人拍摄全家福，为社区中三世同堂或四世同堂的家庭免费拍摄全家福照片，为家庭天伦之乐的时光留下珍贵纪念。为金婚老人拍摄婚纱照，联系专业摄影师为金婚夫妇拍摄婚纱照，为老人们留下珍贵的照片。拍完照片后，把照片做成年历或相册，作为礼物赠送给金婚老人。

8．社区老年人婚姻介绍

在社区开设老年人婚姻介绍所，举办老人婚恋交友活动。对丧偶老人，理解并支持他们正当的心理需求，鼓励他们再婚。在社会工作者的支持下，为丧偶老人牵线搭桥，重组温馨家庭，缓解老人晚年的孤独感和失落感。

9．其他重点老年群体心理服务

帮助刚刚退休的老年人适应社区生活，为这些老年人提供心理疏导服务，为他们搭建交流平台、组织各种形式的文体娱乐活动。帮助外地老年人融入社区，组织外地老人参加文体娱乐活动，参加语言交流、礼仪知识、法律维权等方面学习，搭建起老人之间沟通、交流的平台。为有自杀倾向老人进行心理服务，促使其恢复心理健康，降低抑郁情绪复发率，提高晚年生活质量。为临终老人提供心灵呵护，社会工作者为临终老人进行心灵呵护，心理疏导能减轻老人的心里痛苦和恐惧，促使其由消极的应对方式转变为积极的应对方式，改善临终老人的心理状态。

二、特殊群体的精神慰藉

（一）老年抑郁

1．抑郁症的症状

抑郁是一种感到无力应付外界压力而产生的消极情绪。有抑郁症的老年人约占老年人总数的7%～10%；尤其在患有躯体疾病的老年人中，其发生率可达50%。随着人均寿命的延长和老年性疾病发病率逐渐增高，抑郁的老年人数量也相应增高，严重危害了老年人的身心健康。抑郁的老年人常表现为情绪低落、兴趣丧失、思维迟缓、记忆力减退、失眠、食欲减退、体重减轻等一系列症状。

（1）情绪低落　情绪低落是抑郁的最典型表现。抑郁的老年人终日愁眉苦脸，对外界失去兴趣，体验不到快乐，不愿活动。在抑郁情绪支配下，抑郁的老年人往往自我贬低和自我谴责，认为自己什么都没做好，谁都对不起，会把一丁点儿大的小事夸大成不可饶恕的错误，不断责备自己。同时，抑郁的老年人有明显的自卑感，认为别人看不起他、讨厌他、鄙视他，甚至因厌世而产生自杀的念头。

（2）思维迟缓　抑郁的老年人思维活动受到抑制，不能将注意力专注于某件事情，自己感到记忆力明显下降，脑子变得迟钝，甚至连很简单的问题都难以解决。因此，抑郁的老年人往往认为自己不中用了，更增加了自卑和自责情绪。

（3）躯体症状　多数抑郁的老年人会产生一系列生理上的不适症状，包括全身乏力、失眠、食欲减退、便秘、体重减轻等。有些老年人感到胸闷、头疼、背痛、胃痛等，疑心自己患上了多种疾病。

2．与抑郁症老人沟通的注意事项

（1）避免使用刺激性语言　有些抑郁的老年人对外界的刺激性语言比较敏感，反而会加重抑郁情绪。因此，测评过程中，避免直接使用"抑郁"等刺激性的语言。

（2）不要强迫老年人回答问题　在测评过程中，如果老年人出现强烈的情绪反应，出现哽咽、哭泣等情况，不要机械地继续询问问题，可暂停一会，递给老年人纸巾，通过抚摸等动作给予安慰，待其情绪稍微平复后，再接着进行测评，或者另外安排其他时间进行测评。

（3）尽可能引导老年人倾诉自己的感受　在询问抑郁的原因时，尽可能采用开放式的问题，鼓励和引导老年人倾诉自己的内心感受。在倾听过程中，要表现出专心的态度，并适时通过目光、点头、握老年人的手、递纸巾等动作，表达对老年人的关心。

（4）正确的情绪疏导

① 做好与其他专业人员的沟通。在制定心理疏导方案时，应与社会工作者、护士等专业人员进行沟通，在共同商讨的条件下，制定心理疏导方案。必要时，求助于社会工作者的协助。

② 尊重老年人自己的意愿。心理疏导方案应尽量与老年人达成一致意见。每次心理疏导前，应征得老年人的同意；在心理疏导过程中，如果老年人出现情绪过于激动的情况，应适时终止。

③ 营造无拘束的环境氛围。进行心理疏导时，应注意环境的舒适、安静、温馨和私密性，尽量营造无拘束的环境氛围，让老年人感到安心和舒适。

④ 语言和非语言疏导技巧的运用。在进行心理疏导的过程中，应结合老年人的个性特征及特定情境，恰当地运用各种语言和非语言疏导技巧，尤其是使用肢体触摸等沟通技巧，但要注意慎重使用。

⑤ 注意保护老年人的隐私。有些老年人认为抑郁是一件不光彩的事情，因此，要注意保护老年人的隐私。每次进行心理疏导时，注意环境的私密性，并对相关资料做好保密工作。

（二）老年痴呆

1．老年痴呆的症状

老年痴呆的早期症状表现多样，个体差异很大，主要表现在以下几个方面。但是需要注意，并非所有的痴呆老年人同时存在以下症状，通常以2～3个症状为主。

（1）记忆力下降　记忆力下降是痴呆老年人早期最常见的症状之一。在痴呆的早期，记忆力下降主要表现为近事遗忘严重，常常丢三落四，刚放下电话就忘了是谁打来的，买东西时常常付完钱后把东西遗忘在市场，见到老朋友想不出名字，即使提醒也想不起来，而且记忆力的下降明显影响到日常生活，这是痴呆与"健忘"的关键区别。

（2）定向力障碍　在疾病早期，痴呆老年人表现为对时间的观念差，有些老年人分不清目前的年份、月份和日期；在陌生的地方容易有迷失感，甚至迷路。随着病情加重，痴呆老年人逐渐分不清季节，不能辨认白天和黑夜；外出迷路，甚至走失；逐渐不认识朋友、家人。到疾病晚期，连镜子中的自己也认不出来。

（3）语言能力受损　　在疾病早期，有些痴呆老年人出现说话忘词、叫不出常用物品名称的症状。例如，手里拿着牙刷，知道这是刷牙用的，也会使用牙刷来刷牙，但是说不出"牙刷"这个名称。

（4）判断力下降　　在疾病早期，痴呆老年人的判断力出现下降。在日常生活中，有些老年人表现为不知根据天气的冷暖增减衣物，还有些老年人变得容易受骗，买一大堆无用的保健产品等。

（5）抽象思维能力下降　　有些痴呆老年人在疾病早期就出现抽象思维能力的障碍。例如，有些老年人对数的概念变得模糊，分不清钱款的数额。

（6）难以完成熟悉的工作　　在疾病早期，痴呆老年人表现为难以完成平日胜任的工作。

（7）性格改变　　在疾病早期，有些老年人的性格发生明显变化，变得多疑、自私、爱抱怨、缺乏主动性、对人不热情等，甚至有些老年人跟孙子女争宠，抱怨子女对自己照顾不周等。

（8）情绪波动　　有些老年人在痴呆早期出现抑郁症状，因此容易被误诊为抑郁症。还有些老年人变得容易紧张，因为一点儿小事而坐立不安；情绪不稳定，容易波动，动不动就发脾气或泪流满面。

2．帮助预防老年痴呆的方法

（1）养成规律的生活习惯　　养成规律的生活习惯，如制定切实可行的作息时间表，保证充足的睡眠，养成规律、合理的饮食习惯，戒除有害健康的不良嗜好，选择适合自己的运动形式，从而建立健康的生活方式。

（2）遵循"用进废退"的用脑原则　　大脑使用越少，衰老也就越快。因此，老年人要遵循"用进废退"的用脑原则，坚持合理用脑。尤其是退休后，老年人应继续学习新知识，坚持读书、看报并养成思考和与人讨论的习惯。一方面，学习可以促进大脑的活动，延缓记忆力的衰退；另一方面，学习可更新知识，有助于老年人更好地适应社会发展过程中不断出现的新事物。

（3）回归社会、发挥潜能　　社会疏远老年人、老年人退出社会，是老年人产生心理问题的重要原因。对退休的老年人，如果身体状况允许，又有一技之长，应积极寻找机会，做一些力所能及的事情，使自己的经验、知识和技能在新环境下得到发挥。一方面发挥潜能，为社会继续作贡献，实现自我价值；另一方面使自己精神上有所寄托，充实退休后生活。

（4）培养爱好、保持社交　　老年人应保持或培养自己的爱好，以丰富自己的生活。许多老年人在退休前已有业余爱好，退休后可利用闲暇时间充分享受这一乐趣；对退休前没有特殊爱好的老年人，护理员应指导他们有意识地培养一些爱好，以丰富和充实自己的生活。

（5）知足常乐、善于调控情绪　　"笑一笑十年少，愁一愁白了头"等俗语说明了乐观的情绪对健康的重要性。随着年龄增长，老年人的生理和心理机能都会出现一定程度的老化迹象，老年人应做到知足常乐、安享晚年，用知足品味人生，善于感知生活中的乐趣，学习调节情绪的方法。

（6）必要时需要专业人士进行正确的危机干预　　老年痴呆患者在患病初期容易陷入抑郁

症，老年痴呆照护者疲于24h不间断看护，身心长期承受巨大压力，容易陷入抑郁焦虑症。在发现心理危机时，需要即时咨询专业人士结合心理急救、松弛技术、心理晤谈等方式进行正确的心理干预。

（三）临终护理

临终护理为临终关怀的一部分，临终关怀是近代医学领域中新兴的一门边缘性交叉学科，是社会的需求和人类文明发展的标志。就世界范围而言，它的出现只有二三十年的时间。临终关怀并非是一种治愈疗法，而是指对生存时间有限（6个月或更少）的临终老年人进行适当的（在医院或家庭）医疗及护理，以减轻其疾病的症状、延缓疾病发展的医疗护理。临终关怀的护理核心是"关心"，其目的是尽最大努力、最大限度地减轻临终老年人的痛苦，缓和其面对死亡的恐惧与不安，维护其尊严、提高尚存的生命质量，使临终老年人处于亲切、温馨的环境中离开世界。临终关怀不追求猛烈的、可能给病人增添痛苦的、或无意义的治疗，但要求医务人员以熟练的业务和良好的服务来控制病人的症状。

临终护理可采用肢体语言为临终老年人提供慰藉支持，通过头、眼、颈、手、肘、臂、身、胯、足等人体部位的协调活动，采用仪表、面部表情、目光接触、姿态、手势、触摸等形象地表情达意。运用肢体语言给予老年人精神慰藉应做到尊重老年人；各种肢体语言可以同时使用，如与老年人交流时，可以一边用目光接触，一边用双手握住老年人的双手，以使老年人感到温暖。

临终老年人更需要其家属提供精神安慰支持。临床老年人的心理复杂，其家属也多因老年人的即将离开而哀伤，故而应采用聆听、陪伴、关怀的方法安慰临终老年人；对待其亲属应当满足家属照顾老人的需求，鼓励家属表达情感，指导家属对老年人的生活照料，营造家庭生活氛围，满足家属各项合理需求等，以便为临终老年人及其家属提供精神安慰支持。老人临终期间护理人员要富有爱心，尊重、理解老年人和家属的言行，注意保护老年人和家属的隐私，保持自身良好的心态和稳定的情绪。

三、社区老年人安全与权益维护

1．社区老年人居家安全服务

进行老年人居家安全知识宣传，向老年人宣传居家用电用气安全、防火、防抢盗、交通安全、防食物中毒、防烫伤、防锐器划伤等知识。进行老年人防跌倒宣传，对导致老年人跌倒的生理因素、认知因素、环境因素、药物因素等方面进行分析，从加强锻炼、合理用药、改善环境、辅助安全设施、防止骨质疏松等方面给予建议。进行老年人居家安全隐患排查，对厨房使用液化气情况、电器线路进行安全检查，当场指出房屋中存在的安全隐患。

2．社区老年人法律服务

开展老年人法律宣传咨询服务，通过普法讲座、法律知识小竞赛、户外法律宣传展、法律热线解答等方式，使老年人了解更多的法律知识。开展老年人法律援助，通过电话预约、网上预约、上门服务等方式为老年人提供法律援助。为有需求的老年人订立遗嘱或者遗赠抚养协议，为当事人代写法律文书。

3. 社区老年人防诈骗

成立防骗安全防护队，防骗安全防护队的志愿者随时关注小区内的情况，发现可疑人员后，及时联系社区居委会采取相应措施，以防老年人上当受骗。开展老年人预防金融诈骗服务，在社区开展预防金融诈骗知识讲座，提醒老年人在金融消费时注意安全，通过正确的渠道保障自己的资金安全。开展老年人预防电信诈骗服务，为老年人讲解电信诈骗的常见手段、特点和防范措施，提醒老年人防范电信诈骗要做到不轻信、不透露、不转账，提高自身的防范意识，防止上当受骗。

第三节 康复护理与医疗保健服务及基本要求

针对不同层次、不同内容的养老需求，提供有针对性的服务是社区居家养老服务的基本原则。马斯洛需求理论告诉我们，每一个老年人都有自己不同的需求目标和需求特点。作为居民信任的基础组织，社区应该对居家老人性格特点、不同需求等信息进行汇总，根据居家老人需求状况及特点对服务人员进行筛选，更好地有针对性地开展居家养老服务工作。

老年群体发病率高的特征，决定了"老有所医"成为老年人的主要社会需求。康复护理服务是老年人第一位的需求。通过医疗设施的需求与社区居家养老设施体系相对比，康复护理可以分为宏观和微观两大层面。

一、康复护理宏观层面

（一）提供社区医疗卫生服务

中国现有的医疗保健机构还不能完全满足老年群体"老有所医"的健康需求，所以要发展社区卫生服务，形成老年疾病预防、老年医疗保健和老年康复护理的三级网络，延长老年人寿命，提高老年人的生命质量。

在老年疾病预防方面，利用社区各种资源，开展各种老年人喜闻乐见的健康宣传教育，提高老年人疾病预防和控制的能力；为社区居家老人建立健康档案、提供居家老人疾病咨询和心理卫生指导。

在老年医疗保健方面，普及社区卫生保健中心，使老人在社区内就近接受医疗保健服务。开设"家庭病床"和"社区病床"，既可以方便老人就诊，还可以降低医疗费用。组织社区医护人员对居家老人的定点定人巡诊制度，使熟悉居家老人的社区医生不仅可以从病理角度行医，同时可以深入了解居家老人生病的心理因素。

在老年身体康复方面，建立社区卫生保健中心与上级医疗机构的转诊制度，为转诊下来的老年病人提供社区康复医疗服务，合理利用卫生资源，帮助居家老年病人节约医疗开支。

（二）提供社区康复护理服务

定期举办老龄健康讲座。利用社区"老年之家"等活动场所，邀请老龄康复护理专家，开展针对老年人需求的各种健康讲座，提高老年人对疾病的预防意识和能力。该任务主要由社区组织，市、区、街道三级政府支持，市、区卫生部门配合，同时鼓励社会力量参与。

完善社区卫生站的服务功能。上门服务或居家护理是居家养老人员接受社区卫生健康服务的重要方式，也是社区卫生站的主要职责。社区卫生站要完善老年人健康档案。

社区全科医生要建立巡视门诊制度；定期从大医院派医生到社区卫生站坐诊，方便老年人、特别是老年妇女看病；满足老年人合理的药品需求；更新社区卫生站的医疗器械。

拓展老年康复护理的运营方式。培育老年康复护理的准市场化运营方式，服务内容包括陪同看病服务、家庭病床、专业健康护理、急救服务、代办取药、体检和康复等。

贫困老年人的护理费由市、区、街道政府分担；其他老年人的护理需求采取市场化运作。建议国家人社部门、卫健部门出台有关政策，把家庭护理和家庭病床的费用纳入报销范畴。

二、康复微观层面

（一）具体服务内容

1. 群体康复

群体康复是指借助社区卫生和养老服务等公共服务场地设施，组织和指导3人及以上老年人群体开展肢体功能性康复训练。

2. 个体康复

个体康复是指由专业康复治疗（士）师上门为有康复需求的老年人提供被动运动、辅助运动的肢体功能性康复训练，以及保健性康复。

（二）服务要求

① 根据需求配备相应的康复器具。
② 项目设置需符合老年人的生理心理特点，群体康复有计划。
③ 个体康复由专业人员或在专业人员指导下按计划实施。
④ 告知老年人康复训练的目的及安全注意事项，量力而为。
⑤ 康复过程中注意观察老年人的身体情况，并予以记录、评估。
⑥ 康复过程中注意防跌、防过度，保护老年人安全。

三、社区老年人医疗保健健康服务

1. 建立家庭保健员志愿服务队

在社区成立一支家庭保健员志愿服务队，邀请医疗专家定期对社区家庭保健员志愿者进行老年疾病的业务培训，提高家庭保健员的专业水平。家庭保健员与社区的残疾、孤寡、空巢老人结成帮扶对子，对老年人进行慢性病防治知识和技能的指导，提高老年人的自我健康管理水平。

2. 社区老年人义诊体检活动

开展老年人体检活动，通过体检，老年人能够及时了解自己身体的状况，做到疾病早预防、早诊断、早治疗。开展老年人义诊活动，在"3·5"学雷锋日、"4·7"世界卫生日、"5·8"世界红十字日、"7·11"世界人口日、"12·5"世界志愿者日等纪念日，在社区人流密集地点或社区活动室开展针对老年人的义诊咨询活动。

3. 成立社区老年人病友之家

根据不同的病种成立"老年人病友之家"，如高血压、糖尿病、冠心病、脑血管疾病等四类慢病的病友之家。结合疾病特点，定期组织病友之家成员开展健康讲座、病友沙龙、联谊活动等。在活动中病友们能够互相沟通、信息共享，从而提高老年人的慢性病防治意识和疾病监控能力，提升老年人的生活质量。

4. 社区老年人健康讲座与指导

讲座内容可包括：听力健康、帕金森病预防、急救自救、肠道健康、雾霾天气下健康防护、阿尔茨海默病防治、心脑血管疾病防治、养生保健、高血压防治、白内障防治、膳食营养健康、糖尿病防治等。

5. 社区健康保健培训

老年人用药指导，为老年人提供用药知识的指导，减少老年人重复用药成本和不规范用药带来的风险，定期协助清理过期药品。安排老年照护人员培训，培训内容包括功能锻炼、用药指导、清洁卫生、生活护理、居家环境安全等方面。安排老年人家属护理知识培训，由于一些失能、半失能老人的家属缺乏护理知识，需要专门的护理知识培训。安排社工健康医疗和康复知识培训，使社工在服务老年人的时候，把科学的健康理念更好地传递给他们。

6. 陪同社区老年人就医

陪伴老年人就诊，在空巢老人、行动不便老人有就医需求时，经过预约，由志愿者协助提供交通工具，陪伴老人到医院挂号、缴费、就诊、检查、化验、取药，协助老人上下楼梯、推轮椅，解决老年人看病难的问题。协助老年人整理就医资料，志愿者协助老年人整理近期身体指标监测记录、服药记录单、患病情况等身体情况档案，方便老年人在就医时提高就医效率，降低就医时间成本。

7. 社区老年人健康评估监测及护理

为老年人健康评估建档，定期跟踪老年人的健康状况。上门健康监测服务，查实有无严重疾病及其并发症以及长期卧床后的压疮、感染、深静脉血栓等危险因素。进行老年人专业康复护理服务，派遣康复护理师上门为老年人提供运动、神经、语言等系统的康复服务。开展喘息服务，通过提供短时间的代为照顾服务，使老年人的家庭成员能够得到一定时间的喘息放松机会。

8. 社区老年人医疗健康应急救助

根据社区空巢老人的分布、规模和日常应急救助需求等情况，组织招募一支由热心居民组成的社区医疗健康应急救助志愿者队伍；开设社区24小时志愿服务热线电话，进行突发性疾病和事故的应急救助。

第四节　老年活动策划与实施及基本要求

提高老年人生活质量，让老年人享受舒适安全、高质量的社区服务，是加强社会主义精神文明建设的需要，也是国家对养老事业提出的新的要求。完善的社会化居家养老服务应该包括衣食住行、医疗保健、学习教育、健身娱乐、情感慰藉、法律咨询、生活援助、参与社会等多项服务，而不是单一的养老。要满足和改善老年人对物质生活的特殊要求，更要不断满足和丰富老年人对精神文化生活的特殊需要。

一、老年活动策划的含义

老年活动策划实质上是一种计划活动。策划就是理性的规划或策略性的计划活动。但策划又不完全等同于计划活动，它不是一种简单的程序性的计划活动，它更多地强调计划的创意性、整合性、艺术性、趣味性和可持续性，最终的目的是让参与活动的老年人持续地获得心情的愉悦和身体的健康。

二、老年活动组织的含义

组织，指的是通过纵横交贯把分散的编制成幅的意思。老年活动组织的含义，包括以下四个方面：

一是老年活动组织工作是由一个共同目标作为贯穿轴心的，人们围绕并为达到此目标而协同活动，否则会是一盘散沙。

二是老年活动组织工作，包括不同层次的分工合作，而且这种分工合作是由不同层次的权利和责任制度加以保证的。

三是老年活动组织的功能，在于协调人们为达到老年服务工作共同目标而进行的活动。

四是老年活动组织工作是老年服务工作的一项最基本、最经常的工作。因此，组织工作能力的强弱，被视为单位考察老年服务专业人员最重要的工作能力之一。

老年服务专业人员的组织能力，主要表现为计划能力、协调能力、组织指挥能力。

三、老年活动策划与组织的基本要求

（一）从价值观上尊敬老人

活动组织者要认真反思自己的价值观，学习老年学的理论，改变社会对老年人的偏见和歧视，比如认为老年人只能消极地适应生活，老朽、昏庸、无能，是社会和家庭的负担等。首先要从观念上接纳并尊敬老人，真心提供帮助去改善老年人的生存环境，提高他们的生活质量。

（二）热爱老年活动

活动组织者要真正热爱老年群体，甘愿付出，乐于组织和参与老年活动。不少活动组织者组织活动时很有条理，讲解也很清晰，但唯独缺少了热情、热爱。组织者对活动的热爱能对老年人产生很强的感染力，令老年人感到带领者不是为了工作而工作，而是为了与老年人分享快乐。所以，组织者要将每一次活动都当作新的体验，除了让组员玩得高兴外，也要表现出自己与老年人共同分享活动的愉悦感。

（三）尊重老人的自决权

有些老人根本不想参加活动，他们可能不喜欢按部就班地跟陌生人或自己熟悉的人交往。他们不喜欢谈论彼此的感受或烦恼，对回忆往事或者学习新技能没什么兴趣，也不愿意结交新朋友或者探索早年未解决的冲突。尽管认识到这一点会让老年活动的组织者产生挫败感，但是老年人有权利这样做。尊重老人的尊严意味着尊重他们拒绝活动的权利。在老人参与活动时，有时需要老人自己做出决定，或者自己制订活动规则，这时工作者扮演的是协助者的角色，这样才能让老人有最大的收获。

（四）个别化原则

事实上，每一个老人都是独特的个体，切不可用某一固定的模式去要求他们。有些60岁的老人可能比30岁的年轻人在生理上更健康、在思想上更愿意接受新事物。一些老人健康、健谈且风趣幽默，欣然接受老之将至；一些老人则可能唠叨抱怨、心灰意冷。有的老人把生活安排得井然有序，有固定的生活目标，积极自修大学课程，参加各类活动；有的老人则终日无所事事。因此，应根据老人的个性特点和需要，组织不同种类、不同形式的活动。当然，也不能仅以参与活动的积极性来判断老年人对生活的满意程度，有些老年人不积极参加活动却很快乐。事实上，经济收入、生活方式、人际关系等都是影响老年人晚年幸福的重要因素。

四、老年活动策划与组织的实施

（一）活动筹划期

1．了解老年人参加活动的限制条件

① 身体健康状况不良。如果老人身体羸弱，出行不便，或者听力和言语表达有障碍，又不能配备助听器和助手，就不适宜参加活动。

② 有搅扰行为。有些老年人的认知水平欠佳，如患晚期失智或者有其他器质性疾病的老人，因为思维混乱或者不能正常与人交流，有严重行为问题（如游走症或谵妄症），参加活动的效果就不好。活动组织者可能无法掌控这些老人在活动过程中的行为举止，或者如果老人离开活动现场游荡到其他地方时，无法保证老人的安全。如果老人有严重的抑郁症，极

度退缩，或者正处于精神疾病发作期，思维或行为活跃，也不适宜参加活动。他们的行为举止对他人会形成干扰或威胁。

③ 处于危机干预期。如果老人正处于紧急的危机状况中，比如被诊断出患致命的疾病，或者刚刚失去了亲人、挚友，或者经历了创伤性事件，在这些情况下都不适宜参加集体活动。老人需要等创伤性事件带来的混乱情绪平复之后，才能摆脱眼前的痛苦，参与集体活动。

2．准备场地及设施

举办活动的地址选择至关重要，可能决定活动的成败。为老年人举办活动，尤其是特色活动、大型主题活动，如果经费许可，除了选择饭店、会议室、老年活动中心外，可以租用学校操场、幼儿园、学校、水族馆等场地，勾起老人的童年往事，开展怀旧主题活动；租用私人会所等，组织老人体验现代生活；租用时髦的老年服饰用品店，举行一场老人自己制作时装、秀时装的活动；租用艺术剧院、历史遗址、当地风景名胜区，让老人感受自然之美和历史气息。当然，在经费不允许、条件有限等情况下，可选择相对开阔的、无障碍的室内室外空间，但场所也不宜过于宽广，老年人不像青少年那样有很强的活跃性，要避免产生空荡荡的感觉。当然，场所也不能太小，因为老人可能坐着轮椅或者使用步行器、拐杖等，在足够大的空间内才能活动自如。

老人活动的地方一定要能方便如厕，并备有残疾人卫生间，要有休息区域。开展室内活动时，一定要事先检查每个地方，如座椅是否牢固，光线是否明亮，设备、电线电缆等是否阻碍通行等，尽量消除安全隐患。要确保消防出口、残疾人专用通道出入口安全通畅。如果老人视力和听力方面有损伤，那么宣传材料要尽可能色彩鲜艳、饱和度高、文字突出，条件许可的话，可为有需要的老人配备视听辅助器材，安排讲解人员。

3．安排活动时间

由于老年人时间相对宽裕，所以活动时间安排比较自由。为了保证活动效果，要避开酷暑和冰天雪地的日子，避开上下班高峰的时间段，同时要考虑到老人的生活安排和日常作息时间，尽量不打乱老人的常规生活。一般活动时间不宜过长，应控制在 1 小时以内，如果超过 1 小时，应安排中间休息，避免让老人感觉劳累。

（二）活动开展期

1．建立相互信赖的关系

这一原则是保证老年活动顺利开展的重要条件。与老年人接触时，只有那些持不批判态度并给予老人积极支持的活动组织者，才能与老人建立信赖关系。积极倾听是一种很好的沟通方法，包括专注于说话者的语言和非语言信息，如提问、复述、目光接触、赞许性的点头等。老年人从这种回应中得到安慰，使他们感到自己不再孤单，这样方能营造一种让老人主动参与活动的氛围。当然，对那些无此愿望的老人，不必强求。对于沉默寡言的老人，在初次交谈时可先聊一些与之有关的日常小事，让老人感到真诚的关心，然后慢慢深入话题。对于反复唠叨、说话啰唆的老人，可以在适当的时候提醒他或她，但语气要委婉，否则会使老年人感到自己令人讨厌、不受欢迎。除了耐心以外，活动组织者还需多鼓励老年人，对他们取得的任何一点小成绩都应及时、真诚地称赞和鼓励，以帮助他们树立、增强自信心。

2. 组织结构性活动

在一些活动中，可能需要一些道具来刺激老人，尤其是缅怀往事等专业的社工小组活动。方法之一是让小组成员带一些与过去生活有关的物件来参加活动。一件衣服、一段音乐、一张旧报纸、一些与特定历史阶段联系在一起的收藏品、公共事件的照片等，任何能刺激感官的物品都可能比语言更能激发老人的回忆。更具结构性的活动，可以是写家庭成员的传记、整理照片送给家庭成员、建族谱或者汇编家庭烹饪手册，这要视小组成员的能力和兴趣而定。也可以运用布衣拼贴、雕塑、绘画和其他的艺术形式来装扮老年人的房间。还可以组织增进老人与孙辈感情的"隔代亲——童趣养我心"的心理茶吧活动，运用布娃娃或动物玩偶等道具，请老人为孙辈选择一个最有代表性的玩偶，并说出原因，不仅增加了活动的乐趣，而且更容易表达亲情；品尝舒心快乐花茶（金盏花＋甘草＋安神菩提＋玫瑰），为成员养气解郁、舒畅心胸；选用节奏鲜明、优美动听的背景音乐，可使人产生愉悦感，起到调节情绪的作用。

3. 善用团体游戏

团体游戏是社会工作的一种技巧，它强调工作人员通过活动程序，先营造气氛，待成员较为熟悉后，才进一步了解他们对团体程序的看法及活动的兴趣。所以，在老年活动开始时，尤其是第一次聚会，先通过一两个热身游戏，在欢乐的氛围中让成员相互认识。在活动休息期和结束期，也可以用适当的游戏营造温暖愉快的气氛。活动的动力和互动情况取决于活动的目的和成员的身心健康状况。老年人是一个很特殊的群体，应尽可能设计一些以简单、易玩、好笑为主的游戏，不可太幼稚或捉弄人。

（三）活动结束期

精心设计离别活动。组织者可以拍一些活动现场的照片或和活动嘉宾的合影，把照片冲洗出来，放在镜框里，在活动结束时及时送给参与活动的老人。如果时间不够，可以在活动结束一周内制成活动纪念手册，邮寄或亲自登门拜访送给老人，这样会给老人留下最温馨充实的活动回忆。做好活动评估。活动结束前，可以多与老人交谈，了解其感受，聊聊活动的收获、对活动的意见和建议等。同时，与活动的主办方、承办方、活动所在社区（单位）等充分沟通，对活动的过程、结果进行评价，以便总结经验教训。

―――| 典型案例1 |―――

李爷爷是一个鳏寡老人，以前他的性格非常孤僻，也不愿意跟人接触，经常会拨打110电话，说家里面有声音，还觉得楼上有动静，其实楼上并没有人；他还经常半夜睡不着觉给物业打电话，这样导致物业对这名老头儿也比较反感。但是直到有一天社区社会工作者走进他家门，经过几次沟通，工作者发现其实老李是一个很可爱的老头儿。他曾经是名军人，还有很多故事，但是因为常年没有联系到自己的朋友和其他的亲人，所以人变得越来越孤僻。社区社会工作者帮他找到了他的一名战友，还教他用手机上网微信聊天。慢慢地他的性格变得开朗多了，通过微信跟自己的老战友建立微信群，他们经常在一起聊天，还经常视频电话。现在老李在社区里面也变得活跃多了，见人也愿意说话了。

案例简析：

该案例中的李爷爷从一些反常规的行为到性格变得开朗，到变成一些活动的积极参与者，这种变化来源于社区工作者相关活动的开展，让李爷爷有了新的兴趣、有了生活的信心、有了社会参与的愿望。

典型案例 2

102岁的麦爷爷独居在天河南街，身体条件不错。子女为他聘请了一个保姆照顾日常饮食、家庭卫生、为老人洗衣洗澡等，每月费用近4000元。爷爷的儿子麦先生介绍，日常生活照料通过自费聘请保姆已很好地解决了，但对老人来说，因为年纪大，他腿脚不方便出门，更缺乏的是精神生活。今年年初，天河南社区居家养老服务综合服务中心开始为老人提供居家养老服务，每周都会有服务人员上门陪老人聊天、玩游戏、简单的医疗检测、艾灸等中医康复服务。承接天河社区居家养老综合服务中心养老服务项目的是广州慈爱嘉养老服务中心。该中心服务人员郑夏芸介绍："100多岁的麦爷爷身体并没有大碍，就是年龄增大，有一些慢性病，同时上下楼不方便，缺乏陪伴交流等。我们每次上门都会带上康复师、护士，每周一次了解老人的身体状况，和老人交流。老人年纪大，多少会伴随一些大脑功能的退化，服务人员也会和他玩一些游戏，加强感知。"每周上门一次，一次两小时。看到服务人员上门服务，麦爷爷会表现出特别高兴、礼貌，和服务人员交流也很开心。

案例简析：

麦爷爷作为一名百岁高龄老人需要日常生活照料服务，更需要精神慰藉服务，特别需要一些谈心聊天服务活动的开展。老有所养更要老有所乐，关键在于需要服务方了解并把握老年人的需求并有效组织策划开展一些活动。

延展阅读

教老年人使用拐杖和轮椅

康复护理是养老护理的重要组成部分，是护理员为达到全面康复的目的，与其他康复专业人员共同协作，对残疾者、老年病、慢性病且伴有功能障碍者进行的符合康复医学要求的专门护理和各种专门的功能训练，以预防残疾的发生、发展及继发性残疾，减轻残疾的影响，以达到最大限度的康复并使之重返社会。康复护理的目的主要是使护理员能掌握基础的康复医学知识，使之在工作过程中能够指导、协助老年人进行针对性的康复训练。老年人的康乐活动和老年人活动保护，要求护理员能够带领老年人开展手工、文体娱乐活动，教会老年人正确使用拐杖，能使用轮椅、平车等器具转运搬移老年人。

1. 教老年人使用拐杖

步骤1　工作准备

① 环境准备。环境宽敞，地面平坦，无积水。

② 护理员准备。着装整洁，全面了解老年人身高、体重、年龄、疾病诊断、病情及进展情况。与家属充分沟通，了解老年人已往的拐杖使用情况、活动能力、活动时间等。护理员掌握拐杖的操作。

③ 老年人准备。有行走的意愿，身体状况允许，着装合体，鞋子防滑。

④ 物品准备。拐杖完好，适合老人使用。

步骤 2　检查拐杖

在使用拐杖前，护理员先教会老年人检查拐杖是否完好，内容包括把手有无松动，拐杖与地面接触的橡胶垫是否完好，调节高度的按钮是否锁紧等。

步骤 3　保护行走

① 护理员指导老年人使用拐杖时手握住把手，拐杖放在脚的前外侧，目视前方，保持身体直立行走。

② 看护老年人自己行走，与其保持适当的距离，在必要时给予帮助。

③ 老年人无偏瘫时护理员应站在道路侧陪同行走，老年人偏瘫时护理员应站在偏瘫肢体侧陪同行走，行走时护理员可以拉住老年人的腰带或特制的保护腰带防止老年人跌倒。

④ 在行走过程中，护理员要观察有无妨碍行走的障物，及时清理。观察老年人有无出汗、呼吸急促、心慌等异常情况，询问老年人的感受，如果老年人感到疲劳应立刻休息。

步骤 4　反馈

行走结束，护理员向老年人了解使用拐杖行走的感受，使用中存在的问题，以便解决问题，给予指导。

2. 使用轮椅转运老年人

步骤 1　工作准备

① 环境准备。环境整洁宽敞，无障碍物。

② 护理员准备。着装整洁，了解老年人的身体状况和轮椅使用的情况，老年人的活动能力、活动时间及注意事项。掌握轮椅的操作原理。

③ 老年人准备。身体状况允许，愿意配合，着装合体，鞋子防滑。

④ 物品准备。选择适合老年人的轮椅。轮椅的轮胎气压充足，刹车制动良好，轮椅完好备用，必要时备毛毯。

步骤 2　固定轮椅

护理员打开轮椅，固定轮椅刹车。协助老年人穿好衣服。

步骤 3　坐入轮椅

① 护理员向老年人解释即将开始的转移过程，取得老年人的配合。

② 搀扶或抱起老年人坐在轮椅上双手扶稳扶手，为老年人系好安全带，将双脚放于脚踏板上，松开刹车平稳行进。

步骤 4　转运

遇到障碍物或拐弯时，护理员要态度和蔼地提示老年人。下坡时采用倒车推行法，上台阶、电梯，要先翘起前轮，再抬起后轮。在轮椅转运过程中，如观察到老年人身体不适，应就近休息，通知医护人员。

步骤 5　反馈

转运结束，护理员向老年人询问坐轮椅的感受，有无不适，以便改进操作方法。

第七章 社区居家养老服务安全预防

社区居家养老服务同样要求以老人为本，安全第一，没有安全就没有一切，在开展社区居家养老服务时需要做好安全预防，防止或降低意外事故发生。

第一节 社区居家养老服务安全必备知识和技能

社区居家养老服务安全知识有很多，作为开展服务的运营商需要认真学习相关知识和技能，以提高服务水平，预防安全事故发生。

一、社区居家养老服务安全必备知识

（一）养老服务安全概述

1. 养老服务安全的概念

养老服务安全是指老年人在接受养老服务过程中，无并发症、差错、事故及纠纷，不发

生法律和规章制度允许范围以外的心理、机体结构或功能上的损害、障碍、缺陷或死亡。养老服务安全是养老服务高质量的基础，是优质养老服务的关键。养老服务安全管理是指运用技术、教育、管理三大对策，采取有效措施，把隐患消灭在萌芽状态，把差错事故减少到最低限度，防范意外，创造安全高效的养老服务环境，确保老人安全。

2．养老服务安全的意义

安全是人最基本的需求之一，安全对于人类来说极为重要。美国著名的学者马斯洛对人需要层次论的五种需要排列为"生理需要、安全需要、归属与爱的需要、尊重需要和自我实现需要"，这就是说人类在求得生存的基础上，接下来的就是谋求安全的需要，可见"安全"对于人来说是何等的重要。安全，顾名思义就是没有危险，不受威胁，不出事故。随着社会的发展，老年人及其家属的自我保护意识、法制意识等逐渐提高，养老服务安全问题已经成为养老服务管理工作中非常重要的一项工作。养老服务安全管理是养老服务工作的重点，是提高养老服务管理水平的关键所在，是反映养老服务质量高低的重要标志。

3．养老服务安全的影响因素

（1）养老服务人员因素

① 养老服务人员素质。包括养老服务人员政治思想素质、职业道德素质、业务素质等。当这些素质不能满足养老服务职业的需求时，比如养老服务人员高年龄、低文化程度或岗位责任意识淡薄，工作懈怠，不遵守工作制度，不按操作流程办事等，就有可能造成在言语交流上、服务技能上、服务行为上的不当，给老年人的身心造成不良后果。

② 养老服务专业技术因素。养老服务人员业务知识欠缺、技术水平低，不熟悉或违反操作常规、养老服务经验不足、应急处置能力低下等，都会对老年人的安全构成威胁。

③ 工作责任心不强。体现在工作作风粗疏，态度不严谨，工作不细致、不到位，对工作缺乏主动性，对潜在危险缺少预见性，会导致安全事故的发生，如烦躁老年人发生坠床或长期卧床老年人发生压疮等。

④ 沟通不畅。养老服务人员服务意识淡漠，无"以老人为本"的理念，不善于与老年人、家属沟通，或沟通缺乏技巧，只为完成工作而工作，不顾及老年人的感受。

（2）环境因素

① 社区居家环境的基础设施、物品配备和布局不当也是潜在的不安全因素，如地面过滑，床高度不适，光线不足，走廊无扶手等造成跌伤。

② 社会环境如老人的经济状况、家庭及社会对患者的关心度等对患者情绪的影响。

（3）管理因素

① 安全意识不强。法律意识强化培训欠缺造成养老服务人员法律意识淡薄、安全防范意识不强，致使意识不到存在安全隐患或发现不了潜在的安全隐患。

② 制度、规程落实不到位。制度一般指要求大家共同遵守的办事规程或行动准则。如有制度、有规程，但落实不到位，使制定的制度起不到标准的作用，起不到约束行为的作用，成了一纸空文，则差错的出现是必然的。

③ 对专业理论、技术训练重视不够。过硬的专业理论和技术是保证为老年人提供优质养老服务的前提。随着社会的发展，生活水平的提高，人们对养老服务的要求也随之提高，新的养老服务理论和技能的推出要求养老服务人员不断更新知识、提高技能，若守着旧知识

或满足于现状缺少不断学习、提高知识技能的意识，即使是提供了服务，结果也得不到老年人、家属、社会的认可。

④ 管理不力、要求不严、检查不够。管理者的检查考核是确保养老服务制度有效落实的前提，也是发现问题、纠正问题、持续改进的重要举措。管理者一旦放松管理，或任凭养老服务人员随意操作，或不检查不考核，或即使发现了问题也不指出，听之任之，一团和气，其结果是老年人不安全的事件将会随之而来。

⑤ 养老服务人员数量配备不足。在社会福利事业不断发展的今天，老年人、家属、社会对社会福利养老服务专业人员的工作要求越来越高，如人员配备不足，会造成养老服务人员的超负荷工作，身心处于疲劳状态，影响安全养老服务。

(4) 老年人自身因素

① 生理功能的减退。随着年龄的增长，老年人可因生理上的老化，机体储备力减低，代偿能力差，对外界环境的适应能力及抗病能力下降，易发生多种疾病和意外事件。如视听力功能的改变而出现视力低下，不同程度的听力障碍；温觉的改变导致对温度的敏感性下降；各系统功能的生理性下降导致易患上呼吸道感染、吞咽困难或易呛咳、排泄不畅、肌肉动作反应迟钝、平稳功能差等。

② 病理性老化。在生理性老化的基础上，因长期的生活习惯、动脉硬化等因素，而导致躯体多种慢性疾病的发生：如高血压、冠心病、糖尿病、慢性支气管炎等；或有跌倒史，患有肌肉疾病等。

③ 心理变化。老年人的孤独不安、多猜多疑、失落空虚、沟通障碍易导致老年人出现焦虑、恐惧、怀疑他人等症状，同时不服老的心态易导致老年人感觉什么事都能自己做，造成损伤、跌倒等意外事件发生的概率增加。

④ 老年人的消极态度。受长期慢性疾病的折磨及因沟通障碍导致与世隔绝的孤独或因突发的疾病在心理上承受不了等，导致了老年人的消极举动。轻者出现消极的言语，严重者可导致消极的行动，如自伤、自杀等意外。

⑤ 对疾病缺乏正确的认识。如患者缺乏医疗常识，对自身疾病认识不充分，不配合治疗与养老服务，不按医嘱服药、控制饮食、戒烟戒酒、定期复查等。

4. 养老服务安全的基本原则

(1) 预防为主原则　养老服务的工作宗旨是为老年人提供安全、舒适的养老服务。进行养老服务安全管理不是处理已发生的意外或事故，而是对易发生意外的相关因素采取预防措施。在养老服务管理活动中，要明确责任、落实制度、经常检查，及时发现不安全因素，要以预防为主，消除各种安全隐患，保证老年人、养老服务人员的安全。

(2) 双管齐下原则　所谓双管齐下就是管养老服务的同时管养老服务安全。养老服务管理者要明确自己的业务管辖范围及管理责任，安排工作时除考虑交办工作的完成外更要考虑老年人的安全；养老服务人员应明确各自承担的责任，在掌握养老服务工作制度及各养老服务操作流程要求的基础上按制度和规程办事，在提供服务期间时时、处处、事事以老年人的安全为出发点，将安全贯彻于每一个操作环节中。

(3) 安全动态管理原则　安全动态管理体现在全员参与、全过程落实、全方位开展、全天候实施各个方面。缺乏养老服务人员的全员参与，就不会有好的养老服务管理效果；只抓住养老服务过程的某一事、某一点，全面的养老服务安全就不能确保；只片面地考虑养老服务流程，缺乏考虑老年人的个体差异，养老服务安全就不全面；只注重白天老年人的日常照料需求，缺乏夜间的巡视观察，养老服务安全就不能确保。安全管理是一种动态变化的管理，在管理过程中营造集体责任文化，使养老服务安全管理不断地上升到新的高度。

（4）安全管理重在控制原则　养老服务安全管理是一个动态的过程，每个过程都需要养老服务管理者和养老服务人员齐心协作去完成，对服务中可能的不安全的人、物、环境等因素进行检查并控制，是确保养老服务安全的基础。要不断总结管理经验及有效的监控方法，努力将能造成意外事件发生的苗头控制在萌芽状态。

（二）老年人常见的安全问题

老年人常见的安全问题有跌倒、坠床、走失、噎食和烫伤等，养老服务人员应掌握相关知识，以预防和应对以上安全问题。

1．跌倒

老年人跌倒的发生率随增龄而增高，资料统计，65岁以上老年人，每年跌倒1次的占30%，跌倒2次的占15%。世界卫生组织认为，跌倒是老年人慢性致残的第三大原因。常见原因有：

① 大脑反应迟缓。老年人视力下降、立体感减弱、识别高低的能为差、大脑中枢对信息感受的过程减慢，对险情不能及时发现，发现后在回转动作的复杂过程中失去平衡，容易跌倒。

② 姿势控制力降低。衰老使脑细胞减少，神经系统功能降低，造成生理性的姿势控制能力降低，同时患有中枢神经系统疾病也可引起病理性姿势控制能力减弱，使姿势倾斜度增加，容易跌倒。

③ 肢体协调减弱。老年人关节活动不灵活，肌肉力量减弱，行走时骨盆必须侧向支持体重的那条腿，才能腾出另一条腿向前行走，当腿移动太慢，脚不能抬高，则易发生跌倒。

④ 心脑血管病变。老年人因脑血栓、脑出血后遗症，小脑萎缩或帕金森病导致肢体活动不灵活，共济失调，稍有不慎易发生跌倒。老年人血管运动中枢的调节功能没有年轻人灵敏，突然站立时，发生直立性低血压引起头晕，也是容易跌倒的因素。

⑤ 药物因素。老年人因为睡眠不良或心理障碍，长期服用安眠药或镇静药，这些药有损害精神运动性功能的副作用，使老年人站立或行走不稳，容易跌倒。

⑥ 环境因素。居室、浴室、卫生间的布局和配备不合理，或老年人对环境不适应，也是造成老年人跌倒的危险因素。

2．坠床

坠床是造成老年人外伤和骨折的原因之一。常见原因有：
① 意识障碍老年人，因为躁动不安，在自主或不自主的活动中坠床。
② 在养老服务过程中，因翻身不当造成老年人坠床。

3．走失

随着老年痴呆等疾病患病率的升高，老年人走失的现象越来越频发。常见原因有：
① 能活动的老年痴呆患者因为智能和判断力减退而走失。
② 老年人与家庭成员或养老服务人员发生矛盾，故意赌气离家或离院出走。

4. 噎食

噎食是老年人猝死的常见原因之一。老年人噎食的常见原因有：

① 老化引起神经反射活动衰退，咀嚼功能不良，消化功能降低，唾液分泌减少，引起吞咽障碍而噎食。

② 脑血管病变使老年人的吞咽肌群互不协调，造成吞咽动作不协调而噎食。

③ 进餐时情绪激动，引起食管痉挛而噎食。

④ 进食大块食物，尤其是肉类或汤圆，未嚼碎就吞咽而噎食。

⑤ 进餐过快引起噎食。

5. 烫伤

老年人由于感知觉功能减退，在生活中容易发生烫伤。常见原因有：

① 为老年人用热水袋或热宝取暖时，长时间放置于一个部位，使局部慢性受热，造成烫伤。

② 为老年人泡脚时，泡脚水过热导致脚烫伤。

③ 为老年人沐浴时，洗澡水过热造成老年人皮肤烫伤。

④ 老年人拿暖水瓶取水，因活动不灵或臂力不足，将热水洒在身上烫伤。

⑤ 被老年人打翻热水或热饭，造成烫伤。

⑥ 在为老年人拔罐或艾灸时，因操作不当造成烫伤。

⑦ 老年人躺在床上吸烟，引燃被褥造成烫伤。

⑧ 老年糖尿病患者由于皮肤老化、变薄、脆性增大、感觉迟钝等原因，容易发生烫伤。

二、社区居家养老服务安全基本技能及要求

（一）老年人常见安全问题的处理技能

1. 老年人跌倒的现场处理

（1）意识不清者　对于意识不清者，应立即拨打急救电话。如有外伤、出血情况，应立即止血、包扎。如有呕吐，将头偏向一侧，并清理口、鼻腔呕吐物，保证呼吸通畅。如有抽搐情况，应移至平整软地面或身体下垫软物，防止碰伤、擦伤，必要时牙间垫被子角、较厚的衣服等，防止舌咬伤；不要硬掰抽搐肢体，防止肌肉、骨骼损伤。如呼吸、心跳停止，应立即进行胸外心脏按压、口对口人工呼吸等急救措施。如需搬动，应保证平稳，尽量平卧。

（2）意识清楚者　询问老年人跌倒情况及对跌倒过程是否有记忆，如不能记起跌倒过程，可能为晕厥或脑血管意外，应立即护送老年人就医或拨打急救电话。询问是否有剧烈头痛或观察是否有口角歪斜、言语不利、手脚无力等提示脑卒中的情况，如有上述情况，应立即拨打急救电话，不可立即扶起。因为立即扶起老年人可能加重脑出血或脑缺血，使病情加重。有外伤、出血情况时，立即止血、包扎并护送老年人就医。查看有无肢体疼痛、畸形、关节异常、肢体位置异常；查询有无腰、背部疼痛，双腿活动或感觉异常及大小便失禁等提示腰椎损害情形，以上若有或无法判断，则不要随便搬动，以免加重病情，并立即拨打急救电话。若老年人试图自行站起，可协助老年人缓慢起立，坐、卧休息并观察。如需搬动，应

保证平稳，尽量平卧休息。

2. 老年人外伤初步处理方法

外伤是老年人常见意外之一，身体由于外界物体的打击、碰撞或化学物质的侵蚀等造成的外部损伤，常伴有出血的表现。出血如不能得到及时正确处理，可能会造成老年人失血过多而发生休克，甚至危及生命。

（1）外伤出血止血方法

① 直接压迫止血。直接压迫止血是一种简单有效的临时性止血方法。适用于各种出血的初步止血。用无菌纱布或干净手帕直接置于出血处，按压止血。

② 加压包扎止血。加压包扎止血是急救中最常用的止血方法之一。适用于小动脉、静脉及毛细血管出血。关节脱位及伤口有碎骨存在时不用此法。用消毒纱布或干净的手帕、毛巾、衣物等敷于伤口上，然后用三角巾或绷带缠绕数圈加压包扎，压力以能止住血又不影响伤肢的血液循环为合适。若伤处有骨折时，须另加夹板固定。

③ 止血带止血。止血带止血适用于四肢大动脉出血。使用上述方法止血无效时采用。先用无菌纱布或干净毛巾置于出血处。用止血带（橡皮带、布条、线等）将出血伤口靠近心脏的一端扎住，阻断血流止血。

（2）外伤包扎固定方法　包扎是外伤现场应急处理的重要措施之一。及时正确的包扎，可以达到压迫止血、减少感染、保护伤口、减少疼痛，以及固定敷料和夹板等目的。用于包扎的材料有很多，常用的就是绷带和三角巾，也可以用生活中其他条状或是三角状的巾类物品代替。

① 绷带包扎。环形包扎是最基本的包扎方法，多用于肢体或圆柱形部位，如手、足、腕等部位的包扎。将绷带展开约 8 厘米，一手拇指将绷带头固定需包扎部位，一手连续环形包扎局部，其圈数按需要而定，最后将绷带尾部剪成两头固定。有条件者，可用胶布固定。

"8"字形包扎用于肩、肘、腕、踝等关节部位的包扎和固定锁骨骨折。以肘关节为例，先在关节下方紧着关节处环形包扎 2 圈，绷带先绕至关节上方，再经屈侧绕到关节下方，过肢体背侧绕至肢体屈侧后再绕到关节上方，如此反复，呈"8"字连续在关节上下包扎，每圈与前一圈重叠 2/3，包扎范围为关节上下 10 厘米，最后在关节上方环形包扎 2 圈，用胶布固定。

② 三角巾的手臂悬吊。用于手臂或肘部等骨折后的包扎。将患肢成屈肘状放在三角巾上，然后将两个底角分别绕过颈左右两侧，在颈后打结即成。

3. 老年人噎食的应急处理方法

噎食会造成老年人窒息或严重呼吸困难，以致有生命危险。发生这种情况，千万不要叩击老年人的背部，应在迅速报告医护人员或打急救电话的同时，立即对其进行现场紧急应对。

噎食的表现为突然呛咳，不能发音，嘴鸣，呼吸急促，皮肤发绀。严重者可迅速出现意识丧失，甚至呼吸、心跳停止。表面光滑的食物，如饺子、肉丸子、汤圆、豆类、花生等易发生卡喉，故在日常生活中，要特别注意老年人进食这些食物，可将这些食物分割成小块食用，并嘱咐老年人细嚼慢咽。

当老年人异物卡喉时，应立即采用海姆利克操作方法。利用冲击腹部—膈肌下软组织，突然的冲击力，产生向上的压力，压迫两肺下部，从而驱使肺部残留空气形成一股气流。气管中这股带有冲击性、方向性的气流，就能将堵住气管、喉部的食物硬块等异物驱除。老年人要配合，头部略低，嘴要张开，以便异物的吐出。

（1）老年人站着或坐着的操作手法　护理员站在老年人身后，从身后抱住其腹部，双臂围环其腰腹部，一手握拳，拳心向内按压于老年人的肚脐和肋骨之间的部位，另一只手成掌捂按在拳头之上，双手急速用力向里、向上挤压，反复实施，直至阻塞物吐出为止。

（2）老年人仰卧的操作手法　老年人意识不清、不能站立者取仰卧位，护理员两腿分开在老年人大腿外侧地面上，双手叠放用手掌根顶住腹部（肚脐稍上），进行有冲击性、快速地向前上方压迫，然后打开老年人下颌，如异物已被冲出，迅速掏出清理。

（3）操作要求　若老年人呼吸道部分梗阻，气体交换良好者，应鼓励老年人自己用力咳嗽，并自主呼吸。若老年人呼吸微弱、咳嗽乏力或呼吸道完全梗阻，则立即使用此操作方法。

4．老年人烫伤初步处理方法

烫伤是指由高温液体、高温固体或高温蒸汽等所致的损伤。Ⅰ度烫伤表现为皮肤灼红，痛觉过敏，干燥无水疱。浅Ⅱ度烫伤表现为局部红肿疼痛，有大小不等的水疱。深Ⅱ度烫伤表现为可有水疱，痛觉迟钝，有拔毛痛。Ⅲ度烫伤表现为无水疱，痛觉消失，无弹性，拔毛不痛，干燥如皮革样或呈腊白、焦黄，甚至炭化成焦痂，痂下水肿。

烫伤发生后应立即迅速脱离热源，以免继续损伤。烫伤有以下处理原则：

① Ⅰ度烫伤。立即将伤处浸在凉水中，进行"冷却治疗"，它有降温、减轻余热损伤、减轻肿胀、止痛、防止起疱等作用，如有冰块，把冰块敷于伤处效果更佳。"冷却"30分钟左右就能完全止痛。随后用鸡蛋清、万花油或烫伤膏涂于烫伤部位，3～5天便可自愈。

② Ⅱ度烫伤。不要弄破水疱，先进行"冷却治疗"，并立即报告，后迅速就医。

③ Ⅲ度烫伤。立即用清洁的被单或衣服简单包扎，避免污染和再次损伤，创伤面不要涂擦药物，保持清洁，立即报告，迅速就医。

④ "冷却治疗"在烫伤后要立即进行，因为5分钟内烫伤的余热还继续损伤肌肤，过了5分钟后才浸泡在冷水中，则只能起到止痛作用，不能保证不起水疱。"冷却治疗"浸泡时间越早、水温越低，效果越好，但水温不能低于5℃以免冻伤。

⑤ 若烫伤部位不是手或足，不能将伤处浸泡在水中进行"冷却治疗"时，则可将受伤部位用毛巾包好，再在毛巾上浇水，或用冰块敷，效果可能更佳。若伤处水疱已破，不可浸泡，以防感染，可用无菌纱布或干净手帕包裹冰块，冷敷伤处周围，以减轻疼痛，并立即报告就医。

（二）老年人常见安全问题预防要点

1．预防跌倒

① 衣服合适。老年人穿的衣、裤、鞋不宜过于长大。老年人的裤腿不能太长，太长会影响行走；老年人尽量不穿拖鞋，应穿合脚的布鞋或者是鞋底带有花纹的防滑鞋；老年人穿脱鞋子、袜子和裤子应坐着进行。

② 环境适宜。老年人的住所尽量减少台阶、门槛；家具陈设实用简单，尽量靠墙放，不轻易改变位置；老年人经常活动的地方，保持明亮，不堆放杂物；老年人的日常用品放在随手能拿到的地方；老年人经过的地面保持干燥；老年人用的卫生间应装坐便器和扶手；用

淋浴洗澡，让老年人坐在防滑落的椅子上进行；用澡盆洗澡，澡盆不宜过高，盆口离地不应超过50厘米，盆底要放置胶垫；平时注意帮助老年人熟悉环境，加深对环境方位、布局和设施的记忆。

③ 行走训练。训练老年人在行动前先坐稳，再站稳，然后再起步行走。

④ 陪伴活动。对关节不灵，反应迟钝，有直立性低血压，或服用安眠、镇静类药物，进行降压治疗的老年人，夜间尽量不去厕所。如果夜尿较频，养老服务人员提前将排便所需物品放在老年人床边，以方便老年人就近使用。必须下床或上厕所的老年人，一定要有人陪伴。小碎步态老年人行走时，必须有人搀扶或提供助行器。

2. 预防坠床

① 加强防范。对意识障碍老年人加床挡，或者在床旁用椅子挡护，对翻身幅度较大的老年人，必要时在两侧床挡上拴保险带预防坠床。

② 加强巡视。老年人睡眠时，也要经常巡视，发现睡眠中的老年人睡在靠近床缘时，要及时挡护，必要时为老年人向床内侧翻身，防止老年人坠床摔伤。

③ 加强协作。对体重较大、身材较高的老年人进行翻身或转移养老服务时，最好两人协作完成。

3. 预防走失

① 作为养老服务人员，不仅要让老年人生活无忧，而且要让老年人精神愉快，平时多向老年人嘘寒问暖，与他们交流谈心，让老年人感到温暖、亲近和依赖。

② 为老年人制作一张身份卡。上写老年人姓名、住址、联系电话，缝在老年人的外套上。或者戴上有身份信息的腕带，如图7-1所示。

③ 保留老年人最近照片，万一发现老年人走失，立即组织寻找或报警。

图7-1　防走失腕带

4. 预防噎食

① 体位合适。老年人进餐时尽量采取坐位或半卧位，做到胃部不受压迫，使食物由食管较快地进入胃内。

② 心情平静。进餐时，提前进行心理疏导，使老年人不忧虑、不急躁，保持心情舒畅，注意力集中。

③ 食物软烂。老年人的食物宜少而精，软而烂。避免进食生、冷、粗、硬的食物。吃稀食易呛的老年人，应把食物加工成糊状进行喂食。

④ 细嚼慢咽。老年人吃饭，不要催促，要让老年人细嚼慢咽。肉类、汤圆等食品要分割成小块让老年人慢慢进食，进食时每口食物不宜过多。

⑤ 适当喝水。为老年人准备水或稀粥，在进餐的过程中，不时地给老年人喂一口，以缓解老年人因唾液分泌不足而发生咀嚼困难或吞咽困难。

5. 预防烫伤

① 使用热水袋时，盛水应不多于3/4的分量，要塞好活塞，检查热水袋无漏及无破裂，并加上袋套，方可使用，使用过程中加强巡视。

② 为老年人泡脚，泡脚水维持在45℃左右即可。

③ 为老年人沐浴时，要先放冷水，再加热水调节水温，即使有水温加热调节装置，也要让热水先充分流出，测试水温在45℃左右后再冲洗老年人身体。

④ 对活动不灵或臂力不足的老年人，身旁禁忌放置热水瓶，所用开水由照护人员定时帮助解决。

⑤ 在老年人面前摆放开水或饭菜，温度保持在45℃左右。养老服务人员打开水或端热饭菜时要避开老年人。

⑥ 严禁老年人在床上吸烟，避免引燃被褥造成烫伤，更要避免引起火灾。

⑦ 严格控制糖尿病老年人的取暖和用热水温度。

第二节　社区居家养老服务安全预防措施与应急预案

为降低风险，预防意外事故发生，除了要掌握上述安全预防基本知识之外，还需要掌握安全预防措施并制定应急预案。

一、社区居家养老服务安全预防措施

（一）社区居家养老服务管理制度与安全

社区居家养老服务规章制度的有效执行是提升养老服务安全、提高养老服务质量的先决条件。制度的落实不力或不到位影响着养老服务安全，会导致养老服务差错或意外事件的发生。养老服务人员是为老年人提供日常生活照料的主要实施者，应有效落实养老服务制度，树立养老服务安全服务意识，避免各类意外事件发生，增进老年人安全。

1. 建立完善的社区居家养老服务制度，优化养老服务流程

（1）建立完善的养老服务制度　建立完善的养老服务制度可使养老服务工作有章可循、行为有据可依，规范员工的行为方式。它关系到养老服务工作流程是否通畅，工作能否出色

完成，也是保障养老服务安全的重要基础。因此，必须重视制度建设。

（2）建立规范的操作流程　建立统一、规范的操作流程将有助于避免出现养老机构养老服务人员随意操作、按经验操作等不良习惯。规范的流程可让养老服务人员通过流程链就知道自己该做什么以及怎么做，从而提高养老服务安全。

（3）优化养老服务流程　养老服务流程的不断优化将有助于养老服务质量的提升，有助于满足老年人、家属的合理需求，更有助于提高工作效率和养老服务安全，有利于社会福利事业的发展和提高。

2．建立养老服务质量控制体系

（1）确保养老服务制度落实　组建以养老服务管理者为主要成员的养老服务质量监控小组，定期实施养老服务质量检查，以确保制度的落实及正确执行率。在养老机构，根据养老服务工作中的高风险环节、时段和人群，实施针对性的养老服务质量管理，能有效提高老年人对服务的满意率。

（2）持续改进不断提高　PDCA 循环是最早由美国质量管理专家戴明提出来的，所以又称为"戴明环"，它是全面质量管理所应遵循的科学程序。PDCA 循环包括四个过程：P（Plan）—计划；D（Do）—执行；C（Check）—检查；A（Action）—行动。其含义是：对总结检查的结果进行处理，成功的经验加以肯定并适当推广、标准化；失败的教训加以总结，未解决的问题放到下一个 PDCA 循环里。以上四个过程不是运行一次就结束，而是周而复始地运行，一个循环完了，解决一些问题，未解决的问题进入下一个循环，呈阶梯式上升、周而复始运行。有人将 PDCA 循环称之为质量管理的基本方法。

3．提升养老服务人员的执行力

（1）熟悉业务，以身作则，有效执行　养老服务管理者既是执行者，又是领导者，应提升各自的执行意识和技能，在掌握养老服务制度、养老服务规程的基础上，带头按制度、规程办事。

（2）开展培训、提升技能　加强员工的职业道德教育和岗位技能培训，营造和谐的团队协作精神和好学的氛围。激发养老服务人员的创新热情和工作能动性，以确保各项工作的有效执行，提高养老服务安全。

4．强化责任感与有效沟通

（1）增强养老服务人员的责任意识　要让养老服务人员成为养老机构成长和发展的正能量，就必须加强对养老服务人员价值观、责任心的培育，强化养老服务人员的责任意识，有效落实各项养老服务制度和流程的意识，提高养老服务安全的意识。

（2）提高沟通技巧，重视有效沟通　有效沟通是提高制度执行力的前提。沟通对象有：养老服务管理者与上级领导、与养老服务人员间的沟通；养老服务人员之间的沟通；养老服务人员与老人或家属间的沟通等。沟通方式可采用养老服务晨会、养老服务交接班、养老服务查房、业务培训、座谈会、网络平台等渠道。通过沟通，可增强员工间的信任与合作，保证养老服务制度的执行，提高养老服务安全。

（二）社区居家养老服务操作规范与安全

规范的养老服务操作是保证养老服务安全的有效手段，也是评价养老服务人员专业技术能力的依据。在养老服务工作中应规范养老服务行为,强化质量意识,最大限度地降低养老服务差错的发生。

1. 规范养老服务标准

规范、统一的养老服务操作标准,可提升养老服务质量,减少养老服务差错的发生。因此,要求所制定的养老服务标准应具有科学性和可操作性。

2. 规范养老服务行为

规范的养老服务行为是保障老年人安全的前提。养老服务人员要认真学习各项养老服务制度,严格按照流程规范操作,仔细认真处理好重点环节,确保养老服务安全。应实施班班交接,特别是重点老人应实施床边交接,在重点时段应增加人员看护,新进员工需有带教老师指教。

3. 规范文书记录

养老服务文件是医疗文件的重要组成部分,是医疗事故处理中的重要文件,是对老年人养老服务过程中的真实记录,并在临床养老服务、养老服务科研、养老服务教学、养老服务行政管理中有重要价值。因此,要求养老服务人员在加强巡视,掌握老人情况的基础上如实、客观地做好记录,为有效规避风险提供依据。

4. 增加养老服务风险意识

风险管理是以积极进取的态度,从而去界定、识别、评估和区分风险的严重度,以便减少风险带来的负面后果。随着《医疗事故处理条例》的颁布实施,以及养老服务人员在养老服务工作中所面临的责任和风险逐渐增多,因此要求养老服务管理者应将风险管理应用于养老服务管理中去,有效地回避养老服务风险,防范和减少养老服务纠纷。养老服务人员应增强法律意识和自我保护意识,明确对易发生养老服务风险的时段进行及时监控,防止意外发生。如养老服务交接班前后时段、老人调换床位、老人接送等是高危时段,是容易造成老年人不安全的危险时段,应时刻关注这些潜在的不安全因素,确保老年人安全。

(三)社区居家适老化环境与安全

1. 居室的设计

基本要求是安静,整洁,色彩和谐。

① 老年人居住的房间最好选择朝南能够照射到阳光的居室。

② 室内家具应简单、摆放有序、安全,室内物品摆放定位,防绊伤老人。

③ 床位高度适宜,防止坠床、跌伤的发生。

④ 居室光线柔和、适中,适应老年视力下降的需要,对部分畏光者,因强光的刺激会引起不适,应适当处理。

⑤ 居室温湿度适宜,冬季以 18~22℃为宜,夏季以 28~30℃为宜,保证室内空气新鲜,要适时通风。

⑥ 居室地面平整、清洁、干燥,应防滑。

2．卫生间的设计

① 卫生间应靠近老年人居室，门口地面不应有门槛或有高差。
② 坐便器高度适宜，一般以 0.4 米高为宜。
③ 坐便器旁安装扶手，方便老人起身与蹲下。
④ 卫生间地面平整，应防滑。

3．阳台的设计

① 阳台与居室地面相连处不应有门槛或有高差。
② 阳台内宜设置扶手，方便老人扶持。
③ 阳台栏杆高度不低于 1.5 米。
④ 阳台地面平整，应防滑。

4．呼叫器的设置

居室、卫生间、浴室要设有呼叫器，连接养老服务室。

二、社区居家养老服务安全应急预案

（一）安全事故处置原则

老年人一旦发生意外事故，应做出迅速果断的处置，其处置原则有：快速反应原则、依法处置原则、协同应对原则、及时处理原则、吸取教训原则。

1．快速反应原则

意外事件快速反应原则是指处置突发事件应当快速反应，措施果断，迅速控制局面，有效维护老年人安全。要求养老服务人员具有果断处置的能力。

2．依法处置原则

处置老年人的突发事件，必须以法律和法规为依据。要求养老服务人员有法律意识，遵纪守法。

3．协同应对原则

处置突发事件时部门联运、协调配合，处置有序是基本准则。要求养老服务人员树立团队协作精神，及时沟通。

4．及时处理原则

意外事件一旦发生，就必须快速反应，早介入、早决策、早平息、早疏导。要讲究实效，速战速决，切忌拖拉不理和听凭事态的进一步扩大。要求养老服务人员反应敏捷，有敏锐的观察能力，及时发现和消除潜在的危险因素。

5．吸取教训原则

钟对各类突发事件，应进行分析和研究，找出发生的原因，从中吸取教训。要求养老服务人员具有善于总结经验和发现问题的能力。

（二）安全事故处置程序

1．老年人发生意外伤害事件时

知情养老服务人员立即了解老人致伤情况，并及时通知其他医护人员—协同实施救治—严重时迅速拨打 120 急救电话—同时上报部门领导—记录。

2．老年人发生跌倒时

当班养老服务人员对跌倒的老人实施制动，并立即了解老人致伤情况—同时通知其他医护人员—安抚老人—配合医护人员实施救治—根据医嘱协助救治—必要时迅速拨打 120 急救电话—立即上报部门领导—记录。

3．老年人发生烫伤时

当班养老服务人员立即去除包裹在烫伤部位的衣物—了解老人致伤情况，并同时通知其他医护人员—配合医护人员实施救治—严重时迅速拨打 120 急救电话—立即上报部门领导—记录。

4．老年人发生噎食时

当班养老服务人员立即就地抢救—同时呼叫其他医护人员协同抢救—立即上报部门领导—记录。

（三）安全事故处置的注意事项

1．迅速处置，及时告知

老年人突然发生意外事件时，要求养老服务人员迅速处置，并及时告知其他医护人员，协同实施抢救，减轻老年人的伤害程度。如当一名吞咽困难的老年人进食时，出现面部青紫现象，第一时间处置方法是迅速从老人口中掏取异物，尽可能保持老人的呼吸道通畅。

2．冷静稳重，操作熟练

处置意外事件时应沉着冷静，切忌操之过急、混乱无序。处置期间应操作熟练，应对自如，按应急处置流程及救治原则稳妥处理。如二级养老服务的老人入浴室洗澡后，在穿衣服时不慎跌倒，在处置中第一时间应询问老人的情况，不急于扶起跌倒的老人；对存在呼吸困难的老人以保持呼吸道通畅为首要原则，维护老人的生命。

3．及时记录，保存完整

在协同医护人员完成抢救工作后，养老服务人员应及时进行养老服务记录。记录应客观、正确，并妥善保管，记录中避免出现涂改、伪造、销毁。

4．加强培训，提高技能

意外事件发生后，应及时寻找其发生的原因，同时对养老服务人员在应急处置过程中出现的技能不熟练等问题也应及时予以收集、分析，组织养老服务人员进行养老服务技能的培训教育，提高应急处置能力。

典型案例1

陈爷爷，85岁，患2型糖尿病20余年，合并视网膜病变，现在视物不清。患退行性骨关节炎，行动不便，常需借助拐杖行走。长期入睡困难，睡后易醒。服用多种治疗药物，包括安眠药。中午13点，老人去厕所时不慎跌倒，臀部着地，造成左下肢股骨头骨折，无法站立。

案例简析：

陈爷爷跌倒的原因有：①疾病因素。糖尿病合并视网膜病变导致视物不清，患退行性骨关节炎导致行动不便。②药物因素。服用多种治疗药物，包括安眠药。③环境因素。地面过滑，床高度不适，光线不足等。

对陈爷爷跌倒的现场处理：应立即查看伤情，避免搬动老人，以免导致二次损伤，同时通知其他医护人员，必要时迅速拨打120急救电话。安抚老人，配合医护人员实施救治，并立即上报部门领导，作好相关记录。

典型案例2

马爷爷，68岁，汉族，高中文化，半年前发作"大面积脑梗死"，出院回家后一直未行康复治疗。老人目前长期卧床，左侧偏瘫，右手可取物，能翻身向左侧，不能实现右侧翻身。老人无不良饮食习惯，近期进食时常有呛咳，无大小便失禁。马爷爷洗漱、穿脱衣服、用餐、如厕均需老伴协助，因此情绪低落，常叹息流泪，为拖累老伴深感自责。

案例简析：

马爷爷存在的安全风险有：坠床、跌倒、误吸、噎食等。

预防噎食，应从以下几个方面入手：①进餐时尽量采取坐位或半卧位；②提前进行心理疏导，保持心情舒畅，注意力集中。③应提供软烂的营养丰富的食物，避免进食生、冷、粗、硬的食物。如喝水易呛可加入增稠剂。④老人吃饭，不要催促，要让老年人细嚼慢咽。⑤为老年人准备汤或稀粥，在进餐的过程中，不时地给老年人喂一口，以缓解老年人因唾液分泌不足而发生咀嚼困难或吞咽困难。

延展阅读

养老服务职业防护

职业防护是指通过采取适宜的措施避免职业损伤的发生，或将损伤降到最低。职业损伤是指由于职业有害因素引起的各种损伤，轻则影响健康，重则可以造成严重损害，甚至导致严重的伤残或死亡。养老服务人员是老年人日常生活的密切接触者，特别是对于患病老人或处于临终状态的老年人，养老服务人员在工作中不可避免地要接触老人的分泌物、排泄物等，因而受感染的概率也较大。所以，提高养老服务人员对职业危害的认知能力，加强自身的防护意识，将防护措施落到实处，对养老服务的供方和需方都意义重大。

（一）养老服务职业危害因素

1. 物理性因素

物理性因素危害包括机械性损伤、温度性损伤、针刺伤、噪声等。养老服务人员工作中易发生扭伤、撞伤、跌倒等，搬运老人可引起养老服务人员脊柱、关节、肌肉的损伤。在工作中高温和低温均可造成身体损伤，如使用热水袋提供热疗时可造成烫伤。

2. 化学性因素

养老服务人员在日常工作中经常会接触到化学消毒剂，如含氯消毒剂可对皮肤造成轻度损害，强烈的气味会刺激呼吸道，还可引起流泪、视物不清、皮炎等。

3. 生物性因素

养老服务工作环境中的某些致病菌、病毒等可危害养老服务人员的健康，同时也是院内感染的主要原因之一。其危害包括各种呼吸道传播疾病、消化道传播疾病、皮肤接触传播疾病等。

4. 心理社会因素

随着健康观念的改变，对养老服务人员工作质量的要求越来越高，养老服务人员工作繁重而琐碎，思想压力大，容易产生焦虑、失眠、烦躁等症状。大多数养老服务人员都是女性，女性的特殊生理时期，如经期、孕期、哺乳期以及家务等，容易使其产生心理疲惫。另外，某些老人或家属对养老服务人员工作存有偏见，不尊重，这些都会影响养老服务人员的精神状态和生活态度，进而影响心理健康。

（二）养老服务职业防护措施

1. 加强养老服务风险管理，严格执行养老服务制度

养老机构要制定防护制度，提供安全的防护用品和设备，并定期对养老服务人员进行职业防护知识培训。

2. 养老服务人员要自身做好防范

养老服务人员应当严格遵守操作规程，增强自我保护意识，掌握常见传染病的传播途径、隔离防护技术，减少职业危害。

（1）基本防护

① 防护对象。从事养老服务工作的所有人员。

② 着装要求。工作服、工作帽、医用口罩、工作鞋。凡接触传染病人时要加穿隔离衣。

（2）标准预防

① 在接触老人血液、体液、分泌物、排泄物等时应戴手套，操作完毕，脱去手套后立即洗手，用肥皂（皂液）和流动水运用七步洗手法洗手，必要时使用速干手消毒剂，以防止交叉感染。

② 有可能发生血液、体液喷溅时，应戴防护眼镜或防护面罩，穿隔离衣或防水围裙等。

③ 进行侵袭性诊疗、养老服务操作过程中，要保证充足的光线，尽量减少创口出血，并特别注意防止被针头、缝合针、刀片等锐器刺伤或者划伤。

④ 手部皮肤发生破损，在进行有可能接触病人血液、体液的诊疗和养老服务操作时须戴双层手套。

⑤ 在标准预防的基础上，根据老人疾病的主要传播途径，采取相应的隔离措施，包括接触隔离、空气隔离和飞沫隔离。

3. 发生血液传播疾病职业暴露后的应急处理

① 用肥皂液和流动水清洗污染的皮肤，用生理盐水冲洗黏膜。

② 如有伤口，应当在伤口旁由近心端向远心端轻轻挤压，尽可能挤出损伤处的血液，再用肥皂液和流动水进行冲洗，禁止进行伤口的局部挤压。受伤部位的伤口冲洗后，应当用消毒液，如75%乙醇或者0.5%碘伏进行消毒，并包扎伤口；被暴露的黏膜，应当反复用生理盐水冲洗干净。

③ 发生乙肝病毒、丙肝病毒、梅毒等血源性传播疾病的职业暴露后处理和随访。

4. 加强锻炼，提高养老服务人员身体素质

养老服务人员应注意劳逸结合，规律饮食，注意调整营养，养老服务操作过程中掌握节力原则，纠正身体不良工作姿势，避免长久站立，避免摔伤、烫伤的发生。

5. 养老服务人员要提高自身思想素质

养老服务人员要加强心理知识、法律知识的学习，提高沟通能力，加强养老服务专业技能，为老年人提供高质量的服务。养老机构应科学合理地进行人员优化组合，指导其进行放松训练，消除心理疲惫、紧张，合理安排娱乐活动以营造舒适的工作氛围，使养老服务人员保持积极、稳定的良好情绪。

第八章 社区居家养老服务质量监督和改进

  2000年中共中央、国务院出台了《关于加强老龄工作的决定》，这是发展老龄事业的纲领性文件，提出了要"建立以家庭养老为基础、社区服务为依托、社会养老为补充的养老机制"。这是国家第一次提出要建立一个包含家庭、社区、社会在内的养老机制，并强调了社区服务在这一体系中的重要作用。

  2008年，全国老龄办、民政部等联合出台了《关于全面推进居家养老服务工作的意见》，在这一文件的推动下，全国各地的社区居家养老服务基本形成。但是由于地方文化的差异，政府支持的力度也各有不同，社区居家养老服务也随着全国老龄化人口以及社会经济的发展，原来的家政服务、助餐服务、助洁服务等简单的服务已不能满足老年人的需求，而随着"互联网＋"的思维引入，以信息化网络技术为依托，构建一个社区居家养老的生活安全管理和智能化体系，实现养老服务的多元化，提高养老服务质量，就显得尤为重要。但是如何判断它的服务质量、服务内容以及社会的综合满意度呢？开展评估工作就可以为其提供科学有效的依据。

第一节　社区居家养老服务质量评估

一、社区居家养老服务质量评估方法

（一）评估内容

社区居家养老服务质量评估是对社区居家养老服务开展状况、老年人满意度、养老服务成效等方面综合评价和分析，是对社区居家养老服务商的有效约束，也是对服务对象服务质量保障的必要手段。评估的内容大致包括：老年人满意度评估、经费评估、建设补贴的评估、其他。

1．老年人满意度评估

在推进养老服务质量的过程中，老年人能力评估作为第一步，可以客观评价被评估老人的身体状况和生活环境，判断老人的失能级别、失智程度，了解老人的服务需求。并根据评估结果制定老人的照护计划，减轻社区居家养老服务中心在服务过程当中因为等级照护不明确，而导致服务矛盾、服务质量的偏差，保障老年人的合法权益，将风险和意外降到最低。当然评估是一种持续性的工作，动态观察老年人的生活、身体状态变化，才能合理分配有限的资源，科学、全面地了解老年人的真实情况，制订有针对性的服务计划，提高养老服务质量。老年人的满意度、满意率是决定社区居家养老服务的根本标准和依据。

2．经费评估

社区居家养老服务发展到现在，大部分的资金来源都依托政府购买服务、公益创投、建设补贴、绩效考核等，一定程度上满足了社区居家养老服务质量的提升，解决了部分困难老年人的需求。例如：政府购买的失能、半失能老人的照护服务，一方面有效地解决了社会的生产力，使一部分四五十岁的下岗工人，外来的、空闲的和失地农民，待在家里的家庭妇女，有了稳定的工作岗位，另一方面也使没有条件或不愿意住在养老机构里面的老人得到了专业化的照顾。政府大量资金的投入，有没有达到效果，服务能否匹配，老人满意度如何，也就是"用了多少钱？办了多少事？有什么效果？"的问题。评估作为第三方，在客观上运用科学、规范的评估方法，对照统一的评估标准，根据项目经费的申请，通过实地走访、入户了解、审计报告、资金使用情况等，审核服务成果，进行分析研究，判断其结果是否达到预期效果，资金支出是否合理。

3．建设补贴的评估

政府大力发扬社区居家养老服务，提高养老服务质量，就会在建设上给予相应的补贴，根据其服务功能、等级、当地情况进行投入。但是资金到位以后，它的建设是否符合标准，能不能满足当地老人的需求，有没有真正用到位，是不是建设完了以后因为多种原因还没有使用起来,或者是"烂尾楼"造成资金的流失呢?委托第三方评估组织,在一定的时间内,持续性地对其提供原始票据真实性,设施设备的完善性,建筑的安全性进行检查,可以有效保证资金的使用。

4．其他

除了以上评估内容,还有人员评估,绩效评估,运营评估,地方和每个项目的评估等,都是对政府以"以奖代补"的形式,对社区居家养老服务组织的发展给予的支持,进行综合的评价,以此来促进高质量的养老发展。

(二)评估方法

随着社区居家养老服务中心的发展,有必要对政府购买社区居家养老服务质量进行评估,近年来评估体系日渐完善,评估方法多种多样。

1．实地评估法

实地评估法是根据项目书的内容、项目计划到实施地(社区养老服务组织),通过评估人员用实地走访、电话探访以及直观的方式,对参与的老人人数、服务成效、资金使用情况进行评估。该方法可以拉近老人与评估人员之间的距离,使老人对社区居家养老的服务组织表示信任,可以促进社区居家养老服务在当地的发展。但是它的弊端是人情大于科学,经验胜于标准。

2．参与评估法

参与评估法就是利用评估人员对老人的熟悉程度和项目的了解程度参与评估。2016年为了加速社区居家养老服务的发展,提高服务质量,南京市对全市60岁以上的老年人的能力等级进行了评估,对全市社区居家养老服务中心和愿意从事老年人评估的工作人员进行了评估培训。培训合格后,将组织服务范围内的所有老人,交于社会组织评估。由于老人对其工作的认可,平时熟悉了解,街道、社区、社工、网格员全部参与进去,积极性很高,老人非常配合!拿到了第一手数据,存入了养老数据库,为后期养老政策的制定提供了有力证据。

3．专家评估法

专家评估法又叫专家评分法,专家能够在缺乏数据和原始资料的情况下做出定量估计。养老专家评估法的主要步骤是:首先根据评估对象的具体情况选定评估指标,对每个指标均定出评估等级,每个等级的标准用分值表示;然后以此为基准,由养老专家对评估对象进行分析和评估,确定各个指标的分值,从而得到评估结果。

专家评价的准确程度,主要取决于专家的阅历经验以及在养老领域服务多年积累的丰富知识。其对老年产业的发展,具有一定的前瞻性。总的来说,专家评分法具有使用简单、直观性强、针对性强的特点,但其理论性和系统性尚有欠缺,有时难以保证评估结果的客观性和准确性。

评估步骤:

① 确定服务对象(老人、政府购买经费、各种补贴);

② 根据内容制定评估方案;

③ 细化评估流程；
④ 实施评估内容；
⑤ 整理评估材料；
⑥ 专家提出建议（对不足之处提出整改方案）；
⑦ 评估结项（有文档可查）。

综上所述，不管哪种评估方法，都关乎养老服务质量和水平的持续提升，关乎老年人养老服务权益的切实保障，关乎养老服务的公平公正，也关乎政府对老年民生的政策制定。所以要求评估人员具有一定的职业道德，高度的责任意识，全面的专业技能，精准的预判分析和巧妙的沟通能力，对评估的内容依据标准，进行综合评价，并记录在案，形成书面的材料便于查阅。

二、社区居家养老服务质量判定标准

为进一步提升社区居家养老服务质量，建立标准化、规范化、专业化的服务管理，改善养老服务环境，提升养老服务质量，判定服务质量标准应采取资料审查、实地查验、满意度调查、重点抽查场地硬件、规章制度、服务对象满意度、服务发展等方面。

1. 场地硬件的判定

场地硬件的判定包括：社区居家养老服务中心所选择的地理位置是否靠近老人集中区域，一些生活服务是否配套，老人来活动时的方便程度，门头、标识是不是很清晰，能不能让人一眼看出来它的服务对象；在内部设施打造的时候，它的硬件条件符不符合老年人的需求，适老化改造有没有到位，老年人在里面享受服务的时候有没有安全隐患；餐饮服务的卫生条件符不符合要求，医疗设备是不是通过正规渠道采购；能否满足现代高科技发展的智慧养老的老年人需求，等等。这一切都需要通过实地调研，和街道（乡镇）、社区了解，根据其面积，老人的受益程度，在其规范性、引领性、资金投入等以星级的形式来判定。

2. 规章制度的判定

用人单位的规章制度是用人单位制定的组织劳动过程和进行劳动管理的规则和制度的总和。社区居家养老服务中心制度包含：组织架构，用工制度，考核制度，安全制度，消防制度，各种应急预案及服务价格等。所有制度都应该公示上墙，让服务对象进来的时候就知道有什么事找什么人，自己花的钱能够享受到何种服务，明确双方的权利和义务及服务内容。考核制度、安全制度、谈话记录等都应该有文档或者电子档记录，以便查找。用制度管人才能提升社区居家养老服务的高质量发展。

3. 服务对象满意度判定

服务对象的满意度调查是衡量社区居家养老服务质量优劣的一个重要指标。服务质量满意度调查应该在全面、客观、尊重老年人意愿的原则下进行。服务对象的满意度调查应该包含以下内容：①对社区养老服务中心的标识场地是否明确、清晰；②各种规章制度是否健全；③服务内容老人是否满意、价格是否合理；④工作人员是否着装整齐态度和蔼、知识全面；⑤环境卫生是否达标；⑥娱乐、文体活动内容是否丰富；⑦饭菜品种是否多样化、口味是否适宜，能否制作满足不同体质老年人的营养餐；⑧医疗服务能否满足老人的慢病管理、健康档案、小病防治、大病转介的功能；⑨顺应老龄化社会发展的需求，能否实现开门办院，打通为老服务圈最后1千米的功能。

4. 社区居家养老服务长远发展

社区居家养老高质量发展，需要融合方方面面的资源。随着资本市场的到来，越来越多的企业和个人投入到社区居家养老行业中来，但是我们一定要清醒地认识到为老服务是"一个不挣钱的行业，不能一口吃个大胖子，也不能打一枪换一个地方"，否则就会造成不必要的资源浪费。因此政府应充分发挥政策引导和监督作用，落实有关优惠政策，来保障社区居家养老服务发展的长远化；而社区居家养老服务中心应该整合各种养老资源，提升自己的养老服务水平，通过联系老年人的照护系统，保障社区居家养老服务的灵活性、多样性，以达到自己本土化、长远化、品牌化的发展。

随着我国人口老龄化进程的加剧，人口平均寿命的延迟，跨地域职业流动的加剧，传统家庭结构小型化等变化，客观公正的养老服务质量判定，对完善社区养老体系建设有重大意义。可以执行地方标准，也可以执行国家标准来判定它的养老服务质量，采取问卷打分、实地考察、智能信息等形式。

表8-1为社区居家养老服务质量评估简表。本评估表可以用分值、实地勘察、电话访问、查阅文件等形式评定。

表8-1　社区居家养老服务质量评估简表

基础设施	1. 证照齐全 2. 功能完善（场地、硬件、设备等） 3. 人员资格（各种专业人才及培训材料）
制度完善	1. 制度上墙 2. 价格公开 3. 服务流程透明 4. 各种应急预案
服务内容	1. 医疗服务 2. 护理服务 3. 餐饮服务 4. 娱乐服务 5. 志愿服务 6. 社工服务 7. 其他服务
服务评价	1. 满意度调查 2. 媒体报道 3. 社区影响力
目标计划	1. 近期工作目标 2. 中、长期发展规划

第二节 社区居家养老服务验收及质量监管措施

一、社区居家养老服务验收方法

社区居家养老服务应该坚持公开透明、公平公正、客观量化的原则，参照科学的评估标准，评定社区居家养老服务的验收等级和补助标准。社区居家养老服务验收对象为各地区、街道（镇）居家养老综合服务平台所开展的社区居家养老服务项目。服务项目分为上门生活照料、助餐配餐、日间托管、上门医疗、康复护理、临时托养、文化娱乐、精神慰藉、临终关怀、安全援助等10多项。

社区居家养老服务项目采取政府购买服务方式提供的，自双方合同签订之日起，服务机构每运营满1年需向街道（乡镇）提交自评报告，根据双方合同约定的服务项目，由街道（乡镇）向区居家养老服务指导中心申请服务评估。社区居家养老服务项目由各区、街道（乡镇）自主提供的，各区居家养老服务指导中心安排年度评估时间，根据服务项目自评报告提交情况开展评估。

（一）组织和权限

一般来说，服务验收由区居家养老服务指导中心采取政府购买服务的方式委托第三方评估机构组织实施。区（县）辖内承接社区居家养老服务项目的机构不得在履行服务合同期间作为第三方评估机构。评估机构存在捏造事实、弄虚作假、徇私舞弊等行为查证属实的，由服务购买方中止其政府购买服务合同，一定期限内不得参与政府购买社区居家养老服务评估项目，并列入社区居家养老服务供应商"黑名单"。

（二）人员要求

（1）评估机构须为项目配备专职的项目管理人员。

（2）评估机构需配备一支不少于5人的评估员团队开展本项目。评估员应由从事一线养老照护服务5年及以上的工作人员、从事养老服务管理5年及以上的管理人员、从事医疗护理工作3年及以上的执业医师或执业护士、具有中级及以上专业技术职称的财会人员组成。其中从事一线养老照护服务5年及以上的工作人员至少2名，从事养老服务管理5年及以上的管理人员至少1名，中级及以上专业技术职称的财会人员至少1名。

（3）每次评估由3名评估员同时进行，需有1名从事一线养老照护服务5年及以上的评估员和1名中级及以上专业技术职称的财会人员参与。

（4）评估机构及其评估人员有下列情形之一的，应当回避：
① 与被评估的服务项目或该项目的承接机构有利害关系的；
② 曾在承接该项目的机构任职，离职不满2年的；
③ 与被评估的服务项目或者承接该项目的机构有其他关系，可能影响评估结果公正的。

（三）验收方式

社区居家养老服务验收通过对照社区居家养老服务项目评估指标表来开展。服务验收应通过服务现场及过程观察、文档查阅、访谈、服务对象满意度调查等方式开展。

① 服务现场及过程观察是指对居家养老服务的场地及服务过程进行现场观察并进行信息收集，包括但不限于场地硬件、制度建设、服务人员情况、服务过程等。

② 文件审阅是指通过材料收集和查看等方式，查阅居家养老服务机构的各类文件档案，包括但不限于服务对象档案、各类规章制度、服务记录等。

③ 访谈是指通过与居家养老服务机构的管理人员、服务人员、服务对象、服务对象家属及其相关人员进行交流谈话，包括但不限于工作内容介绍、特殊个案处理经验、服务存在的问题及困难、解决应对的方法等。

④ 服务对象满意度调查是指对服务内容、收费标准、服务频率、服务态度等满意度进行调查分析和量化评估。

（四）验收流程

1．服务项目自评

居家养老综合服务平台按照服务项目类别，每年对照要求对上年度开展的居家养老综合服务平台服务项目进行自查自评，参照社区居家养老服务评估自评报告（模板）出具年度自评报告，参考社区居家养老服务满意度调查表（模板）提供满意度调查报告，提供第三方审计的年度财务报告或年度财务报表，根据区居家养老服务指导中心的要求上报审核。

2．第三方评估

通常，区（县）居家养老服务指导中心委托第三方评估机构开展评估。第三方评估机构需根据本指引要求对上年度辖内居家养老综合服务平台开展的服务项目进行评估，参照社区居家养老服务评估报告（模板），以居家养老综合服务平台为单位出具评估报告，并将现场评估的文件资料汇总存档。评估结果报送区居家养老服务指导中心。

（1）制订评估计划　评估机构应根据委托方的需求制定详细的评估方案。

（2）成立评估小组　明确评估小组成员的工作分工，组织评估团队进行内部培训学习，详细剖析和学习评估指标。

（3）进行评估准备　安排1名专职工作人员负责与被评估项目的负责人进行工作对接，确认评估时间，准备评估材料。

（4）组织实施评估　每次评估由3名评估员同时进行，综合采用现场观察、文档查阅、访谈、服务对象满意度调查等方式进行评估并做好记录。3名评估员完成各自模块的评分后，应在现场独立的场室共同逐条合计评估项目的得分，得出最终评分。对有分歧的评分内容项应当由3名评估员再次评估，以人数占多的评估意见为主取分。完成服务项目评估后不向被评估方透露分数，但需现场将改进意见反馈给被评估方。

（5）评估分数统计　评估机构完成对街道（乡镇）居家养老综合服务平台或区居家养老综合服务平台的服务项目评估后，按计分规则计算出区级或街道（乡镇）级居家养老综合服务平台的综合得分。

(6) 撰写验收报告　实地验收结束后，评估员按照科学、客观的原则，以街道（乡镇）居家养老综合服务平台或区居家养老综合服务平台为单位撰写评估报告，上报区居家养老服务指导中心，同时做好评估数据的统计分析工作。

3．评估结果公示

区（县）居家养老服务指导中心在收到街道（乡镇）居家养老综合服务平台或区居家养老综合服务平台的验收结果后，应对验收结果进行公示。结果按服务项目类别确定优秀、良好、合格、不合格4个等级。验收结果由市、区居家养老服务指导中心在网上服务大厅公示10天。

对评估结果有异议的，应在公示期结束后7个工作日内以书面形式向市居家养老服务指导中心提出复评申请。由市居家养老服务指导中心组织复评，复评结果为最终结果。

区（县）居家养老服务指导中心汇总本区的年度评估情况，将区级评估报告上报市居家养老服务指导中心。

（五）验收结果应用

1．分数计算

社区居家养老服务项目分数按社区居家养老服务项目评估指标表直接评估得出，10个项目满分均为100分。各区、街道（乡镇）居家养老综合服务平台总分为100分，由各服务项目得分加权计算得出，其中，上门生活照料、助餐配餐、日间托管、康复护理、上门医疗分数权重各占15%，临时托养、临终关怀、文化娱乐、精神慰藉、安全援助分数权重各占5%。依托居家养老综合服务平台设立护理站的，附加5分；居家养老综合服务平台纳入长期护理保险定点服务机构的，附加5分；居家养老综合服务平台与护理站签订合作协议并提供服务的，附加3分；居家养老综合服务平台开设除了上述10项基本服务项目以外的特色服务项目的，由第三方评估机构根据服务项目计划书、服务记录、服务自评报告、服务对象满意度、社会影响力等服务实际开展情况进行评估，最高附加5分。

2．等级换算

居家养老综合服务平台综合分数及社区居家养老服务项目分数按照以下标准换算：
优秀应达到综合分数90分（含）以上；
良好应达到综合分数80分（含）以上；
合格应达到综合分数60分（含）以上；
综合分数60分以下，为不合格。

3．验收结果适用

（1）分类资助　各区（县）应根据服务项目评估结果等级，综合考虑服务项目专业化程度、服务人次数、服务质量、服务成本等因素，确定差别化服务项目补助标准，评估等级为不合格的不予补助。

（2）不合格处理　对承接的服务项目评估定级不合格的服务机构或自主供给服务的街道（镇），由各区居家养老服务指导中心督促整改。整改后仍不合格的街道（乡镇），由市（区、县）级民政局在全市（区、县）范围内予以通报；整改后仍不合格的服务机构，由服务购买方中止其政府购买服务合同或服务委托协议,该服务机构在一定期限内不得参与社区居家养老政府购买服务项目招投标。

二、社区居家养老服务质量监管措施

(一)制定居家养老服务发展规划

各级政府应紧密结合本地实际,科学地研究制定本地城乡社区发展居家养老服务规划,并把它纳入当地经济社会发展总体规划和社区建设总体规划中,统筹安排,推动居家养老服务快速健康发展。

(二)加大政府投入力度和合理配置资源

各级政府应转变职能,随着经济发展和社会进步,逐步加大投入,研究制定"民办公助"的政策措施,鼓励和支持社会力量参与、兴办居家养老服务业。各级政府要统筹考虑居家养老服务设施建设、队伍建设和运营管理等问题,合理配置资源。有条件的地区可针对性地设立专项资金,开设资助项目,探索适应当地特点的居家养老服务模式。

(三)贯彻落实支持居家养老服务的优惠政策

贯彻落实国家现行关于养老服务机构的税收优惠政策,对养老院类的养老服务机构提供的养老服务免征营业税,对各类非营利性养老服务机构免征自用房产、土地的房产税、城镇土地使用税等。

(四)建立和完善社区居家养老服务网络

建立和完善社区居家养老服务网络,要按照当地社区建设规划和老年人实际需要,协同各个部门,整合资源,在城市社区和大部分农村乡镇建设综合性居家养老服务中心、居家养老服务站点等基础性服务设施,大力推动专业化的老年医疗卫生、康复护理、文体娱乐、信息咨询、老年教育等服务项目的开展,构建社区为老服务网络,为老年人提供就近就便的多种服务。吸引生活自理的老人走出家门到社区为老服务设施接受服务和参加活动;对生活不能自理的老人则采取派专人上门包护,满足老年人生活照料、医疗护理、文化娱乐、心理慰藉等多种需求。依托城市社区信息平台,在社区普遍建立为老服务热线、紧急救援系统、数字网络系统等多种求助和服务形式,建设便捷有效的为老服务信息系统。

(五)加强服务队伍建设

加强专业化与志愿者相结合的居家养老服务队伍建设。要鼓励各类职业培训机构对居家养老服务人员开展职业技能培训,考试合格发给相应的职业资格证书。认真实施专业社会工作者职业水平评价制度,科学界定居家养老服务中职业社会工作者的岗位和职责,加强对社工专业人才的吸纳与培养。同时,加强居家养老服务人员的职业道德教育,改善和提高服务队伍的整体素质。

要大力发展社区居家养老服务志愿者组织,鼓励和支持社区居民和社区单位等为居家的老年人提供多种形式的养老服务。要逐步改善和提高居家养老服务人员的地位和待遇。紧密结合社会工作者职业水平评价制度的实行，为居家养老服务的专业人员落实相应的物质待遇；对符合条件的从事居家养老服务人员，要按规定享受相应的就业再就业扶持政策。

（六）积极培育和发展居家养老服务组织

按照政府职能转变以及与企业、事业、社团分离的原则，对居家养老服务中能够与政府剥离的服务职能都要尽可能交给社会组织和非营利机构去办，交给市场和企业去办。各级政府应积极培育、规范管理各类居家养老服务机构，鼓励居家养老服务机构发展连片辐射、连锁经营、统一管理的服务模式。

（七）建立居家养老服务管理体制

各地政府应加强对居家养老服务工作的管理和监督，建立相应工作机制。在区、街道（乡镇）和社区（村）建立居家养老服务中心、站点，受政府委托负责本辖区居家养老服务的实施和管理，其主要职责是：建立老年人信息库，发布老年人服务需求信息和社会服务供给信息，对享受政府补贴的居家老人进行资格评估；对居家养老服务人员相关资格进行审查，接受服务对象的服务信息反馈，检查监督服务质量。承担政府委托的其他养老服务事项。

（八）切实加强对居家养老服务工作的领导

各级政府应充分认识新形势下发展居家养老服务的重要性，把它列入政府工作议程，并抓紧制定符合当地实际的政策措施。各有关部门要加强配合，积极支持居家养老服务的发展。各级老龄工作委员会办公室要认真履行综合协调职能，配合相关部门，积极推动居家养老服务工作的开展。

第三节　社区居家养老服务改进措施

伴随着人口老龄化、城镇化与核心家庭功能弱化、服务需求多元化，"十三五"时期社区居家养老服务体系建设的宏观环境正在发生改变。一是老年总人口和高龄老人、失能老人的增加，导致社区居家养老服务需求总量上升；二是城镇化与核心家庭照护功能进一步弱化，导致社区居家养老服务需求增速加快；三是社区居家养老服务需求面扩展，导致社区居家养老服务供给复杂性提高。在此背景下，"十三五"时期社区居家养老服务体系建设面临六大挑战，也存在着一些问题，急需改进和化解。

一、社区居家养老服务中可能出现的问题

目前，我国社区居家养老的发展仍面临着诸多难题。与机构养老相比，社区居家养老服务由于服务对象分散、服务成本高等特点，明显处于弱势地位。因此，即使在政府的大力支

持下，能做机构不做居家和社区，能做床位绝不做上门服务被默认为养老市场的潜规则。究其原因在于社区居家养老服务盈利性较差，管理和服务的难度较大。社区居家养老服务有可能出现的五方面问题。

1．服务内容不匹配

社区养老服务中心的大力发展，使老年人的幸福指数得到提高，满足了中国老年人不离家的养老需求，但是老年人的服务需求是多样化的，在人员、设施、设备等方面造成了老人服务内容的不匹配。打一个比方来说，可能老人需要的是与国外家属视频，这看似是一个很简单的服务，哪一个服务组织也能满足，但是由于地域时差的问题，也许老人需要的是晚上与家属视频（对方时间是早上），虽然服务内容我们可以做到，但是时间上面，社区居家养老组织不能满足老人的需要，没有为老人解决问题，这就是服务内容不匹配。如何解决此类的问题，是每个社区居家养老服务组织都在探讨的内容，现在有很多大城市临近的社区居家养老服务中心，联合起来用自己所长为他人服务，就是解决服务短缺的一个根本途径。

2．专业人才不足

随着我国老龄化的加快和老年人口的增加，也加速了社区居家养老服务的发展，使得社会对养老服务人才的需求也快速增长。有资料显示，目前我国养老护理员缺口近2000万，随着失能、半失能老人的增加和长护险的试点，对高素质、高技能养老人员的需求日益增加，除了护理人员以外，像医生、护士、康复师、心理咨询师等，这些专业人才的缺乏，更是制约社区居家养老服务的发展。

现在许多的地方都已经意识到培养养老服务人才的重要性，加快了养老服务人才培养的步伐，养老人才的补贴也逐渐增加，高校人才的入职补贴、护理人员的岗位津贴、养老服务人员资格补贴等优惠政策，正吸引着更多的专业人士加入到养老服务的行列。

为贯彻落实《国务院办公厅关于推进养老服务发展的意见》（国办发〔2019〕5号）要求，人力资源社会保障部、民政部联合颁布《养老护理员国家职业技能标准（2019年版）》。该标准是指导养老护理员培养培训、开展职业技能等级认定和规范养老护理职业行为的基本依据。本次修订对指导养老护理员培养培训、开展职业技能等级认定、提升养老护理员职业技能、缓解养老护理人才短缺矛盾、规范和发展老年人生活照料和护理服务、扩大养老服务供给、促进养老服务消费等具有重要推动作用。

教育部2019年下发了《关于做好首批1＋X证书制度试点工作的通知》，就贯彻落实《国家职业教育改革实施方案》作出部署。首批启动试点的6个职业技能等级证书中就包括"老年照护"；第二批试点的10个职业技能等级证书中包括"失智老人照护"。这两个职业技能等级证书和标准的教育培训评价组织及其开发分别由中国社会福利与养老服务协会北京中福长者文化科技有限公司和北京中民福祉教育科技有限责任公司承担。目前，围绕这两个证书的师资培训、考评员培训、初中级职业技能等级证书培训在全国有序展开。为优化养老服务人才供给、提高养老护理员的职业尊严和职业价值，不拘一格育人才；为促进行业组织、专业院校、培训实施机构、考核评价机构有效融合，共同建立养老服务职业技能人才培养合作模式；为提升养老服务与管理能力建设、促进养老服务业科学发展等方面发挥了重要作用。

3．医养结合难

自2013年起，国务院和各部门多次发布文件推动医养结合的开展，在2017年的十九大报告"健康中国战略"部分中,也重点提到要"积极应对人口老龄化,构建养老、孝老、敬老政策体系和社会环境,推进医养结合,加快老龄事业和产业的发展"。但是在实际操作的过程当中,还是存在着很多的困点和难点,虽然政策的出台打开了绿色通道,但是医养结合由于涉及民政、卫生、医保三部门,容易导致责任界定模糊;再加上实际的过程当中,医疗人才的不足、医疗设备的不完善,老人对社区居家养老服务中心的不信任,失能、半失能的老人对医疗报销比例与医院不同的看法,这一切都是在医养结合实践中面临的突出问题。

可喜的是,2016年7月人社部已发文正式启动全国性社会长期护理保险试点工作,针对老年人的长护险,不仅要有生活上的照料,更有一部分医疗服务,无论是居家养老、社区养老,还是机构养老所发生的医疗护理和生活照顾的费用,都纳入了长期护理的保障范围,这样就可以扭转老年人对社区居家养老服务的认知,可以让一些医养结合的社区居家养老服务活下去,推动整个社区居家养老服务医养结合的发展。

4. 部门沟通不畅

虽然政府要求大力扶持社区居家养老服务的发展,有的地方甚至提出政府必须拿出百分之多少的办公用房用于社区居家养老。但是在实际的操作过程当中,还是存在一些现实阻力,制约着社区居家养老服务中心的良性发展,或者是沟通不流畅,有的老人没有得到服务、有的老人得到重复服务。

5. 投入成本高,回报低

目前有的社区居家养老服务中心,是政府已经把房子建设好,交给社会组织经营,而有的还需要社会组织自己垫钱去装修建设。或是在服务的过程当中,组织先垫人工工资、水电费,后期等评估考核后才能将资金补贴到位,有的甚至一两年才能发放,严重影响着社区居家养老服务中心的高质量发展。

二、社区居家养老服务改进措施

通过分析国内外保障社区居家养老服务质量方面的做法后,发现美国和日本以及国内社区居家养老服务试点较早的地区有很多地方值得借鉴和学习,可以给在改进社区居家养老服务方面做得不足的地区以启示,并做出改进和提升,主要有以下几个方面。

1. 政府发挥主导作用

在改进社区居家养老服务的过程中,政府应该承担起主体的责任,起到主导的作用。政府要发挥主导作用,并不意味着政府要在社区居家养老服务的发展中承担所有责任,不意味着由政府作为提供养老服务的唯一主体,而是秉承"管大放小、管少放多"的管理原则,发挥中坚力量,扮演好在社区居家养老社会支持体系中协调和组织中枢作用的角色。为了更好地推行社区居家养老服务,提升社区居家养老服务,美国政府建立了一批不以营利为目的的托老所社会福利机构,但是政府不作为管理机构,而是仅仅起到了引导作用,但是大部分都由政府来出资。日本政府实施了"新黄金计划",引导社区为老年人提供更优质的卫生护理服务。国内的上海市由政府牵头建立了社区服务网站以及电话服务热线,更方便老年人寻求帮助、进行反馈。此外,作为在社区居家养老服务中起主导作用的政府应该引进市场竞争机制,如美国政府建立的托老所,使托老所之间形成良性竞争,进而改进社区居家养老服务,保障服务质量。

2.充分发挥社区在养老中的作用和功能

社区居家养老服务是以家庭为核心,而以社区为依托,由与家庭关系最密切的社区为老年人提供养老服务,社区这一主体在发展社区居家养老服务中占有重要的地位。而从发达国家社区居家养老服务发展的经验来看,各国在解决养老的问题上都对社区所起到的作用非常重视。如美国建立起托老所后将管理权移交到社区,为满足居家老年人的教育需求,在社区设立老年大学,社区有义务接收老年人就读。又如日本为方便老年人享受到更全面的养老服务,将社区服务细致地划分为四种服务。国内的社区居家养老服务试点地区上海市同样很重视社区的作用,开通的服务网站和电话热线都是以社区作为基础。将老年活动福利设施设备引进社区、经过培训的专业服务人员进驻社区、深入老年人群调查老年人的实际需求、设立相适应的服务项目和产品,都能在社区中更好地为老年人提供更加全面的、更加个性化的、更加便利的、更加实惠的养老服务。

3.完善法律法规体系

通过对国外社区居家养老服务质量保障机制的研究,发现完善的法律法规体系是提升社区居家养老服务质量的有力保障,政府发现问题的出现即会制定一系列相关的法律法规政策,通过政府的作为来积极引导养老服务的发展,遏制问题的继续恶化。在1965年,美国老年人口的快速增长带来了养老问题,与老年人生活相关的案件不断增多,美国颁布了《美国老人法》,随后又出台了《老年人志愿者工作方案》《老年人社区服务就业条例》等与老年人生活息息相关的法律法规,确保老年人的权益不被侵害,老年人的需求得到保障。日本在保障老年人养老质量的过程中也出台了许多重要的法律法规,如《老年人福利法》《老年人保健法》《残疾人福利法》等法律,不仅将保护老年人列入其中,而且对子女亲属履行养老的义务也有相关规定,《介护保险法》更是统筹了养老服务与医疗卫生服务。

我国是世界上老年人口过亿的国家,老年人数量越来越多,养老问题处在风口浪尖的位置上,我国也在积极地解决这一难题。《关于全面推进居家养老服务工作的意见》《中国老龄事业发展"十二五"规划》《关于进一步做好养老服务业发展有关工作的通知》《中华人民共和国老年人权益保障法》《国务院关于加快发展养老服务业的若干意见》等政策的出台,无疑对我国的老龄事业、养老服务业的发展指明了方向,更是老年人得到养老服务的有力保障,但面对迅速增长的老年人口,面对养老服务业的不断变化,仍需不断地完善与老年人紧密相关的法律法规和政策。

4.加强专业化人才队伍建设

无论是国外还是国内的养老服务业的从业人员都是由两类人员组成:专业技术人员和志愿者队伍。在发展养老服务业的过程中把人才的培养放在一个重要的位置,随着养老服务体系的不断完善,老年人迫切需要更加专业化的服务支持,对养老服务从业人员的要求也越来越高,对从业人员进行考核以确保其能提供更好的服务。如日本形成了精神保健福利士、护理福利士等在内的分类详细的职业资格认证体系。美国在培训专业的养老服务从业人员的同时,也在不断地扩大志愿者服务队伍。在每一条街道的托老所和社区都能看到志愿者的身影,他们白天大多都从事免费的居家照料服务,鼓励老年人成为志愿者,用自己丰富的知识和专业的技术去给需要的人带来帮助，而大多数社区也都很乐意为有意愿当志愿者的老年人提供机会。

| 典型案例 |

广州市社区居家养老服务满意度调查表

服务机构：＿＿＿＿＿＿＿＿＿＿　　调查日期：＿＿＿＿年＿＿月＿＿日

填写人员姓名：＿＿＿＿＿＿（与服务对象关系：□本人　　　□其他＿＿＿＿＿）

序号	调查内容	非常不满意	不满意	基本满意	满意	非常满意
1	对服务机构的管理是否满意？					
2	对服务机构提供的服务内容是否满意？					
3	对服务机构工作人员的服务态度是否满意？					
4	对服务机构提供服务的质量是否满意？					
5	对服务机构提供的服务设施是否满意？					
6	对服务机构管理员的服务能力是否满意？					
7	对服务人员处理应急问题的能力是否满意？					
8	对服务人员服务时的工作效率是否满意？					
9	对服务人员服务时的语言和行为表现是否满意？					
10	对服务人员服务时的责任心是否满意？					

其他意见：

调查表补充说明：
1. 此表调查内容由老年人或监护人填写，在相应的栏目打"√"。
2. 非常满意10分，满意8分，基本满意6分，不满意4分，非常不满意2分。
3. 服务对象满意度调查计算方法如下：

$$C = \frac{\Sigma A}{T} \times 100\%$$

式中，C 为服务对象满意度；A 为各项调查内容实际得分；T 为调查内容总分值。

案例简析：

广州市社区居家养老服务满意度调查表评价分为五个梯度，以各项调查实际得分和调查内容总分值去对比确认社区居家养老服务质量状况。

| 延展阅读 |

南京市是国内最早进入老龄化人口城市之一，也是最早推行社区居家养老试点的城市之一，前期为了加速它的发展，也为了使老年人能享受到一些基本的服务，政府投入了很大的资金。2012年，南京首次对全市近5000家使用呼叫器的老人家庭进行评估，当时使用的是最原始的评估方式，实地走访，耗时长，人工大，交通不便。评估人员克服了许多困难，拿

到了第一手资料。但正是那一次的评估，了解到大多数老年人对政府给予他们的方便和服务还是很满意的。但是还有一些老人，对于呼叫器有什么用处不是很明白，或者因为时间长了维修不及时，或者因为害怕才不使用呼叫器，把政府给的"免费午餐"浪费了，也有偏远地区的老人因为信号不好或者不会使用等原因没有使用。更有一些老年人真正需要呼叫器，而没有给他安装。造成了政府资金的流失和老人服务的不匹配。第三方评估组织如实将评估的内容，采取老人签字、拍照等方式，本着实事求是的态度，公平、客观用文档的形式，保存记录下来。为政府提供了有力的参考数据，从此拉动了南京市规范社区居家养老服务市场，拉开了逢补必评，保证资金的合理使用的序幕。

第三篇

创 新 篇

第九章　社区居家养老服务创新实践

　　随着社区老龄化加速，养老服务需求日益多元化、多层次化，养老供求矛盾日渐凸显。探索社区居家养老服务机制创新，不仅是适应经济社会发展新常态的需要，也是顺应人口发展规律和满足为老服务需求的必然要求，更是迎合新时期养老服务发展要求以及当前党和国家重大战略布局的需要。目前我国各地政府按照国家关于积极应对人口老龄化、加快养老服务业综合改革的部署精神，统筹推进全国养老服务业综合改革、中央财政支持居家和社区养老服务改革、长期护理保险制度和医养结合试点，积极推动社区居家养老服务改革创新工作，形成了颇具特色的社区居家养老服务创新实践。

第一节　医养结合社区居家养老服务实践

　　随着老龄人口的增加，2013年9月13日国务院《关于加快发展养老服务业的若干意见》正式发布，将"积极推进医疗卫生与养老服务相结合"作为养老服务业发展的6大主要任务之一。这一政策也被称为我国养老服务业发展史上的里程碑式文件，是我国医养结合政策制定的指导性政策，也是医养结合政策的原点。2014年9月国家发展改革委、民政部等10部门《关于加快推进健康与养老服务工程建设的通知》，指出养老服务体系包括社区老年人日间照料中心、老年养护院、养老院和医养结合服务设施、农村养老服务设施等4类项目。2015年11月，卫生计生委等9部门发布《关于推进医疗卫生与养老服务相结合的指导意见》的通知，提出到2017年医养结合政策体系、标准规范和管理制度要初步建立，同时也为医养结合作出了总体布局：医养结合不但包括传统的生活照料服务，更突出的是包括医疗康复保健服务，是集医疗、健康咨询、健康检查、疾病诊疗和护理、大病康复以及临终关怀为一体的养老服务模式。至此全国医养结合的模式呈井喷式发展。

一、社区居家养老服务中的医养结合

医养结合是养老服务发展的方向，也是社区居家养老服务的要求。社区居家养老服务中的医养结合实现有几种不同模式，这些模式特点又有所不同。

（一）社区医养结合的几种模式

1. 社区医院开设社区居家养老服务的医养结合模式

有条件的社区医院开设社区居家养老服务，它的好处是设备功能齐全，医疗人员配置充分，可以在原来的为老服务基础上，增加对社区居家老人身体条件、疾病发展、健康档案等管理的延续性，减少社区医院病床的空置率，避免造成资源浪费。但是由于社区卫生服务中心一般是街道地段医院，只有在医院内才能满足老人的医疗服务需求。同时，一个社区卫生服务中心要为一个和几个社区的老人居民提供服务，由于编制有限，造成人员短缺，对需要上门护理的老人可能无法充分满足其需求。

2. 养老机构开设社区居家养老服务的医养结合模式

政府鼓励有条件的养老机构开门办院，为周边的老人提供医疗服务，包括现在新增的一个名词叫家庭养老护理床位，都是为了可以在"一碗汤"的服务半径为老人提供上门照料和医疗服务。大多数的养老机构都是24小时为院内老人提供日常照料和医疗服务的。该模式可以整合养老机构的资源，当养老机构周边社区老人有需求的时候，只要拨打电话或者通过网络联系，养老机构就能收到需求信息，很快派人来到老人的身边，为老人提供所需要的基本医疗服务。而在平时的服务过程中，健康的老人可以白天到机构来享受居家的一切服务，还可以做一些健康的基础咨询管理，既为院内的老人注入新鲜的血液又能丰富自己的晚年生活。而失能、半失能需要照顾的老人，不愿意离开家的照料，如果养老机构有短期托养、日间照料等，则可以考虑住进来。养老机构只要通过调整，适当增加护理医疗人员，就可以很好地照料老人。这样既节约人力资源又增加机构的收入，做到双赢。

3. 社区居家养老服务点与医疗机构签约服务的医养结合模式

这种模式比较普遍，因为有的居家养老服务点规模比较小，没有条件增加医疗设备和人员，就与周边的医院合作，定时定期为老人进行巡诊、健康讲座、健康咨询和慢病管理，不需要占用医院的床位。但是其弊端在于居家老人有突发事件或者身边无人时，护理人员不能及时赶到，会导致意外的发生。

4. 社区居家养老服务点自己开展医疗服务的医养结合模式

这种模式，首先服务站点或者驿站面积能够达标，环评能够过关，在此基础上便可以增设医务室、护理站甚至康复护理院。通过推行家庭医生、护理人员签约的模式，为社区居家老人提供上门服务，将医疗服务送到老人身边，让老人足不出户就能享受平时居家的助餐、助浴、助洁等生活照料服务，而有需求时又可以随时看病检查，特别方便。

5. 养老社区医养融合的医养结合模式

为了应对老龄化的发展，鼓励运用政府和社会资源合作的模式，推进养老服务业供给改革，加快养老服务业培育与发展，形成多层次、多渠道、多样化市场。实现老年人的个性化，满足部分高端老人的需求，全国各地出现了一系列的高端养老社区。好处是老人把整个家都搬到养老社区里面来，可以和相同兴趣爱好、相同素质的人在一起。在整个养老社区里由于社区活动丰富多彩，可以改善中国老年人的生活方式与国际接轨。在充分尊重各位长者的个人爱好意愿的前提下，为每位长者营造独立、舒适、安全的生活空间。医疗方面一般都是引进大型的医疗机构进驻或者成立自己的医疗门诊部，全天候为养老社区老人提供一站式的生活照护。根据老年人的身体健康状况，为健康的老人提供 24 小时健康陪伴，建立专属健康档案，带配药、人性化服务。当老人有需求的时候，就会有医疗人员立刻来到身边提供医疗照护服务。对失能、半失能、失智的老人也会为他们打造护理专区。养老社区完善的设施，让老人住的安全、安心，医疗有保障。其弊端是只服务于消费能力高端的老人，拒绝了大多数普通老人的养老医疗服务要求。

以上模式各有利弊，需要在实践中不断完善医养融合养老服务内容，持续提升养老服务质量，从而推进社区居家养老服务医养结合的良性发展。

（二）社区医养结合的人员配备

"医养结合"就是把专业的医疗先进技术、先进设备与康复训练、日常学习、日常饮食、生活养老等专业相融合。以医疗为保障，以康复为支撑，边医边养、综合治疗。[1] 这不是简单的医，也不是单纯的养。需要多方面的人员储备。以下几类人员更为基础和必须：

① 医护人员。需要有专业执业医生、护士、康复师、训练师的资质，可以为老人提供个性化的健康服务、疾病诊治和康复护理。

② 养老护理员。必须持有养老护理员证，或者有机构内为其进行培训的证书，为老人提供社区居家上门照护的护理服务。

③ 后勤保障人员。国家资质认可的消防员、安全员等为社区居家养老提供安全保障；餐饮人员必须持有健康证，能满足老人所需求的饮食个性化；营养师、咨询师、康复理疗师、评估员、社工等相关工作人员都必须有国家认可的资质，满足老年人的多种需求；开展医养结合社区居家服务的管理者，都应该具有养老机构或者医疗机构的管理经验，并在工作中持续培训，以满足日益变化的老年人的需求；有条件的社区站点和驿站人员配备需齐全，无条件的可将服务外包，但是需和有资质的公司签订有效协议。

---

[1] 参照《医养融合服务规范》，2017 年 2 月 23 日发布，2017 年 3 月 1 日实施。

（三）社区医养融合的服务内容

① 生活照料服务。为老人提供助餐、助浴、助洁、助乐、代购、护理、探望、助行、助学、助聊等生活照料，以及喘息照料和失能、半失能老人的护理照料。

② 康复护理服务。由专门的医护人员为失能失智，以及其他慢性病及康复期的老人提供康复治疗。

③ 健康教育服务。为老人提供疾病预防、营养指导、康复护理、养生保健药物干预以及健康咨询服务。

④ 健康管理服务。为老人制定健康档案，开展基本身体条件监测以及跟踪服务。

⑤ 药物管理服务。由专业的医生和护士为老人常见病的药物疗效、用法、用量、不良反应等进行指导。

⑥ 疾病诊治服务。提供常见病、慢性病的预防和急救服务，并且在能力范围内不能为老人治疗时可以提供有效转介服务。

⑦ 临终关怀服务。由专业的医疗人员和护理人员维持临终老人正常的生活状态，缓解老人的疼痛，给予相应的专业指导和全身心的照顾。以及给家属进行心理疏导和专业指导，包括老人病故后的协助处理。

⑧ 其他服务。根据老年人正常的心理需求和生理特点，提供心理咨询、心理疏导、情感陪护等服务。对有特殊需求的老人如不能满足其服务时，可以为其提供转介服务。

社区医养结合服务组织在为老人提供服务的时候，要签订医养结合服务协议，严格按照服务流程，做好服务接待、服务评估、服务跟踪、服务记录。随时观察老年人的需求和身体变化，并根据需要进行适当调整和变更服务，每一次都要有记录，服务结束后，要双方签字确认，明确双方的权利、责任与义务。

二、医养结合社区居家养老服务实践创新

"医养结合"已经是大家耳熟能详的一种养老模式，在"未富先老"的背景下，成为了解决我国老龄化现状的一剂良药。如何在"医养结合、居家养老、健康管理、养生保健"等"大数据＋人工智能"的创新养老模式实践中，探索出一条科学实用的医养结合养老照顾方案，让老年人真正做到"老有所养、老有所医、老有所依、老有所护"，是每个社会组织应对老龄化的努力方向。

（一）医养无缝对接，提供个性服务

通过医疗资源进入社区和居民家庭，与养老资源相互融合、相互促进，满足老年人在养老过程中的医疗护理服务需求，整体提升养老服务需求。医养结合的社区居家养老在硬件上不仅满足医疗规范配置，在整体环境布置上也应该更加温馨更加家庭化。在生活照料方面，配有专业的居养及居护管家，让老人在中心的任何时间、空间都享受着家的温馨。在精神关爱方面，根据老人的兴趣爱好及体能特点，制定各种适合的文化娱乐活动。对其退休空虚寂寞的状态，制定相应的心理辅导类活动。健康管理方面，配有专业的医护人员，提供及时专业的医疗照顾，并由专业的康复师根据老人的身体状况，为失能失智以及其他慢性病及康复期的老人提供康复治疗、护理计划。以社区老人家庭为医护场所，让家庭医生、医护人员，走出去送上门，并根据老人的情况实

时与医院联系，达到转诊功能，解决老人的后顾之忧。

（二）科学助力养老，提高服务品质

俗话说"金窝银窝不如自己的草窝"，在老年人眼里，在哪里都比不上自己的家，但是许多社区都存在着老年设施过于简单、服务单一的现状。能够到居家养老医养结合的社区服务站点来的老人都是生活能够自理的老人，大多数在医疗方面的需求仅仅是医疗咨询、健康管理。而在家或者有医疗和护理需求的失能和半失能以及慢性病的老人，他们才是真正需要提供上门服务的。如何帮助一部分经济困难而又有服务需求的人得到很好的照料，从而对稳定家庭、稳固社会起到良好的作用，就成为摆在居家养老服务组织和老人以及家属面前的重要课题。2019年8月21日召开的国务院常务会议部署了扩大养老服务供给，促进养老服务消费，指出要鼓励企业研发生产优质适用的老年产品，是应对老龄化提升老年人生活质量的重要举措。

为了防止老年人在家里面摔倒、跌伤，根据老年人的家庭环境和卫生间的大小设施，老年人的安全扶手、防滑防摔设施、呼叫系统等应急产品已成为大众消费。许多的城市和社区更是为了老年人的健康生活，无偿地给老人进行适老化改造。随着科技的发展，社会上也涌现出一系列的现象，如为父母设计电视盒子等高科技产品，通过远程分享让亲情零距离，提升老人的晚年生活质量，最大限度地解决空巢老人寂寞的问题。

大力提倡的医养结合社区居家养老就是把医疗服务送上门，为此对居家医疗设备研发和生产提出更高的要求，如对失智老人的看护、对失能半失能老人生命体征的监测，以及如何减轻护理人员和医疗人员的工作负担等，这些对一些专门生产和研究老年人产品的厂家来说，既是挑战，也是商机。科技发展的今天，智能化管理设备在实践当中更能满足居家老人的高品质需求。

例如，以前工作人员上门为老人量血压、测血糖，做一些简单的检查，通常是带着血压计、血糖仪、试纸等各种设备以及纸质的材料，做好记录以后，回站点再做档案管理。过程中常常因为东西带的不全，到老人家里面极为不方便，有时因为情况紧急或工作人员疏忽，导致纸质材料破损，数据不全，加上回站点后忘了和其他工作人员交接，以及工作人员流动性大的现实情况，时间长了，数据就会遗失，工作失去连续性，老人的家属或者监护人对老人的情况就不能及时了解。

随着高科技的发展，现在到老人家里去，只需拎一个箱子，里面血压仪、血氧仪、血糖仪等健康设备齐全，采集的数据自动保存在设备里，再也不怕数据会丢失。如果要调取数据，只要刷老人的身份证甚至刷个脸，上次检查的数据和这次检查的结果以及对比度马上就能显示出来，方便医护人员掌握对老人进行药物治疗和营养调理的效果，并进行及时分析和干预，为老人做进一步健康检查提供依据。家属若想了解情况，只要在手机上连接该设备，便能实时看到老人的身体状况和健康档案。因而像药物管理、康复记录等这些有效、便捷的高科技适老化产品在医养结合的社区居家养老服务实践中越来越多地被工作人员所使用。

（三）"互联网＋医养结合"的有效创新

"互联网＋医养结合"的居家养老秉承互联网开放、便捷、分享的理念，将信息技术、人工智能、互联网思维与医养结合居家养老服务机制建设相融合，形成智慧养老系统。该系统运用互联网、智能呼叫、智慧医疗、GPS定位技术等先进信息技术，创建"系统＋服务＋老人＋终端"的养老服务模式，创新发展慢性病管理、居家健康养老、个性化健康管理、

生活照护、养老机构信息化服务等，让老人享受更智能、专业的照料。对于失能、半失能的居家老人，会对其进行健康管理，提醒用户吃药，并运用智能床垫、便携式健康一体机等智能设备对老人进行身体监测，一旦身体健康发生异样，系统就会进行预警，上传到服务中心和智慧平台，让最近的服务人员赶去为他提供服务。所有信息实时同步，家属远程也可以了解老人的情况。外出时，只需给失智老人佩戴智能腕表，就可以对其进行GPS定位，一旦发生意外还可以进行一键呼救，保障老人的安全。除了这些，通过大数据可将老年人的信息在区级和市级的养老服务平台上显现，为老人匹配所能提供服务的医养机构，通过三级管理更好地保证老年人的安全。

大数据下的社区居家养老与智能化社区医养结合养老服务的深度融合，使得传统的医养结合的社区居家养老服务模式已不能满足现在老年人的需求，运用智能化技术提高养老服务管理水平，可以更有效更直接更快速地打通医养结合的社区居家养老服务"最后一公里"，为社区老人提供医养服务。

（四）医养结合社区居家养老服务实践中的长护险

在实践中我们发现全国有很多先进城市，如上海、苏州等地已经实行了长期护理险（简称"长护险"）。长护险制度是为被保险人在丧失日常生活能力、年老患病或身故时，侧重于提供护理保障和经济补偿的制度。长护险的推广带来了很多益处，如失能、半失能的老人得到了专业的居家照顾服务，同时需要长期护理的家庭也大大地减少了经济负担。另外对于机构来说，老人照顾费用由医保结算，增加了机构的收入，解决了机构里的人员成本矛盾。

但是试行长护险以来，问题也得以显现：一是长期护理保险制度的人员队伍分别来源于护工、养老护理员、执业护士等不同体系，素质水平参差不齐，缺乏统一的监督体系。由于社区居家照护的主管部门是民政部门，而医疗基本服务主管部门是医疗部门，居家照顾和医疗照顾发生矛盾时如何整合，成为在实践过程中遇到的主要问题。二是很多老年人停留在不愿意花钱购买服务，只吃"免费"的午餐的思想阶段，短时间内社区医养结合的居家养老中心还需要靠政府的大力扶持，来推动养老产业快速健康的发展。

实行长护险需要国家、社会、企业、个人等共同努力。通过制度、模式、观念上的创新，完善评估标准，提升高龄、认知、老年病症、家庭照料能力的权重，制定科学的失能等级标准以及鉴定机制，让更多符合条件的老人都能够享受到长期护理保险服务，优化医养融合社区居家养老服务体系，让老年人享受到更优质的医疗照顾服务，提升老人的幸福感、满足感，实现"老有所医、老有所养、老有所乐"。

第二节 "互联网+社区居家养老服务"设计

一、"互联网+社区居家养老服务"含义

如前所述，社区居家养老是以社区为载体，通过服务商为社区老年人提供多种服务的养老模式。在这个模式的运行中，服务商希望将自己的产品与服务尽可能多地宣传给老年人，

有服务需求的老年人也希望尽可能多地选择性价比较高的产品与服务，同时监管部门想要对服务商提供的产品与服务进行监督和检查。

传统的居家养老服务的过程有很多局限性、限制性。传统的社区居家养老服务模式存在养老服务供需双方不匹配、及时性和灵活性较差；社区居家养老服务项目少、范围窄、精神慰藉缺失；社区居家养老服务监督和评价机制不完善，服务管理效率低；专业的居家养老服务人员短缺，人员素质不高等问题。以上问题的出现主要是因为社区居家养老服务的信息沟通与共享不畅，监管部门缺少规范的监管与监督，从业人员缺乏培训学习与交流的方式。针对以上问题，如果将这个途径通过互联网的方式进行，则会有效地解决以上问题。

"互联网＋社区居家养老服务"的内涵没有明确的定义，但是各方的概念大体相同，核心是将互联网以及老年人护理服务业结合起来，利用信息流来推动老年护理服务，为养老行业开辟智能养老新格局。有学者认为，将互联网、物联网和移动通信网在"互联网＋"的视角下整合，然后利用互联网的数据收集以及优化资源的优势，整合社会上的多种资源进入养老行业，进而形成服务高效、共享信息资源的养老服务系统，实现满足老年人多元化护理养老需求的目标。

其他观点认为，"互联网＋社区居家养老服务"不是去做简单的加减法。这个"＋"有三层含义：首先是建立能够合作的渠道，将互联网与居家养老联合起来；其次是要"取其精华，去其糟粕"，利用各自的优势探索共同发展的全新模式；最后是深度的融合，建立起完善的共同发展的模式，才能达到带动全行业快速发展的目标。

从专家们的分析得知，"互联网＋社区居家养老服务"设计就是在传统社区居家养老面临信息闭塞、共享手段缺乏、服务内容单一、服务供应商区域化明显、缺乏有效的监管监督等问题的情况下，通过"互联网＋"的概念与技术打破社区服务信息孤岛的格局，充分发挥新技术在社区居家养老服务设计的应用，助推社区居家养老服务的发展。

二、"互联网＋社区居家养老服务"设计

"互联网＋社区居家养老服务"设计并不是单纯地将"互联网"＋"社区居家养老服务"，而是在传统社区居家养老服务的基础上将互联网、新技术作为发展社区居家养老服务的一条途径。这种模式要建立在社区居家养老服务的基础上，通过新技术、新思想完善社区居家养老服务的内容，并且完成社区居家养老服务的转型升级，拓展新的社区居家养老服务模式。"互联网＋社区居家养老服务"设计要根据社区居家养老服务内容来设计与完善，主要表现在以下几方面。

（一）政府政策的支持

政府对"互联网＋社区居家养老服务"的政策在不断地出台、完善、细化，《中国老龄事业发展"十二五"规划》对我国老龄事业的发展作出了重要指示和部署，明确提出要将养老服务信息化建设列为发展我国老龄事业一项重要任务。2015年国务院印发《关于积极推进"互联网＋"行动的指导意见》，明确提出"促进智慧健康养老产业发展"的任务目标，由此表明智慧养老已经开始上升到了国家战略层面。国务院办公厅印发《关于全面放开养老服务市场提升养老服务质量的若干意见》，明确提出"发展智慧养老服务新业态，开发和运用智能硬件，推动移动互联网、云计算、物联网、大数据等与养老服务业结合，……支持适

合老年人的智能化产品、健康监测可穿戴设备、健康养老移动应用软件（APP）等设计开发"等。

2016年，《民政事业发展第十三个五年规划》首次提出要推进居家养老和社区养老服务，强化居家和社区养老的服务功能，通过积极开展智慧养老服务和互助式养老服务，提高养老服务工作人员服务水平，为老人提供更加专业、高效的社区居家养老服务。关于居家养老服务技术层面，规划还提出支持企业和养老机构运用移动互联网、云计算、大数据、物联网等技术手段与养老服务深度融合，推广居家养老信息服务平台的应用，借助平台提供诸如紧急呼叫、家政预约、健康管理、物品代购、餐饮递送、服务缴费等能够满足老年人需求的服务项目。

2015年，北京市出台《北京市居家养老服务条例》，明确指出将居家养老老年人的服务需求分为八大类，分别是老年人用餐、医疗卫生服务、家庭护理服务、紧急救援服务、日间照料服务、家政服务、文体娱乐服务、精神慰藉等。

（二）结合现有的"互联网＋"成熟模式推进社区居家养老服务的改革

现在市面上成熟的美团外卖、饿了么、58同城等"互联网＋"的产品已经非常成熟，"互联网＋社区居家养老服务"可以利用以上成熟的产品结合社区居家养老服务内容来实现。下面按照社区居家养老服务的内容分析一下"互联网＋社区居家养老服务"如何实现。

1．在生活照料服务方面

社区居家养老服务可以利用O2O、B2B等方式，通过系统平台、APP由老人或者老人的亲属订购洗衣、送餐、助餐、送水、穿衣、剪发、各种家政等生活照料服务。同时，系统还可以根据用户平时订购的服务及时间进行大数据分析得出用户的习惯与需求，以此通过系统推送用户需要的服务及产品。同时服务供应商可以根据用户的习惯与需求完善自己的产品，创立新的服务内容。

2．在医疗保健服务方面

社区居家养老服务如生活照料方面的服务可以通过系统平台或APP的方式，让老人及亲属订购提供送药、私人护理等服务。同时可以利用现有的智能医疗、智慧养老的智能化设备进行老人身体健康指数的收集，根据老人的健康状况制定适合老人的保健措施，还可以根据智能化设备提供的老人每天康复训练的结果，更为精确地掌握老人的康复状态。老人的亲属也可以通过系统设备的提示监测老人的身体健康。

3．在紧急救助服务方面

社区居家养老服务可以通过老人在医疗保健服务中使用的智能化产品与物联网、云计算、大数据等互联网方式的分析与社区医院的系统进行关联，当老人出现健康问题时可以及时、快速地到达现场并进行救治。

4．在精神慰藉服务方面

社区居家养老服务可以利用互联网的"互通互联"的特性，建立社区养老BBS、群体聊天等功能，使老人不受时间和地点的约束就能与社区老人、社工进行沟通，并且社区活动组织者也可以在群体聊天或者系统中推送活动通知。

根据以上内容得知,"互联网+社区居家养老服务"一般建立在信息系统以及移动端的APP中,如图9-1所示。

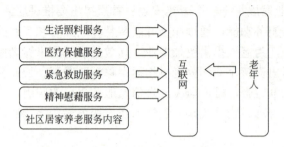

图9-1 "互联网+社区居家养老服务"模式

由上图可知,"互联网+社区居家养老服务"模式是以老年人的需求为本,以互联网为纽带,不断完善和创新社区居家养老服务内容的一种模式。

三、"互联网+社区居家养老服务"应用案例解析

(一)爱侬养老

"爱侬"品牌创建于1992年,至今已有27年发展历程,目前公司拥有1家职业技能培训学校、2家机构养老院、8家养老服务中心(驿站)、1家餐饮配餐公司和1家咨询服务公司。2017年2月,爱侬养老正式挂牌新三板。爱侬养老现建有"区-街道-社区"三级养老服务中心,以居家养老为基础,社区养老为依托,机构养老为补充,目前发展成为"家政+养老+互联网"的综合型服务企业。其发展历程如表9-1所示。

表9-1 爱侬养老发展历程

时间	大事件
1992年9月	爱侬家庭服务社(爱侬股份前身)在北京石景山成立
1995年5月	正式更名"北京市爱侬家政服务有限责任公司"
2010年4月	北京市西城区爱侬职业技能培训学校挂牌成立
2013年2月	爱侬入驻中关村石景山园区,成为家政行业内首家高新技术企业
2013年10月	携手北京市朝阳区政府,共建朝阳区养老服务指导中心
2014年9月	爱侬首家社区养老驿站在潘家园榆松西里社区落成
2014年10月	爱侬在北京市朝阳区垡头街道开设第一家街道养老照料中心
2016年4月	正式更名为北京爱侬养老服务股份有限公司
2017年2月	登陆新三板挂牌上市

爱侬目前采取的是"四位一体"的养老服务架构:

① 信息化服务体系。承接朝阳、密云两个区级民政局搭建全区的养老信息化体系建设。涉及呼叫中心,比如老人的呼叫热线、客服体系给予的这些相关数据的支持,以及与老人相

关的后台数据分析，比如老人的数量、年龄段、男女比例、健康状况，等等。承担数据分析和数据库的功能，并可满足整个服务流程体系的搭建，从接到热线电话到派单、回单整个流程。目前前端为民政部门搭建养老服务平台，无论是 PC 端还是移动端，均由爱侬给予开发和运维。

② 养老培训体系。涵盖养老技能培训学校和考试鉴定基地，可满足技能培训和技能考核鉴定两层需求。

③ 养老评估体系。可以对老人做专业的健康状况评估，了解养老需求，并根据需求制定相应的养老服务方案。

④ 服务商整合体系。搭建一个养老服务平台，将其他领域的优秀医疗护理机构引入平台，与爱侬的养老服务项目形成优势互补。对合作入驻机构收取部分佣金。

从业务推广的角度看，营销途径分为线上线下两个部分。

线上主要表现：① SEM 关键词付费推广；② 网络品牌推广，含各网站、专栏、空间的信息介绍与推广。

线下主要表现：① 借助实体的养老驿站，通过组织文娱活动、养老配餐、精神抚慰等多种形式，形成口碑宣传；② 与街道组织或其他公益组织一同举办针对老人的各类文娱活动，提升品牌认知度。

（二）三开科技

三开科技成立于 2010 年 11 月 15 日，创立之初主要开发一些与医药相关的 SAAS 管理软件，2013 年开始研发居家养老类的管理软件。随着健康养老产业的崛起并显现出巨大的市场潜力，三开科技决定将"健康养老信息化"作为主营业务。2015 年完成股份制改造，2016 年 3 月挂牌新三板。其发展历程如表 9-2 所示。

表9-2 三开科技发展历程

时间	大事件
2010年11月	三开（北京）科技有限公司成立
2011年1月	三开签约乌鲁木齐，开发出96577服务网络中心系统
2012年3月	研发健康体检系统、处方点评与合理用药系统等
2013年9月	开始研发居家养老健康服务运营管理系统
2014年	运营并推广健康养老云平台，签约多家实体养老服务机构
2015年6月	完成A轮1200万元融资
2015年9月	更名为北京三开科技股份有限公司
2015年12月	康老汇商城上线
2016年3月	正式挂牌新三板
2016年5月	与中南集团达成战略合作，开始进驻线下实体店运营业务

三开科技主要从事健康养老数字化、信息化技术的开发与服务。三开科技的业务集软件开发、销售、技术服务、硬件销售和网络集成为一体，是养老软件和综合型信息化养老服务平台整体解决方案的提供商。主要服务群体包括养老机构、养老服务公司、养老地产商等，

同时又兼顾社区和居家养老等模式，具体表现为：

① 社区养老模式：三开科技以社区服务站为核心，提供基本档案和健康管理、财务管理、文娱管理等服务。

② 居家养老模式：老年人在家中主动呼叫，由养老公司派人提供上门服务，三开科技提供呼叫中心、服务派单、医护平台等支持。

③ 社会化机构养老模式：三开科技整合从老人入住到出院的所有流程，提供床位管理、入住管理、试住、请假、出院等系统服务。

三开科技推出"康老汇"品牌。"康老汇"现已完成三大板块建设：智慧养老云平台（SAAS 平台）、商城（B2C 电商平台）、养老圈（媒体平台）。

四、"互联网＋社区居家养老服务"实践创新

"互联网＋社区居家养老服务"的实践需要在以下内容不断完善与创新。

（一）不断完善智慧社区养老的制度建设

我国的智慧社区养老服务的发展起步较晚，虽然我国近几年在"互联网＋"行业的发展迅速，但是目前国家缺少智慧社区建设的具体标准，缺少关于"互联网＋社区居家养老服务"的建设要求，同时缺少政府对"互联网＋社区居家养老服务"行业的监管细则。国家在《"十三五"国家老龄事业发展和养老体系建设规划》中指出必须夯实居家社区养老服务的基础。"十四五"期间我国将进入中度老龄化阶段，所以提升老年服务质量和效率就需要创新养老服务模式，根据老年人的需求提供有针对性的、个性化的、专业化的服务。想要完成这一目标，政府首先要建立自上而下统一的"互联网＋社区居家养老服务"的政策体系。这其中包括行业内完善的相关奖惩法律文件，尤其是利用税收及其他优惠政策鼓励企业进入智慧社区的建设及服务项目的开设。其次设立企业准入标准和评价体系。"互联网＋社区居家养老服务"体系设立准入机制、系统的服务评价体系、完善的监管体系是提升服务绩效、保障养老服务质量的重要措施。再次，明确责任部门、加强各部门之间对智慧社区发展的沟通交流是防止政策落实不清，促进智慧社区发展的重要保证。

（二）创新社区居家养老服务模式

社区居家养老服务的发展离不开社区居家养老服务模式的发展，社区居家养老服务应当以"互联网＋"技术的发展为契机，根据老年人需求的变化，不断创新社区居家养老服务模式及产品。以社区居家为主、机构供养为辅的新型养老服务体系，积极创新社区居家养老服务模式，健全服务网络，提升服务水平。

（三）建立完善的社区居家养老服务信息平台

智慧社区养老服务平台对社区内老年人群及周边服务机构建立信息化管理，通过多端联动运营，实现信息化管理。利用互联网、大数据等信息化技术整合建立养老服务平台，老人及子女可通过手机端申请上门服务、健康护理、日常照料等，为老人提供健康、便民、居家、医疗、精神关怀等方面的专业服务。平台不仅提供服务信息传递的作用，更是业务运营管理平台。各类服务产品、服务信息，均可在平台上进行管理和运营，使居家养老服务得以

实现。所以，建立完善的社区居家养老服务信息平台是必要的。

（四）完善社区居家养老服务监管体制

传统的社区居家养老服务的监管属于比较落后的方式，通常采用访谈、实地调研等方式进行，这种方式受众面窄、并且监管结果不客观。而通过"互联网＋"的方式，社区居家养老服务的监管部门根据老人及其亲属在系统或APP中定购的产品反馈及投诉，可以客观、高效地进行社区居家养老服务的监管。

（五）加强从业人员、老年人使用信息技术手段的宣传与培训

"互联网＋社区居家养老服务"的发展离不开老年人以及从业人员的使用，这就需要加强从业人员和老年人使用信息技术手段的宣传与培训。由于老年人接收新技术的能力较弱，社区工作人员可以在老年人经常活动的场地举行"互联网＋社区居家养老服务"的宣传与讲演，并可以将系统及APP的使用说明制作成动画或者宣传片的多媒体形式，让老年人及其亲属更能接受的方式进行宣传和培训。从而使老年人认识到"互联网＋社区居家养老服务"是让其可以更便利地享受生活、可以更科学地掌握自己身体的健康。

（六）加强社会力量对"互联网＋社区居家养老服务"的支持

"互联网＋社区居家养老服务"的发展不是一个部门、一个社区的事情，而是全社会、各个行业都应该支持与帮助的。应积极调动社会各界力量，从而创新社区居家养老服务模式。

第三节　农村社区居家养老服务实践探索与创新

自2000年我国进入老龄型社会以来，老龄化问题日益突出，据全国老龄办的资料显示，到2050年我国老年人将达到4.87亿，这是一个庞大的数字。而农村的老龄化问题更为突出，农业副业化、老人空巢化突出，未富先老，未养先老都是我国农村老龄化问题的真实写照。长期以来，"安土重迁""穷家难舍"的思想扎根在农村老人的思想里，许多农村老人不愿意随子女进城或进养老机构，故当前社区居家养老服务便成为农村养老服务的主要形式。

一、农村社区居家养老服务基本情况

（一）农村社区居家养老服务的定义

农村社区居家养老服务是指以村集体为单位、家庭为核心，结合村集体的各种资源、政府财政拨款、老年人家庭共同出资的方式，培养专业服务人员以及志愿者队伍为农村老年人提供上门服务。

村集体是农村老年人经常生活和居住的地方，也最贴近老年人的生活，对于老人来说，除了家庭养老，社区居家养老是比较容易接受的一种养老方式。在这里老人可以不脱离自己

的亲人和朋友，维持正常的人际交往关系，并从邻里乡亲那里得到帮助和安慰，这样老人自身就不会感到孤独和寂寞，生活质量得以提高。让老年人在自己熟悉的环境中安度晚年，既可以享受家庭的温馨和天伦之乐，又是体现以人为本，构建社会主义和谐社会的需要，让更多的老人在经济发展的大潮中共享经济发展的成果，从而家庭和谐，推动社会的进步。

（二）农村居家养老服务的主要形式

农村居家养老服务主要包括两种形式，一种是专业人员上门为老年人服务，可以给老年人做饭、洗衣服等，满足老年人日常生活需求以及简单的医疗服务；另一种是在村集体建立小型的老年人日间照料中心。农村的社区居家养老一般建设在中心村，由于农村地理环境的特殊性和村之间的人际、文化差异，设想几个村共享一个社区居家养老服务资源的做法根本满足不了所有老年人的需求，迫切需要建立行政村（自然村）级别的居家养老服务中心。老年人白天在中心得到专业的服务，丰富生活内容。经济水平发展好的村集体可以成立托管机构或者老年人娱乐中心，老年人白天可以在托管机构或者老年人娱乐中心活动，获得更加专业的照顾以及满足老年人的精神文化需求。

（三）农村社区居家养老服务的内容

农村社区居家养老服务的内容主要包括三个方面，分别是生活照顾、基本医疗服务以及精神抚慰。这三个方面的共同点都是以老年人的需求为主导，也包括家政服务、护工照顾、家庭病床等多种服务方式。生活照料主要是指为农村老年人做饭、购买基本生活用品以及一些日托服务；基本医疗服务是指为老年人提供生活保健、身体检查以及简单的治疗；精神抚慰是指建立老年人活动中心丰富老年人的晚年生活，也包括子女和邻居给老年人带来的心理愉悦感。农村社区居家养老服务根据各地的经济状况可以分为三个层次：有偿养老服务、补贴养老服务、免费养老服务。

（四）农村社区居家养老服务的特点

1．服务成本低

与城镇居民相比，农村社区居家在日常生活中的水、电、衣、食、住等方面的开支是非常小的，农民基本上都有自己的房子，日常出行一般依赖步行或者自行车，一年四季有自己的粮食生产，穿衣比较朴素不追求高消费。并且很多低龄老人还可以继续从事农业劳动生产以及从承包的土地中得到一部分收入。因此，农村老年人的生活费用是相对比较低的，养老成本自然下降。

2．服务形式多样化

我国各个地区的农村类型多样并且差异很大，基本上可以分为以农业为主的行政村、以工业为主的行政村、以服务业为主的行政村，每个地区农村形成的居家养老服务方式也各有差异，应根据不同地区农村的实际情况开展不同的居家养老服务。比如经济条件发达的村集体为农村老年人提供日托所和老年人活动中心，聘请更多的专业护理人员提供服务。而经济欠发达的地区主要是开展多种活动来丰富老年人的生活，在生活照料方面主要依靠的是家庭成员和邻里互助。

3．以"日托服务"为主要内容

农村社区居家养老服务与机构养老服务的一个不同点是机构养老中大多数老年人长期生活在养老机构，而农村居家养老服务主要提供的是农村老年人的日托服务。农村地理范围小，老年人从养老服务中心到自己家的距离近，因此农村居家养老服务以日托服务为主要内容。

4．服务具有非营利性

农村社区居家养老服务和机构养老最核心的不同是服务方式的不同，机构养老是在专门的机构里为老年人提供优质的养老服务，具有营利性。而农村社区居家养老服务主要是在老年人自己的家里为他们提供养老和基本医疗服务，具有非营利性。

二、农村社区居家养老服务的实践探索

人口老龄化背景下，在经济比较落后的农村区域，由于大量青年劳动力的外出，空巢家庭、独居老人的社会养老服务问题日益突出。为此，建立和完善农村居家养老服务体系，成为当前农村社会养老服务体系建设中的一个重要议题。我国一些地方初步形成了以政府购买服务、建设服务中心、志愿帮扶为核心的"三位一体"农村居家养老服务格局，着力保障农村低收入、经济困难老年人享受居家养老服务。

（一）政府购买服务

政府购买服务主要以老年人基本养老服务需求为导向，重点安排与老年人生活照料、康复护理等密切相关的项目，优先保障经济困难的孤寡、失能、高龄等老年人的服务需求。

在购买服务内容方面，主要包括为符合政府资助条件的老年人购买助餐、助浴、助洁、助急、助医、护理等上门服务，以及养老服务网络信息建设；或为有需求的老年人购买社区日间照料、老年康复文体活动等服务；同时还针对养老服务人员的培养，为养老护理人员购买职业培训、职业教育和继续教育等；在养老评估方面，主要包括老年人能力评估和服务需求评估的组织实施、养老服务评价等。

政府购买服务有利于从资金、制度上解决失能老人、贫困老人等困难群体的养老服务需求，还能在一定程度上对其他老年人发挥引导作用，具备经济条件的老年人也可以通过购买社会化养老机构的服务，让晚年生活过得更好。

（二）建设服务中心

依托农村敬老院、行政村、较大自然村利用已有资源建设养老服务中心，包括日间照料中心、养老服务互助幸福院、托老所、老年活动站等农村养老服务设施，满足农村老年人特别是空巢、留守、失能、失独、高龄老年人的养老服务需求。

① 建立养老服务中心较好地契合了农村老年人的养老需求。调查发现，绝大多数老年人需要助餐服务、代办服务、保姆服务等生活照料方面的服务；绝大多数老年人需要有医疗协助、健康咨询等医疗保健方面的服务；1/3 的老年人需要有聊天谈心等精神慰藉方面的服务。上述服务需求很难从政府、养老院、老年人协会及家庭等服务主体中获得满足。从这个意义上讲，社区居家养老服务中心的建立较好地契合了老年人的社会养老服务需求。

② 初步形成了"家庭出资、政府搭台、社会共帮、集体运营"的模式框架，并形成了独特的实践经验。即：在深入调研的基础上确定运营模式；在控制运营成本的同时，充分整合集体、政府与社会资源，筹措运营经费；充分动员党员、社会工作者、专业技术人员和志愿者等社会力量，克服居家养老服务中心服务队伍素质方面的不足；坚持公平公正及避嫌原则，防止运营过程中的"搭便车"行为。

③ 多元化的筹资渠道保证了服务中心的运营经费。贫困村也能开展居家养老服务。村社可以通过征收、购买、租赁、联建、场地统筹等多种方式相结合，解决居家养老服务中心的场地资源问题；"家庭出资、政府搭台、社会共帮、集体运营"的居家养老服务模式的运营成本相对较低，适当的筹资技巧、多元化的筹资渠道与筹资方式破解了农村社区居家养老的运营经费问题。

（三）形式多样的志愿帮扶

志愿帮扶能充分动员低龄老年人、学生志愿者、企业主及专业人士参与居家养老服务，有助于形成居家养老专业服务人员与志愿者队伍的互动、互补、互助机制，推动居家养老服务健康、可持续发展。

1．银龄互助服务

银龄互助志愿者服务立足社区，引导和鼓励低龄健康老年人发挥余热，通过互帮互助，建立和完善为老服务网络，丰富服务内容。志愿帮扶"银龄互助"提供两种志愿服务方式，一种是"走进去"，实施上门看望问候，帮扶生活；另一种是"请出来"，积极引导老年人走出家门参与社会性活动。"银龄互助"既能有效利用低龄老年人资源，又是他们实现自我管理、自我服务的重要平台。

2．大学生志愿服务

利用大学生年轻活泼、富有生命力的特点，特别借助很多大学生寒暑假回农村开展志愿服务和帮扶。在帮扶过程中，大学生志愿者根据服务对象的身体状况和生活习惯，通过走访、电话慰问等方式了解老人需求，并按照"发挥特长、量力而行"的原则，定期为老年人开展诸如心理疏导、智能手机操作、中医养生保健、茶艺园艺等活动。与此同时，为老人建立个性档案，随时记录帮助对象的健康和生活状况，给予精神上的关心、物质上的帮助和生活上的照料，让老人得到最合心意的帮助。

3．基层骨干助老关爱服务

这种服务凝聚了农村基层组织的骨干力量，为农村养老志愿服务提供有力保障。志愿服务队伍由村两委干部、妇女主任、党员组成，为老人提供春种秋收等助农服务，以及精神慰藉、巡视探访等服务。村里的计生专干、持有资质的村医也参与其中，加强了志愿者队伍的专业性，为老人提供生活照料服务、指导用药和健康咨询等助医服务。

三、农村社区居家养老服务的模式创新

农村地区收入水平低、居住分散、服务覆盖难，应积极打造"离家不离村、离亲不离

情"的农村养老模式,因地制宜地解决农村特别是偏远地区的老人居家养老问题。目前,我国很多地方积极探索着符合本地区的农村社区居家养老服务新模式。

(一)"互助式养老"模式

河北肥乡区创办"农村互助养老幸福院模式",以"集体建院、集中居住、自我保障、互助服务"为运作方式的农村互助养老模式。"肥乡模式"以村中废弃房屋为居所,需要养老的老人在签订协议后入住,相关公共费用由其子女或老人自行承担,由年龄较小的老人照顾年龄较大的老人,达到了养老"离家不离村"。"肥乡模式"在很大范围内得到了推广,对我国农村养老互助起到了代表作用。

(二)"1+1+×医养结合"模式

对于老年人来说,最关心的是身体健康问题。如何开展老年人的健康档案、上门巡诊、家庭病床、慢性病管理等服务工作呢?杭州目前建立起了医养护一体化居家养老服务模式,实现了上述问题。首先,建立居家养老服务照料中心与基层医疗卫生机构长效协作机制,通过照料中心与卫生服务机构共建、驻点、巡诊以及签约医生上门服务等方式,为居家老年人提供个性化健康管理、上门巡诊、家庭病床和护理指导服务,全市签约照料中心2356家,占比达82.5%。同时,杭州还积极探索农村社区居家医养融合新模式。创新建立医养联合体,即"1+1+×医养结合"模式,由市、区、县的医院,指导一家社区服务中心或乡村卫生院,并覆盖辖区之内的托老机构和养老机构。

(三)"喘息服务"模式

赡养照顾老人是子女应尽的义务,但随着家庭规模的不断缩小和家庭功能的弱化,使得长期照顾失能老人的子女身心疲惫。照顾老人的精力有限,子女在面对沉重的照看问题上往往是心有余力不足,背负着巨大的心理压力。

为了缓解子女们的精神负担,台州市提出了"喘息服务"。政府免费给有一年以上卧病在床的失能老人的家庭提供临时性或替代性的照看服务,或者由政府购买服务由专业的服务人员提供上门服务,让长期照看老人的家属得到一丝的喘息机会,并对他们进行情感支持和帮助,从而减轻家庭成员的照看负担。居家喘息服务的对象是长期卧病在床的失能老人,服务时限是全年不超过28天,时间是国家的法定节假日,服务内容包括做饭、洗衣、陪护、助浴等短期的看护服务。服务的水平与质量聘请第三方监督机构进行监督,从而提高服务的水平与效率。

(四)"一中心、多站点、重巡访"服务模式

随着农村空心化、老龄化问题日益突出,以居家为基础、社区为依托、机构为补充的城市养老服务模式难以适应农村人多、钱少、地广的现实条件。针对农村老人分布广、数量多的特点,成都市探索构建"一中心、多站点、重巡访"的农村居家养老服务体系。"一中心",即选择在老年人口数量多、公共服务基础较好、覆盖范围较广的村(社区),建设农村居家养老服务中心。"多站点",即选择较为集中、住房宽裕的农家小院等建成农村互助养老服务点,为离居家养老服务中心路途较远及行动不便的老人开展服务。"重巡访",即组织村(社区)干部、村民小组长、老年协会会员和志愿者,重点对"空巢"老人、经济困难的失

能老人等，每周至少进行2次生活陪伴、代办事项、紧急救助等上门服务。

（五）"自助+互助+第三方"模式

吉林省的行政村当中，有过半已经建成居家养老服务大院，开展起了"自助+互助+第三方"的实践模式。农村大院建设的过程中，首先要解决选址及建设问题。经过几年的摸索，将村部、校舍等闲置的资源进行整合，依靠村里的党员干部、老年协会还有义工志愿者提供温暖的服务。"第三方"模式，主要是依托一些社会上的养老服务及家政服务机构，对失能、高龄、失独、孤寡老人提供助餐、助精神陪伴、助医疗、助康复的服务。截至2015年8月，全省共有173家企业或社会组织参与居家养老服务，服务内容涉及家政、照料、餐饮、医疗、康复、护理等10多个领域，服务老年人近24万人。

| 典型案例 |

仙居县农村居家养老服务经验介绍

近年来，仙居县顺应人口老龄化趋势和老年人口现实需求，结合《浙江省人民政府关于深化完善社会养老服务体系建设的意见》贯彻实施，将居家养老作为做好社会养老服务工作的主要模式，扎实有效开展工作，并在实践中初步摸索形成一条"一四八"工作主线，即把握一个依据（以《浙江省人民政府关于深化完善社会养老服务体系建设的意见》为依据）；整合四项资源（政府公共服务资源、市场资源、社会资源和家庭资源）；实现"八有"目标（养老经费有来源、老人居住有房子、开展活动有场所、服务求助有热线、老人日托有机构、老人用餐有配送、老人看病有保障、精神慰藉有人解）。具体到农村居家养老工作应做好以下几方面。

第一，以推进"孝德工程"建设为导向，夯实农村居家养老服务思想基础。结合仙居县正在蓬勃开展的"中国慈孝之乡·孝行新村"创建活动，举全县之力，通过采取举办慈孝专题教育、培树慈孝先进典型、强化慈孝文化宣传、建立慈孝保障基金、开展慈孝专项行动等多项举措，推动孝道文化真正进村入户深入人心，使弘扬孝道文化、孝顺老人、赡养父母成为农村群众共同道德取向，使争做"物质上敬老、精神上悦老、生活上养老、保障上助老"表率成为广大村民自觉价值追求，从而首先确保从根本上打牢、筑好农村居家养老服务工作的思想根基。

第二，以深化"养老服务需求评估"为抓手，摸清农村居家养老服务需求底数。组建工作队伍，通过逐一听取老人意见，走访老人家庭主要成员和征求村居"两委"建议，切实弄清农村老人总数、老人性别比、老人分布情况、老人健康情况、老人经济状况、老人失能失智情况、老人空巢情况、意愿居家养老人数、意愿机构养老人数、需要日托人数、需要陪护人数和分布、需要送餐服务人数和分布、需要精神慰藉人数和分布，建立详尽规范的老人服务需求电子档案，为养老服务机构布局、专业服务团队培育以及养老优惠政策兑现提供翔实可靠依据。

第三，以"星光老年之家"转型升级为契机，完善农村居家养老服务场所建设。按照省政府要求，"十二五"期间着重办好两件事。一是对全县15个乡镇养老服务中心和327个"星光老年之家"实施设施改造、功能提升，将其转型升级为社区居家养老服务照料中心和小型养老服务机构，使之在保留老年教育中心、文化活动中心、为老服务中心原有功能之外，增添日托、供餐和常见病就诊等服务新功能；二是以此次全县行政村规模调整为契机，加大力度，整合资源，力争尽早实现社区居家养老服务照料中心（小型养老服务机构）全覆盖。

第四，以打造社区管理服务综合平台为依托，提升农村居家养老服务工作层次。选调精干力量组成工作班子，积极借鉴各地先进经验和成功做法，努力构建完善包括一条24小时全天候服务热线、一个素质良好工作团队、一套社会管理服务综合软件和一支涵盖各方、覆盖全县、数量可观的加盟企业队伍在内的具有国内先进水平的社区管理服务综合平台。为高龄老人、低收入失能老人免费配置"一键通"电子呼叫设备（鼓励其他老人自购），依托县社区管理服务综合平台，使老人需求与社会各类服务主体实现及时有效对接，享受更加便捷优质服务。

第五，以贯彻《浙江省人民政府关于深化完善社会养老服务体系建设的意见》为助推，建好农村居家养老服务工作团队。始终坚持"两手抓"：一手抓养老服务组织机构布设，抓紧建立健全县养老服务指导中心、乡镇（街道）养老服务中心和村居社区居家养老服务照料中心（站），切实做到"六个有"，即有机构、有职责、有编制、有人员、有场所、有经费；另一手抓养老服务队伍建设，通过不同途径和多样方式，重点抓好"三支队伍"，即护理员队伍、加盟企业队伍和志愿者服务队伍建设，确保农村居家养老工作管理有机构、服务有团队。

第六，以启动"农村互助幸福院"试点为突破，探索农村居家养老服务全新模式。参照河北、广西等地建设"居家养老互助站"做法，按照"村级主办、互助服务、群众参与、政府支持"方式，结合新农村建设，整合农村老龄人口现有闲置房，探索建设"农村互助幸福院"，使院内不仅有老人各自居住卧室，而且有配套的聊天室、家政服务室、读书阅览室、娱乐室、康复护理室、电视室、健身室等。这一做法既不违背老人的居家心理，又有利于老人的守望相助，更有利于老人多种服务需求的便利实现，无疑是对农村居家养老方式的一种新的有益探索。

案例简析：

"以居家为基础、社区为依托、机构为支撑"是中国建立养老服务体系的既定目标。居家养老模式切合中国国情与世界潮流，已经成为我国城乡老年人安享晚年的首选。案例中浙江省仙居县顺应人口老龄化趋势和老年人口现实需求，将居家养老作为做好社会养老服务工作的主要模式，扎实有效开展工作，在实践中初步摸索形成一条"一四八"工作主线的做法，值得推广借鉴。

---| 延展阅读 |---

广州天河区居家养老服务示范中心创新社区养老新模式

喜欢跳舞、家住广州天河的长者周阿姨，在周三上午10点准时来到了天河区居家养老服务示范中心，在这里的民族舞班上，她跟着专业老师学习跳舞；下课后正好是午饭时间，享用完社区饭堂的营养午膳，中午在休息室稍作小憩。下午2点起床，周阿姨从服务使用者摇身一变成了服务提供者——中心义工，协助示范中心在前台开展接待和咨询工作，仿佛又回到了年轻工作时的活力和充实状态。下午5点30分，周阿姨便"下班"满足地回到家中。

白天在"老年大学"学习感兴趣的内容、享用营养均衡的膳食、得到专业护理人员的照顾和护理，晚上回去自己熟悉的家里，周阿姨这一天的经历是天河区居家养老服务示范中心近千"会员长者"的养老经历。与传统留在家里聘请护理人员的家庭养老和住在老人院集中管理的机构养老不同，天河区居家养老示范中心创造了第三种养老模式——社区养老，该模式既能让老年人住在熟悉的家里，又能享受专业机构提供全面的养老服务。

天河区居家养老服务示范中心是天河区政府、天河区民政局创新社会管理、探索社会养老服务新模式的重要举措，由广州市天河区嘉禧社会工作服务中心承接运营。该示范中心运营一年多的时间里，当地老年人举手称赞。

示范中心目前已发展超过1000名会员，平均每天来活动的老年人接近200人。示范中心提供的服务主要分为"邀进来"和"送上门"两大部分。第一阶段主要集中在"邀进来"方面，服务项目包括老年大学堂、社区长者饭堂、日间托老中心。老年大学堂每学期开展20多个课程，提供约400个学位，课程内容涵盖歌舞艺术、文学艺术、体育健身、智能应用四大板块，老年人可根据兴趣爱好选择，丰富精神文化生活。

社区长者饭堂还为老年人提供口感偏软、少盐低脂的营养午餐，两荤一素＋养生饭＋营养汤的搭配既保证就餐老年人足够的营养又符合老年人身体特点。社区长者饭堂不仅解决了老年人吃饭难的问题，更有意义的是，经常来就餐老年人在饭堂一起吃饭聊天开解了很多情绪，更结下了友谊，互相多了一份牵挂。除堂食外，社区长者饭堂更为部分行动不便的老年人提供送餐上门服务，为糖尿病、牙齿脱落的老年人提供个性化膳食服务。

另外，社区日间托老服务则更适合半失能老年人，提供个人护理、康复训练、膳食服务、益智游戏、健康管理等服务。如行动能力受限的罗婆婆每天上午9点由女儿准时送到示范中心日托，在这里护士帮罗婆婆量血压、心跳，登记每天的健康情况，建立健康档案。期间还有护理员全程陪伴，提醒吃药并为其准备定制的餐饮等物品。据了解，示范中心为不同活动能力的老年人量身定制服务，很多老年人在这里满足了自己的养老需要，表示把示范中心当成了第二个家。

该示范中心相关负责人表示，未来示范中心将发展更多的"送上门"服务。目前送餐上门服务很受老年人欢迎，解决了行动不便的老年人吃饭难的问题。中心还在探索"上门医疗、陪伴就医、定期探访、上门清洁／维修"等"送上门"服务，补充老年人在家中养老所需的服务。目前，政府也正在改革创新政策给予"送上门"的居家养老服务更多的优惠力度，未来将逐步倡导老年人在政府资助外，结合自己的养老需求，自愿购买服务，让更多的老年人享受到社区养老服务。

广州天河区居家养老服务示范中心社区养老这种方式回应了中国老龄化日益严重的问题，解决机构养老床位不足的问题，弥补家庭养老只靠子女、支援单一的缺陷，又满足了老年人留在熟悉的家中的愿望，有望成为第三种新兴养老方式，值得我们学习借鉴。

第十章　社区居家养老志愿服务创新实践

我国已经进入老龄化社会,社区养老在养老服务体系中的作用和地位也越来越重要。社区居家养老服务的深入开展,离不开一支高素质的服务队伍,这是社区居家养老服务不可或缺的重要软件支撑。我国目前养老服务队伍人员紧缺,仅仅靠社区专职养老服务人员,无法满足日益增长的养老需求。志愿者服务是社区养老资源中的一个重要组成部分,是社区养老能否发挥作用的一个重要因素。

第一节　志愿服务组织与活动创新安排

志愿服务是社区居家养老服务的不可或缺的部分,志愿组织及其队伍是社区居家养老服务的重要人力资源构成。志愿服务在社区居家养老服务中发挥着重要作用。

一、志愿服务在社区居家养老服务中的作用

（一）志愿服务的内涵

1．志愿服务的定义

于 2017 年 12 月 1 日起施行的《志愿服务条例》指出，志愿服务是指志愿者、志愿服务组织和其他组织自愿、无偿向社会或者他人提供的公益服务。开展志愿服务，应当遵循自愿、无偿、平等、诚信、合法的原则，不得违背社会公德、损害社会公共利益和他人合法权益，不得危害国家安全。志愿者，是指以自己的时间、知识、技能、体力等从事志愿服务的自然人。志愿服务组织是指依法成立，以开展志愿服务为宗旨的非营利性组织。

2．志愿服务精神

志愿服务精神是指一种精神体现，志愿服务的精神概括起来是：奉献、友爱、互助、进步。提出者是前联合国秘书长科菲·安南，他在"2001 国际志愿者年"启动仪式上的讲话中指出："志愿精神的核心是服务、团结的理想和共同使这个世界变得更加美好的信念。从这个意义上说，志愿精神是联合国精神的最终体现。"这句话指出了志愿精神的本质，表达了人们对志愿服务的由衷赞美。

（二）志愿服务在社区居家养老服务中的作用

近年来，各地结合地方政策，一方面把居家养老服务人员培训与下岗再就业工程相结合，集中培训、持证上岗，从队伍建设的进口把关，确保良好的道德素养和基本的专业技能。另一方面，大力发展居家养老服务的志愿者组织和志愿者队伍，通过宣传动员，组建起由社区党员、热心人士、邻里居民、低龄健康老年人等组成的志愿为老服务队伍，无偿地提供多种公益性服务，推动了社区居家养老服务事业蓬勃发展。在做好社区居家养老服务事业中，志愿者队伍发挥了以下重要作用。

1．发挥志愿者特长，弥补政府服务不足

按照联合国有关人口老龄化的标准，一个国家 60 岁及以上的老年人占国家总人口数超过 10%，或者 65 岁及以上人口占总人口比例超过 7%，此国家或地区就已迈入到老龄化社会或老年化国家。而我国 2019 年年末总人口已达 14 亿，其中 60 岁及以上人口占比已超过 18.1%。面对日益突出的社区养老问题，政府相关职能部门在做好本职工作的前提下能否切实解决好养老服务队伍的供需矛盾、志愿服务形式过于单调等问题，对社区养老志愿服务的发展至关重要。这时需要志愿者组织及时弥补政府在养老服务方面的不足，而社区作为居民日常生活的主要区域和重要载体在如何招募志愿者、安排志愿服务以及完善志愿管理机制上发挥着重要的引领作用，社区在统筹规划养老志愿服务时充分发挥志愿者特长，弥补政府在社区养老服务上的劣势与不足，能更好地为社区养老群体提供专业贴心的养老志愿服务。

2．家庭养老功能弱化，弥补子女赡养压力

机构养老、社区养老以及传统家庭养老等是三种主要的养老方式，它们没有好坏优劣之分，如何进行选择完全取决于老年人自身的客观情况以及个人意愿。但第一种养老方式存在

着机构数量不足、分布不均以及传统家庭伦理道德观念束缚等影响,在普及和推广上存在一定的困难。随着 80 后、90 后等独生子女的增多,两个孩子抚养四位老人的现实逐渐凸显,子女们既要照顾好下一代的学习与成长,还要兼顾双方老人的健康状况、日常生活等,赡养压力较大,这些因素都使家庭养老保障功能渐趋弱化,无法充分担当起扶养老人的责任。社区养老则由于兼具了家庭养老和机构养老的优势愈发受到越来越多人的欢迎,成为解决养老问题的重要手段。社区养老既可以提供机构养老的专业性服务,保证老年人的衣食住行和身心安全,又能让老人在接受志愿服务时体会到家的温暖,缓解子女的赡养压力。通过形式不一的志愿服务活动丰富老年人的精神世界,提升他们的晚年生活质量,依托社区养老模式,养老志愿服务也将发挥更加显著的作用。

3. 有助于提高社区服务质量和水平

发挥志愿者在社区养老服务中的作用是社区委员会主导的一项长期制度安排,这无疑可以在一定程度上解决志愿服务临时性、碎片化的不足。由于我国社区建设不断深化,社区委员会主要的工作内容及最终落脚点是提高社区居委会的服务质量和水平,而养老服务则是社区服务中不可忽视的重要内容,养老服务的质量高低直接影响着社区居民对居委会的认可程度和政府对社区工作的考评结果。能否为老人提供高质量高水平的志愿服务,满足他们的服务诉求,将会很大程度上影响到社区委员会的工作效率和群众口碑。在此基础上,政府通过对社区居委会的指导,开展与之相关的顶层设计,以保证志愿服务开展的长效性与可持续性,最大限度地保证志愿服务质量和水平,完善养老志愿服务的机制建设,满足被服务对象的需要和诉求,进而提高其在社会服务功能方面的能力和水平。

4. 有助于弘扬志愿精神,传承中华美德

积极参与社区养老志愿服务是传承中华民族尊老爱幼传统美德的必然要求,同时也是践行与弘扬志愿精神的重要内容。如何让辛苦操劳大半生的老年人拥有一个和谐美满健康的晚年生活也是提升居民生活水平、保障社会和谐安定的重要举措。作为实现这一目标和愿望的践行者,志愿者必须在社区养老服务过程中坚守志愿精神,增强社会责任感,提升服务意识,在志愿服务的过程中不断提高自身素质和服务质量,竭尽所能地满足社区老人的服务需要。同时也可以在一定程度上协助平日工作繁忙的子女们尽孝道,减轻他们赡养老人的压力,加强他们对于社区养老志愿服务的认识和了解,宣传和推广社区养老志愿服务这一新形势下的养老服务模式。

二、志愿服务组织开展社区居家养老服务的一般做法

做好社区居家养老志愿服务,需因地制宜,抓管理、重服务。为做好社区居家养老服务,我国各地志愿服务组织做了以下尝试。

(一)贵阳市曜阳养老服务中心公益活动广受好评

贵阳市曜阳养老服务中心是中国红十字会总会事业发展中心在贵阳市成立的公益性组织,是"曜阳关爱行动"的重要组成部分。贵阳市曜阳养老服务中心自 2016 年成立以来,先后组织实施了"曜阳关爱·温暖到家""曜阳·筑梦"等一系列公益活动,组织健康小助

手和医疗专家，走进社区，走进家庭，开展爱心陪护、体检义诊、健康讲座等志愿服务活动，为老人办实事、做好事，得到了广大老年朋友和社会各界的普遍好评。

（二）江苏南通社区居家养老志愿服务深受欢迎

居家养老服务不仅是政府职能，更是社会的责任。随着养老事业的深入发展，为更好地让社区老年人了解、享受到老龄优惠政策，进一步营造关注老年人、尊重老年人、爱护老年人的社会氛围，江苏省南通市港闸区节制闸村社区居家养老服务站，积极引导、发动社区志愿者参与到居家养老服务的行列中来。近日，节制闸村社区志愿者在永兴福里小广场组织开展了免费血压测量志愿服务活动，共为30余名老人进行了血压测量，他们坚持服务与宣传并举，向居民发放了50余份居家养老政策宣传材料，并热情回答居民有关养老政策方面的咨询，得到辖区居民的一致欢迎和称赞。一位八十多岁高龄的老奶奶在儿媳的陪同下也前来测量血压，她激动地告诉居家养老服务站的工作人员："社区组织多次志愿服务活动，我每次都会来参加，志愿者们都非常热情，给我量血压时还会给我提一些非常好的建议，让我正确对待老年人疾病的预防，收益很大。"江苏省南通市港闸区节制闸村社区居家养老服务站定期开展针对老年人服务的专项志愿服务活动，根据不同需求，丰富活动内容，扩大志愿者队伍，引导居民参与，让养老服务成为社会共识。

（三）广东东莞组织志愿者学习专业养老护理技能

广东东莞市望牛墩镇在探索志愿者在居家养老中的作用时发现，大部分的志愿者对失智长者服务有参与的意愿和兴趣，可他们表示没有太多经验，需要加强交流学习。为了更好地服务长者，让其感受社会的关怀，提高生活质量，同时又协助志愿者提升服务技能，增长他们的见识和眼界，望牛墩社工日前开展了"爱不缺失"之关怀失禁、失智长者学习活动。志愿者在社工的引导下，学习了解了关怀失智长者的相关内容，并通过社工讲解失智的种类、成因、预防护理等知识，以及失智评估表、失智产品等，让志愿者加深了对失智长者的认识。另外，社工还组织志愿者落户探访失智长者，让组员亲身与长者接触，体验关怀探访长者的过程。通过这个活动不仅提升了自身对失智长者的认识，而且可以把学习的知识影响身边的亲朋好友，让更多的人了解失智老人，给予他们更多的关爱。提供专业化志愿服务，是社区居家养老中志愿服务的较高要求，也是更多人的需求。

（四）浙江省嘉兴市新城街道多举措爱心志愿队助力养老服务

新城街道积极探索政府购买服务，引进专业养老社会组织——孝慈为老服务中心，对街道各社区居家养老服务照料中心进行服务和管理，努力构建常态化、多元化的居家养老新模式。同时，新城街道还以社区居家养老服务照料中心为阵地，充分整合辖区内资源，通过挖掘和引导社区内有积极性的老年人才，组建社区志愿者团队，充分发挥其在社区扶老助困等方面的重要作用。新城街道中山社区"黄阿姨"邻里互助会成立于2015年，目前拥有12名成员，主要由社区内有爱心、热心公益、有凝聚力的低龄老人组成，带领社区里的健康老年人开展邻里互助。志愿者主要开展为老人理发、打扫卫生及帮助老人排忧解难等服务，目前，已服务老人2200余人次。

三、志愿服务组织活动创新安排

（一）"福袋传城"行动送爱心

广州市海珠区"福袋传城"行动由海珠区团委、海珠区志愿者行动指导中心发起，委托海珠区青年志愿者协会具体实施，每年12月5日"国际志愿者日"前后倡议市民群众为低保家庭、独居长者等有需要的群体准备1份"私人订制"新年礼物的公益体验活动。自2013年底至2018年初，海珠区"福袋传城"行动已成功开展5年，共筹集物资、捐款约100万元，帮扶低保家庭贫困独居长者、困难人士等弱势群体达3万人次，累计志愿服务时数达4万小时。

（二）"邻里守望志愿服务"成为国际品牌

中国志愿服务联合会发出的《关于开展"邻里守望"志愿服务活动的倡议书》提出邻里守望从关爱做起、邻里守望从身边做起、邻里守望从你我做起、邻里守望从日常做起。当代中国志愿服务的发展，引进和借鉴欧美国家的博爱、助人理念，倡导"友爱、奉献、互助、进步"的志愿精神，形成社会的新观念、新时尚。

（三）"暖风行动"，温暖老人心

暖风行动是内蒙古赤峰市开展的一项主要针对空巢老人、失独老人志愿服务活动，活动通过志愿者走进社区帮助老人义务打扫家务、看望老人、陪老人聊天及亲情陪伴的方式，体现对空巢老人、失独老人的关心和关爱。暖风行动还对年满80周岁的老人提供免费订蛋糕、免费理发的志愿服务活动，现已对平庄镇会宁社区、紫宸社区中的60名老人开展了此项活动。同时根据元宝山区濒临赤峰市城区的特殊地理区位，有针对性地对儿女长期在外务工的、生活困难的农村老人开展了定期的慰问以及志愿帮扶服务，志愿者会利用节假日给老人们送去慰问金、粮油等生活必需品，并与老人结成一对一的帮扶对子，从而可以为老人们提供贴心细致长效的志愿帮扶活动。此活动自2016年开展以来，得到了受帮扶老人们的普遍赞赏和认可，许多老人在接受协会救助和志愿帮扶后流下了感动的泪水。暖风行动现已成为元宝山爱心家园志愿者协会对社区老人服务的长期性志愿活动，协会将每次活动情况都记录在案，包括帮扶对象的个人情况和服务内容等，并定期形成阶段性的志愿服务活动总结，为日后活动的开展提供更多的借鉴和帮助。

（四）"一元爱心敬老助残"活动

该活动是内蒙古赤峰市针对元宝山区以及平庄城区满65周岁的老人以及残障人士，通过联合协会志愿服务会员单位及其他社会力量，给帮扶对象办理"爱心卡"使其享受到一元打车、一元照相、一元理发、一元修鞋、一元打字、一元购物等贴近老人和残障人士日常生活的实在优惠和服务。活动自2013年开展以来，方便了平庄地区的老人和残疾人的生活，温暖了城区和谐，赢得了良好口碑，现已发放"爱心卡"3800余张。

（五）广州市海珠区"志爱餐"志愿服务

"志爱餐"为老助餐志愿服务是一个以探访长者为主，送爱心餐为辅的独居长者探访活动。志愿者根据趣味"任务卡"线索指引前往长者家中,送上爱心餐后,为长者表演节目、打扫卫生,聊天慰问,带去陪伴和温暖。长者都是本地人,每一位长者都有着自身不同的人生阅历,与他们交流可以收获很多知识,适合亲子家庭、各大高校学生以及已参加工作的社会人士参与。

四、完善志愿服务组织参与社区居家养老的对策

目前,志愿服务组织已经在各类社区居家养老服务中占有较大比例,发挥着重要的作用,但还存在定位不清、配套不够、治理模式行政化、各方参与积极性不高、资金来源渠道单一、设施建设不足等问题。其原因,一是理念落后,一方面认为志愿服务组织不像企业一样以营利为目的,只强调其非营利性和志愿性;另一方面认为其在参与社区居家养老中出现的失误和低效率也不应承担责任。二是各级政府对志愿服务组织参与社区居家养老虽然出台了相关规定和优惠政策,但制度还不健全。三是缺乏科学的绩效评价体系,不能对志愿服务组织参与社区居家养老的优势和劣势进行评估,进而影响了志愿服务组织及其员工的工作积极性。

我国志愿服务组织参与社区居家养老服务机制的完善是一个系统工程,既需要外部环境的优化,也需要志愿服务组织不断加强自身建设。

(一)明确志愿服务在社区居家养老中的宗旨和使命

组织的宗旨和使命是其发展的方向,只有明确志愿服务组织在参与社区居家养老中的目标定位,才能增强其社会感召力,赢得全社会的支持。符合我国国情的养老体系,应该是由政府、家庭、企业和志愿服务组织共同构成的。现阶段我国政府所能提供的养老服务同民众对养老服务的需求还存在着很大差距,要想缓解并逐步解决这个矛盾,不仅需要政府优化养老资源的配置和加大对养老服务的投入,还需要充分发挥志愿服务组织在动员社会资源、吸引公众参与和志愿服务等方面的优势,在政府力不从心、企业因为缺少规模效应不愿做的社区居家养老服务领域发挥拾遗补阙的重要作用。也只有明确了志愿服务组织的宗旨和使命才能使内部员工明确方向和目标,提高其工作积极性和效率。

(二)加大资金投入,完善相关政策法规

社区居家养老作为"十三五"时期养老服务业重点研究和发展领域,在政策引导和资金投入方面应予以倾斜,要按照政府分级负责、财政分级负担的原则,由政府出资、购买社区居家养老服务。适当提高志愿服务组织参与社区居家养老补贴金额、扩大补贴范围。完善的法规政策是志愿服务组织得到社会认可和可持续发展的前提。

一要从立法角度明确志愿服务组织的社会地位以及在公共服务中应该承担的社会责任,要界定清楚政府、市场、家庭和志愿服务组织在社区居家养老中的合作关系和平等地位。

二要建立一套对志愿服务组织和内部成员进行管理的政策法规,特别是要进一步完善志愿服务组织在筹款、人事管理及组织员工社会保障方面的政策法规。可对志愿服务组织进行的与养老服务相关的商业活动或其他只要将营利收入全部用于养老服务的商业活动采取免税政策。

(三)加强社区居家养老志愿者服务队伍建设

1. 专兼结合,完善居家养老服务人员结构

对居家养老服务人员的工作性质、工作意义、工作内容和工作要求等方面进行严格科学的界定,明确与普通家政服务员的区别。建设一支以社区专业养护人员为主,以社会人员和高校大学生为补充的志愿者队伍为社区老人提供志愿服务。服务队伍中既有专门从事养老服务的专业人员,也有精力充沛、参与热情高涨的大学生,这一志愿者结构在服务过程中相互搭配,良性运转,取得了很好的服务效果。

2. 以老助老,实施积极的老龄化战略

在各地开展的志愿人群为老年人服务的模式中,相当大的主体是由社区低龄老人为高龄老人提供家庭互助,虽然这一"互助"从短时间看是单向的,即低龄老人向高龄老人的付出,但是长时间看,当低龄老人成为高龄老人,他们亦能成为接受服务的一方,可谓助人助己。在我国香港地区以及美国等发达国家,老年志愿者活动无论在运作方式还是在运行规范方面都已日趋成熟,越来越多的老年人把参与志愿服务活动发展成为一种生活习惯。要壮大老年志愿者队伍,政府应不断建立和完善城市退休老年人福利服务、权益保障与社会参与的政策与制度,保障老年人健康快乐的基本生存环境,同时完善老年志愿者招募制度。

3. 注重导向,建立健全志愿者培训机制

建立一支稳定的、专业化程度较高的养老服务人员队伍,既是大力发展养老服务业的需要,也是广大老年人及其家属的愿望。为提升志愿者养老服务能力和服务水平,各地应建立健全志愿者培训机制,完善其服务标准,提高其服务水平,加强志愿者的素质和技能培养,增进服务对象的满意度和幸福感。

(四)多举措激励志愿服务人员

1. 改善社区居家养老服务人员的待遇

社区居家养老服务的提供者主要分为两类:一类是受薪人员,另一类是不受薪人员。对于受薪人员,可根据其工作性质、工作意义、工作内容和工作要求等方面进行严格科学的界定,明确与普通家政服务员的区别。做好宣传,提高全社会对居家养老服务人员的认可和尊重。结合国家各类劳动保障政策,为社区居家养老服务人员争取更多的政府补贴,同时要严格保证服务人员的养老保险、医疗保险、工伤保险和失业保险等各类保险费用的足额缴纳。

2. 设置适当目标,建立绩效考核机制

目标设置可以诱发组织及其成员的动机与行为,具有导向和激励作用,当然目标实现的难易程度要适当,不能过高也不能过低。如,重庆市为规范居家养老服务的运行,制定了社区养老服务中心(站)"七个一"的建设标准,即建立一套涵盖社区每位老人的基础资料、建设一个活动场所、配置一批设施设备、建设一支专业队伍、开通一条求助热线、创建一套服务标准、建立一套管理办法,较好地保障了居家养老服务的可持续发展。绩效考核是激励措施的基础,对志愿服务组织及其员工任务完成情况进行科学的量化评估,并将考核的结果与表彰奖励相结合,及时找出存在问题的原因,可以激发志愿服务组织和员工参与社区居家

养老的积极性，促进社区居家养老的发展。

3. 奖惩分明，实施强化激励

强化理论认为，当行为受到了正强化的奖励则会导致这种行为的重复，相反当行为受到了负强化的惩罚，这种行为通常会立刻停止。因此对志愿服务组织在社区居家养老中的积极贡献要给予一定的物质奖励，对先进做法要充分运用各类媒体大张旗鼓地宣传报道，让成功经验及时推广。志愿服务组织参与社区居家养老的激励需要正强化和负强化相结合。要强化社区居家养老服务消费者对志愿服务组织的评议，如果志愿服务组织在参与社区居家养老中存在服务质量低下、弄虚作假甚至侵害老人权益的现象，则要及时依据相关法律法规对其进行批评、告诫，充分运用负强化的警示作用，让其自觉调节自身不当行为。当然在具体操作中要实事求是，在正强化中不能徒有虚名，在负强化中也不能打击志愿服务组织和内部成员参与社区居家养老的积极性。

（五）努力提高志愿服务队伍的凝聚力

1. 重视传统文化教育

敬老爱老是中华民族的传统美德，全社会都要弘扬中华孝道文化，要把弘扬孝亲敬老纳入社会主义核心价值观宣传教育，建设具有民族特色、时代特征的孝亲敬老文化。引导志愿服务组织增强接纳、尊重、帮助老年人的关爱意识。从志愿服务组织内部讲，也需要根据自身非营利性、公益性和志愿性等特点建设尚义轻利、无私奉献、以人为本的组织文化，用共同的思想意识、价值观和行为准则来凝聚团队力量，自觉认同应该承担的养老社会责任。

2. 人性管理提升凝聚力

对服务人员采用团队化、公司化、人性化等手段进行管理，增强服务人员的归属感、责任感和荣誉感，减少服务人员的流失，保持队伍的稳定性。例如，建立公平合理的考核制度，做到奖惩分明；关心服务人员的生活，组织集体旅游和举办生日会等活动，让他们感受到关怀和温暖。

第二节 "时间银行"志愿服务社会实践

"时间银行"的倡导者是美国人埃德加·卡恩。所谓"时间银行"，是指志愿者将参与公益服务的时间存进"时间银行"，当自己遭遇困难时就可以从中支取"被服务时间"。"时间银行"被应用到瑞士联邦社会保险部开发的一个养老项目——人们把年轻时照顾老人的时间存起来，等到将来自己老了、病了或需要人照顾时，再拿出来使用。申请者必须身体健康、善于沟通和充满爱心，每天有充裕的时间去照顾需要帮助的老人，其服务时数将会存入社保系统的个人账户内。后来"时间银行"逐渐成为发达国家从回应高失业率演变为应对老龄化的一种特殊的复杂的信用产品。

然而"时间银行"概念在中国却发生了变化，与志愿服务紧密结合起来，更进一步地，

"时间银行"与老年志愿服务相结合起来。认为"时间银行"是指为高龄老人的志愿服务，由工作人员记录后存入档案，志愿者将来可以享受同样时长的服务。这一定义正式在社区实践中广泛应用是本土化的结果，更是养老新模式的创新结构。国家民政部已将"时间银行"纳入全国居家社区养老服务改革试点范围，并争取在试点基础上获得突破，建立起能够在全国推广的运行模式。

一、"时间银行"的一般做法

用自己挣来的时间货币（积分）来换取"时间银行"（平台）里物质或精神上的收获，获取他人的帮助，会让我们活力长者更有底气，心胸更开阔、更愉悦。

（一）存时间、换服务

"时间银行"一般来说就是社区的志愿者、学校的志愿团队、有专长的或者是年轻的志愿者为长者提供服务时，相关部门将志愿服务的时间记录存储起来，将来这些时间储蓄可用来换取他人为自己服务时从中抽取"被服务"时间。也能兑换所需物品，也能实现互助养老。当然，如果为了保证服务质量，志愿者注册还要走标准化程序，经过岗位培训、入职培训才能与老人签订服务协议，满足老人个性化服务需求。通过志愿者的加入有效地解决了人手不足的问题，大大提高工作效率。

（二）兑换中的实际问题

"时间银行"在实施的过程当中没有一个统一的模式，每个社区每个居家养老点只是个案性的存取，在兑换时也是根据自己的服务项目和服务能力进行兑换，不能满足不同层次的兑换需求。老年人群一般想换取同等服务或日用品，这种兑换站点中即可实现，但是对于年轻人、学生来说换取服务还很漫长和遥远，可能他们需要的是一个健身卡、一节兴趣课，或者一个新兴的网络游戏，这就需要居家养老服务中心对接很多部门，这种工作很难完成，这就造成了"时间坏账"，或者不能吸引他们前来为老服务。随着人口流动的加速，对于户口不在本地的大学生或者年轻的志愿者，当他们回到户籍所在地或者离开这个城市时，所存储的时间就无法兑换，无法做到通存通兑。我国南京、上海、广州等都在试行"时间银行"互助养老的社区试点，甚至南京还提出了"时间银行"互助养老实现服务时间全市通存通兑，但是还没有全国性的，为养老服务志愿者提供服务时间存储、兑换、转赠、继承的互助养老志愿服务体系。当然"时间银行"作为带有社会公益性的平台，正越来越多得到政府和社会的资源扶持，正在探索出一条更科学的推广标准。

二、"时间银行"在服务中的实践

"时间银行"在各地的实践均在探索阶段。"时间银行"充当着居民互帮互助的桥梁，克服了现代社会人们互不往来的缺陷，让"老死不相往来"的邻里关系变得生动起来，更有助于让"人人为我，我为人人"的奉献精神传播开来，得到了居民群众的认可。"时间银行"以一种新型的社区互助模式，从制度上创新了社区工作，更从心灵上为高尚道德行为，创造了无限的拓展空间，大大缓解了政府购买服务的资金压力，保障了居家养老服务的持续性开展。

（一）缓解人员紧缺的矛盾

众所周知，每个居家养老点或者驿站，现阶段的生存基本都依靠政府补贴或者是项目来支撑，人员支出是每个站点的最大成本，再加上专业性人才短缺，常常是制约站点发展的根本。而专业性志愿者的加入正好可以弥补这方面的不足。例如，站点里面聘请一个有医疗背景的退休医生，每年最低成本也要六七万元，而有医疗资质的志愿者加入站点服务，将他们的时间根据老年人的需求利用起来，这样就可以大大减轻站点的负担。还有社工康复师、唱歌、舞蹈、绘画、书法等专长的志愿者加入，一方面娱乐了老年人的业余活动，另一方面更大大降低了站点的成本支出。

（二）零存整取"解燃眉之急"

志愿者到站点或老人家中为老人提供服务时，一是自己的时间有空余；二是对站点和老人的基本情况熟悉；三是自己的专业性得以发挥；四是身体健康。正是由于这样的原因，他们在为老人服务的时候，公益性大于利益性，只想着付出并没有想得到回报，也不会随时存入时间随时支取，一定是时间积累了不少，或者是自己以及其他亲属有需要的时候才会兑换。也有可能是自己遇到困难的时候，需要别人的精准服务，所以他完全符合了"时间银行"的志愿精神，志愿服务时间共享，"人人为我，我为人人"。

（三）自我优势的展现

志愿者为别人提供服务的时候，是自己专长得以发挥的有效时机。现在很多地方尤其是城市，高楼林立，家里都是封闭的，和邻居甚至对门都不打招呼，人与人之间不认识是常态，更不要说对于自己是做什么职业、有什么专长有所了解了。而通过居家养老服务组织搭建的平台，可以将每个志愿者的信息公开透明，老人需要的服务需求与时间进行公示。所以志愿服务时精准对接，灵活多样。同时可以拉近人与人之间的距离，特别是离退休在家的有一定专长的老年志愿者，一时适应不了退休生活，而又找不到施展自己能力的平台的时候，站点就为他们搭建了这样一个桥梁。这样可以减少他们的孤独感，增加他们的自信心，让他们发挥余热，真正做到老有所为、老有所用。

（四）专业培训增加技能

随着社区居家养老成为养老服务的主要模式，队伍的扩充和稳定是提供有效服务最根本的问题。而培养志愿者有一定的专业性、规范性、服务性，又成为志愿者服务当中的主要工作。发展初期，由于志愿者的欠缺再加上对老年人的身体变化的认知不足，只要志愿者来站点服务，站点都是欢迎的，来者不拒，多多益善，而忽视了对他们的专业培训。

曾经在一个居家养老服务站点，有一个女大学生在为老人提供服务，一个日托有认知症障碍的老人，问她要钥匙打开站点的门出去，由于她没有经验，再加上对老人不熟悉，就将老人放了出去，也没陪着老人出去，更没有及时告知站点工作人员，等到发现的时候，老人已不知去向，后来经过多方寻找，再加上公安平台才将老人找到。后来问这个女大学生的时候，她说看到老年人的眼神觉得很可怜。

当然现在随着智慧养老和高科技的到来，很多居家养老和社会组织都有网络和智能刷卡，也会为老人佩戴定位仪，老人走失率在降低，但是还是会有发生，所以对志愿者进行有针对性的培训上岗，让他们有专长有经验就显得至关重要。而志愿者在通过培训的过程中，也可以让他们了解老人的心理、生理的变化，走进老人心里。

（五）多方融入助老敬老

"时间银行"的宗旨是打造属于老人的生态系统，让社会各界组织、各行各业都来参与到为老服务的活动中来。随着老龄化的发展和全社会对老年群体的关心，全社会搭建养老爱心平台，鼓励各方面的志愿者融入，整合了多方面的资源，有医疗、康复、高校、部队官兵等。志愿者有团体有个人，也能够根据老年人的需求进行志愿对接服务，例如活力老人的活动策划，失能半失能老人的生活照顾、医疗服务，认知症障碍老人的帮扶志愿，还有失独老人的情感陪护，等等。甚至有的志愿团队已经把志愿服务变成一种常态化工作，和符合自己的站点、老人建立一种长期的服务关系。建立"以人为本"的定制计划，通过前期对老人的了解（包括老人在职时工作单位、职务以及社交团体和现在的生活状态、志愿需求等）进行对接，找到符合老年人的专业志愿者，以便在服务过程中，更直接更精准地为老人提供服务，志愿服务结束后有总结有记录，非常专业规范。

（六）"互联网+线上线下"

"奉献我们今天的时间，收获未来养老的服务"，互联网下的大数据时代可以建立统一的"时间银行"信息管理平台，实现志愿者和服务对象注册、需求发布、服务过程、时间存入及转移、服务评价等严密的信息便捷管理。它带来的好处是服务对象可以将自己的需求在线上发布，而志愿者前期也要在平台上注册，进行实名登记，审核通过后可以根据查询线上服务对象需求，对服务半径、服务时间、服务能力进行自我评估。由系统对供需双方进行匹配。匹配成功后线下和老人亲自体验服务过程，放心服务，确保服务在安全、守信的环境下进行。充分地体现了"时间银行"与居家养老的服务类型区分：具有非专业性、公益性、互动性、统一性。提升志愿服务精细化水平，采用现代化科技大数据对比手段，明确双方的权利义务关系，做到公平公正。

（七）提升居家养老服务组织服务能力

养老服务的专业人才不足，始终是制约养老服务发展的瓶颈问题，如何解决养老队伍之难，实施多渠道人才储备是每一个服务组织急需破解的难题。而"时间银行"服务志愿者的加入，除了可以缓解人员不足的状态外，还可以提升养老服务组织的服务质量和服务能力。养老志愿者来自各行各业，也有很多社会资源，会给养老服务组织带来许多实惠，对接老人需求。例如，某社会组织对接的"爱心车队"，每到志愿活动日就会对接公园、剧场、电影院、甚至一些公众的活动场所，让失能、半失能的老人或者长期因为老旧小区楼层高，或者偏远地区不能出门的老人走出去，感受高速发展的时代变迁。志愿服务提高了站点为失能、半失能老人的照顾能力，也提高了老人的认知能力和与社会融合的能力。有些志愿服务甚至还包含医疗、康复等内容，整合了多方面的志愿专业人才，既服务了老人，也宣传了"时间银行"的公益性，更提高了服务组织的知名度，在增加老人幸福感的同时，也提升了社会组织的服务质量，可以实现社区服务由低层次向高层次、由单一功能向多功能方向发展的方向。

| 典型案例 |

南京市探索推行"时间银行"

南京市是国内最早进入老龄化城市之一,在做"时间银行"方面有许多先进的经验,早在2008年借鉴了国内外如瑞士、上海、广州的经验和做法,部分养老组织就开始探索推行"时间银行"。

建邺区福惠老年人服务中心结合自己人员少、老年人服务需求多的特点,在社区的帮助下,用社区的老党员、楼栋长对自己小区老年人熟悉的特点,打造的结对帮扶的"时间银行"社会组织模式。南京市尧化街道居家养老服务中心根据临近开发区、大学城的特点,除了老年志愿者外,还吸引了很多年轻力量的加入,探索出根据大学生团体志愿者流动性大、短期内不需要兑换服务的特点,将他们所服务的时间存入团队名下,将团队储蓄的70%时间捐赠到总行,用来帮扶那些没有"存款",但又有需要服务的高龄老人,在街道的扶持下打造的街道级"时间银行"模式。而随着智慧养老时代的到来,"鼓楼时间银行"避免因地理位置和硬件条件的差距,导致在为老服务志愿者的选择比较集中问题,探索出让鼓楼区现有38个家居家养老站点同时"化身""时间银行"网点的区级层面"时间银行"模式。南京市秦淮区太阳花社会工作发展中心,在区街道领导的支持下,探索社企合作、用申请项目资金形式创建的南京首家项目扶持社区"时间银行"模式,搭建了"无偿做好事"为"服务交换"的平台,以"互助帮扶"的理念丰富志愿服务的内容等四种"时间银行"服务模式。

目前"时间银行"的互助志愿者已有5000多人,为了鼓励更多的志愿者加入时间银行,南京市民政局牵头,对于参与养老"时间银行"志愿服务较好的市民,专项纳入"南京好市民"评选。目前已有100个"时间银行"志愿者被评为"南京好市民",领取南京市诚信市民卡,享受公交、地铁等公共交通半价优惠。

2018年江苏首家区级"时间银行"在鼓楼区正式开张。它通过智慧平台线上线下开放志愿者通道。志愿者必须下载APP实名注册,平台审核后进行专业培训,然后居家养老服务组织将老人所需要的服务发布在平台上,每个志愿者可以根据自己的所服务的特点、特长进行抢单。服务期间,通过志愿者随身二维码对其跟踪定位,服务完成后,服务专线收集信息反馈,确保服务任务有效完成。它的好处在于资源共享,志愿者服务公开透明,服务时间有记录有审核,时间存取通存通兑。兑换可以是本人,也可以是亲属,形式多样方便操作,灵活机动。它也避免了服务组织单打独斗,志愿资源浪费,志愿者专业化技能缺乏,时间不充分的弊端。例如:3月5日学雷锋日,有些养老机构的老人会因为探访人数较多,需要配合服务,导致对节日的恐惧,有的老人一天内多次被洗脚或者多次被梳头。"时间银行"提供了这样一个平台,可以为献爱心的组织或者个人,对接好老人或者养老机构,规划好时间。

2019年5月9日,全国大城市养老服务工作会议暨全国养老服务推进会议在南京举行,专家们对南京养老服务"时间银行",落实国务院办公厅印发《关于推进养老服务发展的意见》和南京市政府关于印发《南京市社区居家养老服务实施办法》的通知精神,打造由"政府主导、多元合作、行业协同、全民参与"的养老志愿服务互助平台,为老人提供生活照料、医疗护理、精神关爱、家政服务、即时代办、维修服务、老少互助七大类志愿服务项目给予了肯定。

在此基础上，2019年7月17日南京市政府办公厅又出台了《南京市养老服务时间银行实施方案（试行）》。由政府主导，社会参与：全市搭建统一的"时间银行"运行机制，制定统一的服务标准体系，建立统一的"时间银行"信息管理平台，加强"时间银行"的制度设计。倡导公益，志愿服务：低龄存储时间，高龄兑换服务，为子女解愁。目前系国内首创，社会关注度高。但是它也存在着一些弊端，①上网注册时部分志愿者由于对智能手机操作不熟悉，对平台不了解，或者网络掉线等原因，不能及时注册自己的账号，导致志愿服务时间滞缓。②市级层面的通存通兑，还是无法避免因特殊原因搬迁外地而无法异地兑换的弊端。③服务内容还没有完全涵盖老人所需要的服务，有待继续完善。

案例简析：

南京市是我国"时间银行"模式的先行者，通过政府整合医疗、康复、照护、法律、精神慰藉、家政维修等多行业协会等力量，将有志于为老服务的志愿者补充到养老行业中。"时间银行"让有能力的老年人迈出家门，在帮助他人的同时自己也收获了服务。当然，在探索当中的"时间银行"模式也存在一些问题，如志愿者服务同质化程度较高，能提供专业性服务的相对稀少，再比如全市各个"时间银行"间还无法实现通存通兑，相信这些都会在实践中予以解决。

2019年12月24日下午，"时间银行"启动仪式在南京市养老服务质量指导中心举行。作为全国首个在全市层面统一开展"时间银行"的创新举措，南京市共有12个区、24个街道、247个社区参加首批试点。2020年9月，在试点基础上，各区全面推广，实现全市通存通兑，这又将是南京为老服务新举措的里程碑。

| 延展阅读 |

"时间银行"在世界多地开展

随着人口老龄化的加剧，"时间银行"的理念在我国和世界其他各地逐步开展。而发达国家像美国、英国这几年开始意识到帮助别人、为人付出、得到回馈与尊重，是一种很有必要的生活价值。

瑞士是最适合养老的国家之一，经过了很长时间的发展，在2012年，由政府发起，联邦社会保险局授任找到一家"时间银行"基金会。它结合了当地的很多部门，提供诸如驾驶服务、陪伴、购物、活动等服务。值得注意的是，瑞士"时间银行"已经发展了很长一段时间，它从当初的由退休老人觉得自己很健康，充满活力，想做一些有意义的事，已经发展到很多民众支持，一半以上的年轻人也希望参加这类养老服务。但是它有三个门槛，第一个门槛：每位参加"时间银行"的志愿者，最多只能积累750个小时时间上限。第二个门槛：瑞士"时间银行"，只在某市示范推动，尚未拓展到其他领域乃至全国各地。第三个门槛：瑞士的"时间银行"目前主要服务对象是自主在家生活的老人。为什么它在时间的存取上，服务对象的考量上，试点的地区都有要求，是因为瑞士在考虑政府政策尚未定案之前，不能开空头支票，影响兑换。

与中国养老问题面临的相同的问题，日本的老龄化也伴随着"少子"现象。日本"时间银行"的形成是因为大环境的关系。1973年的石油危机，日本政府没有预算，无法再提供民众公共服务，只好请民众帮助，在养老问题上，"时间银行"变成了"今天我照顾你，明天他照顾我"的循环养老服务模式。

现在我国各地都在用"时间银行"的模式参与到为老服务当中来。弘扬志愿精神，这是一个好事，也是一个值得推广的工作。但是需要注意的是，"时间银行"的本意是要把帮助别人的志愿行为，兑换成一定的时间，存入自己的账户，在自己或他人需要服务的时候抽取服务时间。但是有些好事的"量化"标准未必严谨等，道德过于货币化、功利化，也会偏离倡导善德、鼓励善行的方向。毕竟"时间银行"不是简单的开设与复制，应该凝结更多的力量，汇集更多的群体。

上述材料中"时间银行"在瑞士、日本的实践说明了这种模式产生的必然性。"时间银行"在我国的实践或许还只是个案，但却为应对老龄化提供了思考的方向，让"老有所依"有更加多元化的选择。

附录　相关重要政策、法规和规范

附录一　国务院办公厅关于推进养老服务发展的意见

附录二　关于中央财政支持开展居家和社区养老服务改革试点工作的通知

附录三　关于贯彻落实《北京市居家养老服务条例》的实施意见

附录四　关于印发《社区居家养老服务规范实施细则（试行）》的通知

沪民老工发〔2015〕4号

各区县民政局、老龄办：

为了加快推进本市社区居家养老服务的标准化建设，提升服务质量和管理效能，根据上海市地方标准《社区居家养老服务规范》，对本市社区居家养老服务的各项内容及要求作了进一步细化，增强实用性和可操作性。现将《社区居家养老服务规范实施细则（试行）》正式印发你们，请各有关单位、部门和组织机构参照执行。

特此通知。

上海市民政局
上海市老龄工作委员会办公室
2015年6月8日

社区居家养老服务规范实施细则（试行）

一、基本原则

提供社区居家养老服务遵循三个主要原则，即：以人为本原则、公平公正原则以及安全便捷原则。

1. 以人为本原则

以人为本原则是指整合社区养老服务资源，从老年人的实际需求出发，结合每个老年人不同的实际情况，提供贴合老年人需求的多样化、个性化、有针对性的社区居家养老服务。

2. 公平公正原则

公平公正原则是指在服务内容个性化的基础上，不因老年人身体、经济、文化背景、宗教信仰等个体差异而产生服务歧视，做到一视同仁，确保公共服务资源的公平分配，合理使用。

3. 安全便捷原则

安全便捷原则是指在社区内部建立养老服务设施，建设养老服务队伍，能够就近就便向社区老年人提供有效服务，同时保护老年人及服务人员的安全。

二、服务对象

社区居家养老服务主要有上门服务和日间照料服务等服务形式。服务对象为本市年满60周岁以上，依据《上海市老年人统一照护需求评估标准》，经第三方评估，有照料需求的老年人（患有传染性疾病、精神疾病的老年人除外）。

三、主要内容

(一) 生活护理

1. 服务内容

（1）个人卫生护理

个人卫生包括洗发、梳头、口腔清洁、洗脸、剃胡须、修剪指甲、洗手洗脚、沐浴等护理项目。

（2）生活起居护理

生活起居包括协助进食、协助排泄及如厕、协助移动、更换衣物、卧位护理等护理项目。

2. 服务要求

（1）个人卫生护理

① 洗发

——控制水温至 40℃～45℃，防止水流入眼睛及耳朵；

——用指腹揉搓头皮及头发，力量适中，避免抓伤头皮；

——洗净后吹干头发，防止受凉。

② 梳头

——由发根到发梢梳理，动作轻柔；

——宜选择圆钝的梳子；

——鼓励老年人每天多梳头，起到改善头部血液循环等作用。

③ 口腔清洁

——老年人戴有活动性义齿的，先取下义齿后再进行口腔清洁；

——操作时擦拭手法正确，擦拭用具切忌伤及口腔黏膜及牙龈；

——擦拭时棉球（或纱布）不应过湿，防止引起呛咳。

④ 洗脸

——水温适宜，擦洗动作轻柔；

——颜面部干净，口角、耳后、颈部无污垢，眼部无分泌物；

——眼角、耳道及耳廓等褶皱较多部位重点擦拭；

——洗脸后适当涂抹润肤霜，防止干燥。

⑤ 剃胡须

——保持颜面部无长须；

——剃须用具保持清洁；

——涂剃须膏或用温热毛巾敷脸，软化胡须；

——动作轻柔，防止刮伤皮肤；

——剃完后用温水擦拭干净，适当涂抹润肤霜；

——定期消毒、更换剃须刀片，避免细菌滋生。

⑥ 修剪指（趾）甲

——保持无长指（趾）甲；

——动作轻柔，防止皮肤破损；

——修剪后指（趾）甲边缘用锉刀轻磨。

⑦ 洗手、洗脚
——洗手、洗脚用具分开，即时清洗；
——将手（脚）放入调节好水温的脸盆或水桶中充分浸泡；
——用适量肥皂或洗手液细致擦洗，去除手（脚）部污垢和死皮，动作轻柔；
——洗后适当涂抹润肤霜，防止干燥。
⑧ 沐浴
——水温控制在40℃～50℃，室温（24±2）℃，先面部后躯体，注意观察老年人身体情况，发现异常及时处理；
——沐浴前有安全提示，忌空腹或饱餐时沐浴，忌突然蹲下或站立；
——沐浴前水温调节适宜，先开冷水，再开热水；
——沐浴时取舒适、稳固的座位，肢体处于功能体位，沐浴后身上无异味、无污垢，皮肤干洁；
——沐浴过程中应有家属或监护人在场，防跌防烫伤，注意防寒保暖、防暑降温及浴室内的通风。

（2）生活起居护理
① 协助进食
——用餐前老年人和服务人员须洗手；
——对有咀嚼和吞咽功能障碍的老年人，要将食物切碎、搅拌；
——喂食时服务人员位于老年人侧面，由下方将食物送入口中；
——每次喂饭前应先协助老人进汤或水；
——协助进食时让老年人有充分时间咀嚼吞服，防止呛噎；
——进食完毕后用清水漱口。
② 协助排泄及如厕
——对有能力控制便意的老年人适时提醒如厕，对行动不便的老年人扶助如厕及协助使用便器；
——对失禁的老年人及时更换尿布，保持皮肤清洁干燥，无污迹；
——对排泄异常的老年人观察二便的性状、颜色、排量及频次，作记录；
——便器使用后即时倾倒，污染尿片即时置于污物桶内，防止污染环境；
——保护老年人隐私。
③ 协助移动
——器具性能良好，轮椅刹闸稳固，轮椅刹闸后定点放置；
——将轮椅靠近老年人身体健侧，轮椅与床或椅子呈30°～40°，固定轮椅，将老年人稳妥地移到轮椅或椅子上，叮嘱老年人扶好轮椅扶手；
——动作轻柔，为坐轮椅的老年人固定好安全保护带。
④ 更换衣物
——了解老年人的肢体功能，注意更换的顺序；
——保持肢体在功能位范围内活动，防止牵拉受损，防跌倒、坠地；
——根据老年人意愿及时更换衣物；
——保护老年人隐私。
⑤ 卧位护理

——根据不同的身体状况及护理要求调整老年人体位；
——翻身后适当按摩受压部位；
——保持姿势稳定，并在受压部位垫海绵垫、气垫或垫衬枕头等；
——翻完身后整理床单位，各肢体关节保持功能位；
——保护老年人隐私。

（二）助餐服务

1. 服务内容

（1）集中用餐

集中用餐是指老年人到社区助餐点集中就餐。

（2）上门送餐

上门送餐是指由助餐点或供餐单位派遣专人使用具有统一标识的送餐运输工具将膳食送至老年人家中。

2. 服务要求

（1）集中用餐

① 助餐点的设置符合《中华人民共和国食品卫生法》的相关规定。

② 配置符合老年人特点的无障碍设施，配备满足老年人助餐服务需求的膳食设备（保温设备、消毒设备、必要的炊事用具和餐桌椅等）。

③ 在醒目处公示助餐服务时间、服务须知等，保持内外环境及餐桌整洁，餐具须每餐消毒一次（不得使用化学消毒剂）。

④ 助餐员须经体检合格取得健康合格证后才能从事膳食服务工作，每年定期体格检查一次，有记录；注意个人卫生，勤洗手、勤理发、勤剪指甲，保持工作服清洁。

⑤ 尊重老年人的饮食习惯，做到荤素搭配、干稀搭配、粗细搭配合理，每周有食谱。

⑥ 给予老年人充分的用餐时间，服务过程细致、周到、亲切；注意观察老年人用餐安全，发现异常及时处理。

（2）送餐上门

① 使用具有统一标识的送餐运输工具将膳食送至老年人家中。

② 提前一周为老年人预定膳食，并作记录。

③ 送餐途中确保食物的卫生、清洁、保温。

④ 送餐时核对老年人的姓名、菜品及数量，确定无误后签收，服务时礼貌、周到、细致。

（三）助浴服务

1. 服务内容

（1）上门助浴

上门助浴是指由服务人员上门协助老年人沐浴。

（2）外出助浴

外出助浴是指选择具有相应资质的公共洗浴场所协助老年人沐浴。

2. 服务要求

（1）上门助浴

① 根据老年人身体状态确定助浴次数，时间以 15～30 分钟为宜，防跌防烫伤，注意防寒保暖、防暑降温及浴室内的通风。

② 水温控制在 40℃～50℃，室温（24±2）℃，先面部后躯体，注意观察老年人身体情况，发现异常及时处理。

③ 沐浴前有安全提示，忌空腹或饱餐时沐浴，忌突然蹲下或站立。

④ 沐浴时取舒适的肢体功能位，沐浴后身上无异味、无污垢，皮肤干洁。

⑤ 沐浴过程中应有家属或监护人在场。

（2）外出助浴

① 选择具有相应资质的公共洗浴场所协助老年人沐浴。

② 根据老年人身体情况准备手杖、助行器、轮椅，或其它辅助器具。

③ 备齐外出沐浴需携带的洗发露、沐浴露、毛巾、换洗衣物等用品。

④ 沐浴要求同"上门助浴"①～④。

（四）助洁服务

1. 服务内容

（1）居室保洁

居室保洁是指服务人员上门为老年人提供居室清洁服务。

（2）物品清洁

物品清洁是指服务人员上门为老年人提供物具清洁服务。

2. 服务要求

（1）居室保洁

① 卧室、客厅整洁，地面洁净，无水渍、污渍，垃圾篓外观干净，篓内无垃圾。

② 厨房洁净，抽油烟机外表无油污。

③ 卫生间马桶、浴缸、面盆洁净无异味，镜面无水雾。

④ 窗面无印痕，洁净光亮，阳台入室台阶、扶手、栏杆无灰尘。

⑤ 注意操作安全，踩梯作业时防止磨损地面、碰损室内的物品。

⑥ 清洁时应按照由里到外，由上至下的程序完成，完工后重新检查一次服务质量，防止疏漏。

（2）物品清洁

① 整理被褥、枕头、床单等床上用品，按季节及时更换被褥且翻晒，夏季凉席每日擦一次。

② 家具表面无尘，居室物品洁净、摆放有序，沙发巾、靠枕、揽枕摆放整齐。

③ 清洁需移动物品时，须征得老年人或家属同意后方可移动，清洁完后第一时间将物品复原位。

④ 清洁用具及时清洗、消毒，保持清洁。

（五）洗涤服务

1. 服务内容

（1）集中送洗

集中送洗是指选择具有资质的专业洗涤机构为老年人提供衣物等物品清洗。

（2）上门清洗

上门清洗是指由服务人员上门为老年人清洗衣物。

2．服务要求

（1）集中送洗

①选择有资质的专业洗涤机构为老年人提供服务。

②告知老年人或家属贵重衣物不在洗涤范围。

③送取衣物时，应做到标识清楚、核对正确、按时送还。

④疑似传染性衣物送取时要用专用污（洁）衣袋。

（2）上门清洗

①被褥清洗至少一月一次。

②分类收集衣物、被褥、尿布，污、洁衣物分开放置。

③洗涤时根据衣物的质地和颜色分类洗涤，并做到洗净、晾晒。

④告知老年人或家属贵重衣物或不能水洗的衣物不在洗涤范围。

⑤疑似传染性衣物先消毒后清洗，消毒液浓度及消毒方式、浸泡时间应符合消毒隔离要求。

（六）助行服务

1．服务内容

（1）陪同散步

陪同散步是指由服务人员陪同老年人在住宅附近周边区域户外散步。

（2）陪同外出

陪同外出是指由服务人员陪同老年人就近购物、探访等。

2．服务要求

①根据老年人身体情况准备手杖、助行器、轮椅，或其它辅助器具。

②服务人员应掌握助行器、轮椅及其它辅助器具的正确使用方法。

③告知外出时的注意事项，取得老年人的理解和配合。

④助行过程中注意观察老年人身体情况，发现异常情况及时处理。

⑤服务过程中注意保护老年人安全。

（七）代办服务

1．服务内容

（1）代购物品

代购物品是指由服务人员代替老年人采购日常生活用品。

（2）代领物品

代领物品是指由服务人员代替老年人领取养老金、邮局包裹等。

（3）代缴费用

代缴费用是指由服务人员代替老年人缴纳公共事业费用。

2．服务要求

①根据老年人实际需求，确认代购物品名称。

②代领时仔细核对养老金金额、物品的名称，发生异议当面核实。

③ 代缴公共事业费需持有水、电、燃气、电信等缴费通知单。
④ 提供完整的代购、代领、代缴完成凭证，钱款当面点清。
⑤ 服务过程中注意保护老年人隐私。

（八）康复辅助

1．服务内容

（1）群体康复

群体康复是指借助社区卫生和养老服务等公共服务场地设施，组织和指导 3 人及以上老年人群体开展肢体功能性康复训练。

（2）个体康复

个体康复是指由专业康复治疗（士）师上门为有康复需求的老年人提供被动运动、辅助运动的肢体功能性康复训练，以及保健性康复。

2．服务要求

① 根据需求配备相应的康复器具。
② 项目设置需符合老年人的生理心理特点，群体康复有计划。
③ 个体康复由专业人员或在专业人员指导下按计划实施。
④ 告知老年人康复训练的目的及安全注意事项，量力而为。
⑤ 康复过程中注意观察老年人的身体情况，并予以记录、评估。
⑥ 康复过程中注意防跌、防过度，保护老年人安全。

（九）相谈服务

1．服务内容

（1）谈心交流

谈心交流是指服务人员采取倾听、对话的方式，对老年人进行心理上的关爱，舒缓心情，排遣孤独感。

（2）读书读报

读书读报是指服务人员采取读书读报（网络查阅）的方式，帮助老年人了解时事、激发兴趣、促进身心健康。

2．服务要求

（1）谈心交流

① 以老年人感兴趣的话题为切入点，引导老年人倾诉。
② 多倾听，少表达，与老年人建立良好的信任关系，找出症结，给予解决。
③ 消除不良的情绪反应及孤独，帮助老年人维持家庭和子女的和睦关系。
④ 帮助老年人逐步适应老年生活，养成乐观的生活态度。
⑤ 注意保护老年人隐私。

（2）读书读报

① 了解老年人的阅读爱好，选择老年人感兴趣的书报。
② 语速慢、声音亮，尽可能用老年人习惯的方言阅读。
③ 帮助老年人多了解时事，加强和社会的有效相处。
④ 帮助老年人多掌握健康养身知识，培养良好的兴趣爱好。

（十）助医服务

1. 服务内容

（1）陪同就诊

陪同就诊是指由服务人员陪同老年人到医院取预约号、诊疗、取药、缴费等。

（2）代为配药

代为配药是指服务人员到医疗机构或药房为老年人代配药物。

2. 服务要求

（1）陪同就诊

① 选择合适的交通工具陪同老年人就诊。

② 就诊时应携带病历、就诊卡，在医疗机构挂号窗口取号，协助检查，就诊后根据医生的医嘱划价、取药，给予用药指导等。

③ 钱物、票据、药品当面清点，做到票据、药物相符。

④ 注意老年人安全，保护老年人隐私，并通过交流缓解就医不良情绪。

⑤ 及时向老年人家属或其他监护人反馈就诊情况。

（2）代为配药

① 代配药需符合上海市卫生和计划生育委员会关于《本市医疗保险定点医疗机构门诊委托代配药的有关规定通知》的要求。

② 仅限于临床医师诊断明确、病情稳定、治疗方案确定的门诊慢性病。

③ 由老年人或家属写明代配药的药名及剂量，并签字。

④ 在代配药定点医疗机构挂号、配药，根据医嘱划价、取药。

⑤ 钱物、票据、药品当面清点，做到票据、药物相符。

⑥ 保护老年人隐私。

四、服务管理

1. 服务机构和人员要求

（1）服务机构

① 配备与服务项目相符的设施设备和场所，并依法予以登记注册。

② 建立社区居家养老服务规章制度，包括：

——行政管理制度；

——生活照料制度；

——后勤保障制度；

——质量监督制度等。

③ 制定社区居家养老服务管理标准，包括：

——环境标准；

——设施设备及用品标准；

——安全与应急标准；

——职业健康标准；

——合同管理标准等。

④ 配备与服务项目相符合的工作人员：

——管理人员（机构负责人、业务主管等）；

——专技人员（社工、康复师、心理咨询师、营养师、医生、护士、会计、出纳等）；

——工勤人员（护理员、保洁工、洗衣工、驾驶员、厨工、门卫等）；

⑤ 使用统一的社区居家养老服务标识。

（2）人员要求

① 遵守养老服务职业道德规范，做到：

——尊老爱老、以人为本；

——服务第一、爱岗敬业；

——遵章守法、自律奉献；

——尊重差异、保护隐私。

② 掌握基本养老服务礼仪，做到：

——着装整洁、讲究卫生；

——举止得体、细致周到；

——态度诚恳、礼貌待人。

③ 与服务对象直接接触的服务人员须持有效健康证明上岗，并确保一年至少进行一次健康检查。

④ 接受相关专业知识和技能培训，持有行业认定的证书上岗。

2. 服务过程控制

（1）信息公示

① 有关于社区居家养老服务组织（机构）的简介。

② 有关于以下信息的公示：

——执业证照；

——服务项目；

——服务对象；

——服务时间；

——收费标准；

——规章制度；

——工作流程；

——服务承诺；

——投诉方式等。

③ 及时更新信息内容，保证信息内容的真实、准确、完整性。

④ 通过社区或机构公示栏、网络等多种渠道进行公示，便于老年人了解、获取信息。

（2）内容核定

① 主动、详实地向老年人介绍服务项目、服务内容及收费标准等。

② 根据老年人的身体状况、服务需求、支付能力及服务机构的服务提供能力，核定服务内容。

（3）协议签订与终止

① 遵守老年人权益保护的法律法规，确保老年人权益不受侵犯。

② 与接受服务的老年人或其家属（其他监护人）签订服务协议。

③ 核定的服务内容、收费标准等发生变化时，及时变更服务协议。

④ 发现接受服务的老年人患有传染性疾病、精神疾病，或违反服务约定时，终止服务协议。

（4）服务安排

① 根据服务协议制定服务计划，包括：

——服务内容；

——服务人员；

——服务时间；

——服务要求等。

② 根据制定的服务计划，安排服务内容、服务时间和服务人员，并提供相应服务。

③ 服务做到时间准、项目明、安排清。

④ 服务情况发生变化，及时完善和调整服务计划。

（5）意外事件处理

① 坚持"预防为主、积极处置"的原则，杜绝或减少各类意外事件的发生。

② 制定社区居家养老服务意外事件处置应急预案，包括：

——火灾事故应急预案；

——食物中毒应急预案；

——触电事故应急预案；

——治安案件应急预案；

——自然灾害应急预案；

——老年人急诊应急预案；

——老年人意外事故预案（猝死、噎食、跌倒、烫伤、走失、坠床等）。

③ 掌握意外事件处置流程，在意外事件情况发生时，紧急启动应急预案。

（6）档案管理

① 根据《中华人民共和国档案法》，建立健全档案管理制度，保证档案的系统性和完整性，完善档案借阅手续，达到规范化、合理化、标准化。

② 档案包含服务对象档案和机构内部档案，包括：

——服务对象照护评估表；

——服务对象服务合同；

——服务对象服务计划；

——服务对象服务记录；

——机构内部行政管理档案；

——机构内部人事管理档案；

——机构内部财务管理档案；

——机构内部质量安全档案；

——机构内部基建档案等。

③ 有条件的机构要充分利用现代技术，实现档案管理的数字化。

五、服务质量评价

1. 评价主体和程序

（1）评价主体

① 机构自我评价。
② 服务对象评价。
③ 第三方评价。
（2）评价程序
① 通过调查，确定服务质量评价的依据。
② 收集服务质量评价信息。
③ 整理分析评价信息。
④ 向员工、老年人、家属反馈评价结果。
⑤ 根据评价结果确定改进重点。
⑥ 定期评价并分析改进。
2．评价指标
（1）评价指标
① 有形性指标
——具有现代化服务设备；
——服务设施有吸引力；
——员工穿着得体整洁；
——与服务有关的材料齐全。
② 可靠性指标
——在约定时间内履行承诺；
——表现出解决老年人问题的热忱；
——能提供确切的服务时间；
——会在承诺时间内提供服务；
——服务保持完整的工作记录。
③ 响应性指标
——告知老年人提供服务的确切时间；
——为老年人提供及时的服务；
——服务人员乐于帮助老年人。
④ 保证性指标
——服务人员的表现使老年人有信心；
——老年人接受服务时感到安全；
——服务人员始终对老年人保持礼貌；
——服务人员能回答老年人问题。
⑤ 移情性指标
——关注每一位老年人；
——服务时间方便所有的老年人；
——将老年人的利益放在首位；
——了解老年人的特殊需求。
（2）评价量表
① 服务对象满意度测评表。
② 家属（监护人）满意度测评表。

③ 有效投诉率。
3．评价方法
（1）基于服务对象的评价方法
① 服务实绩评价，方法有：
——实地察看；
——电话回访；
——信件投送；
——网络评价。
② 投诉问询记录。
③ 服务对象流失分析。
（2）基于服务机构的评价方法
① 员工报告和调查。
② 服务数据记录分析。
③ 质量检查。
（3）委托第三方明查和暗访
4．服务质量改进
（1）改进目的
① 提高服务质量。
② 提高团队竞争力。
③ 消除影响服务质量的障碍。
④ 降低服务成本。
⑤ 改进与老年人、家属（监护人）、员工及社会组织的关系，促进互相沟通。
（2）改进程序
① 根据现实中存在的服务质量问题，确定质量改进的对象。
② 根据所确定的质量改进对象，按规模和涉及范围大小，组织有关人员实施改进，必要时制定改进计划，明确资源配置和完成期限。
③ 调查服务质量问题的原因，采取预防和纠正措施。
④ 确认改进结果，采用更改规范、制度、程序等方法，保持和巩固改进成果。
⑤ 寻找新出现的或未解决的质量问题，确定新的质量改进对象。

参考文献

[1] 孟令君. 社区居家养老服务［M］. 北京：中国社会出版社，2012.

[2] 宋岳涛. 老年综合评估［M］. 北京：中国协和医科大学出版社，2012.

[3] 彭成京. 互联网＋社区：本地生活服务业创业实操手册［M］. 北京：电子工业出版社，2017.

[4] 孙文基. 建立和完善农村社会保障制度［M］. 北京：社会科学文献出版社，2006.

[5] 人力资源社会保障部教材办公室，重庆城市管理职业学院. 养老服务机构人员培训与指导［M］. 北京：中国劳动社会保障出版社，2019.

[6] 周荣秀. 社工如何撬动社区资源［J］. 中国社会工作，2019，（09）：41.

[7] 任勤，何泱泱. 社会养老服务供给主体间的职能与合作［J］. 四川大学学报（哲学社会学版），2016，（03）：116-122.

[8] 王小立，何鑫婷，周贝. 我国社区居家养老服务内涵及发展综述［J］. 劳动保障世界，2019，（17）：24.

[9] 韩振秋. 三种养老模式对比与选择探讨［J］. 老龄科学研究，2016，4（03）55-62.

[10] 章晓懿. 政府购买养老服务模式研究：基于与民间组织合作的视角［J］. 中国行政管理，2012，（12）：48-51.

[11] 韩俊魁. 当前我国非政府组织参与政府购买服务的模式比较［J］. 经济社会体制比较，2009，（6）：128-134.

[12] 王名，乐园. 中国民间组织参与公共服务购买的模式分析［J］. 中共浙江省委党校学报，2008，（04）：5-13.

[13] 冯俏彬，郭佩霞. 我国政府购买服务的理论基础与操作要领初探［J］. 中国政府采购，2010，（07）：70-73.

[14] 徐子秋，杨超. 国外以高校为依托的养老社区服务模式探究［J］. 社会与公益，2019，（07）：67-69.

[15] 李长远. "互联网＋"在社区居家养老服务中应用的问题及对策［J］. 北京邮电大学学报（社会科学版），2016，18（05）：67-73.

[16] 徐美玲. "互联网＋居家养老"智能化居家养老服务模式探析［J］. 北华大学学报（社会科学版），2016，17（05）：115-118.

[17] 杜云素，钟涨宝，李偲. 集中居住背景下农村空巢老人居家养老模式探析［J］. 理论导刊，2013，（05）：77-79.

[18] 邓大松，王凯. 国外居家养老模式比较及对中国的启示［J］. 河北师范大学学报（哲学社会科学版）2015，38（02）：134-139.

[19] 左焕琛. 构建城市多层次老年养护新模式［J］. 中国党政干部论坛，2012，（04）：18-19.

[20] 吴素雄，陈宇，吴艳．社区社会组织提供公共服务的治理逻辑与结构［J］．中国行政管理，2015，（02）：49-53．

[21] 陈岳堂，熊亮．非营利组织参与社区公共品供给激励机制研究［J］．中国行政管理，2015，（08）：62-65．

[22] 王雪，赵成玉，白灵丽，等．中国社区居家养老现状［J］．中国老年学杂志，2019，39（04）：1012-1015．

[23] 周洋．赤峰市志愿者参与社区养老服务问题研究［D］．呼和浩特：内蒙古大学，2018．

[24] 刘帅京．山西省晋城市农村居家养老服务问题研究［D］．哈尔滨：黑龙江大学，2018．

[25] 肖丽丽．我国农村社区居家养老服务发展问题研究［D］．济南：山东大学，2017．

[26] 高雅楠．石家庄市政府购买居家养老服务优化路径研究［D］．石家庄：河北师范大学，2019．

[27] 纪荣华．以社区资源整合激发社区建设新动力［N］．中国社会报，2018-04-16（004）．

[28] 郑莉娜，郭燕．杭州着力打通居家养老服务"最后一公里"［N］．杭州日报，2018-11-05（A02）．

[29] 姜忠孝．社区居家养老：在探索中前行［N］．吉林日报，2017-03-09（05）．

[30] 陈劲松．中国志愿者逾6000万人［N］．人民日报（海外版），2011-12-06（04）．

[31] 王天鑫，韩俊江．构建医养融合养老新模式［N］．人民日报，2017-02-08（07）．